Louise L. Hay

Das große Buch der wahren Kraft

Leben mit Louise L. Hay

Aus dem Amerikanischen
von Thomas Görden

Ullstein

Besuchen Sie uns im Internet:
www.ullstein-taschenbuch.de

Ullstein Esoterik
Herausgegeben von Michael Görden

Ausgewählt und aus dem Amerikanischen übersetzt von Thomas Görden

Dieses Buch erschien zuvor unter dem Titel
Leben mit Louise L. Hay – Das große Buch der wahren Kraft

Umwelthinweis:
Dieses Buch wurde auf chlor- und säurefreiem Papier gedruckt.

Ullstein ist ein Verlag der Ullstein Buchverlage GmbH, Berlin.
Neuausgabe
1. Auflage Dezember 2004

Dieser Band setzt sich aus drei Einzelbänden zusammen:
Louise L. Hay, *Wahre Kraft kommt von Innen*
Copyright © 1991 by Louise L. Hay
Originaltitel: *The Power Is Within You*
Copyright © der deutschsprachigen Ausgabe 1992 by
Alf Lüchow Verlag, Freiburg i. Br., und
Wilhelm Heyne Verlag GmbH & Co. KG, München
Aus dem Amerikanischen übersetzt von Thomas Görden

Louise L. Hay, *Tage der Freude, Tage der Kraft*
Copyright © 1993 und 1994 by Louise L. Hay
Originaltitel: *Weekly Engagement Calendars,*
A Year of Change 1994/A Year of Adjustment 1995
Copyright © der deutschsprachigen Ausgabe 1995 by
Wilhelm Heyne Verlag GmbH & Co. KG, München
Aus dem Amerikanischen übersetzt von Thomas Görden

Louise L. Hay, *Du bist Dein Heiler!*
Copyright © 1990 bis 1992 by Louise L. Hay
Originaltitel: *I Can Do It Calendars*
(eine Auswahl aus den Sammlungen 1991, 1992, 1993 und 1994)
Copyright © der deutschsprachigen Ausgabe 1993 by
Wilhelm Heyne Verlag GmbH & Co. KG, München
Aus dem Amerikanischen übersetzt von Thomas Görden

Umschlaggestaltung: FranklDesign, München
Titelabbildung: Shivananda Ackermann
Gesetzt aus der Times Ten
Druck und Bindearbeiten: Ebner & Spiegel, Ulm
Printed in Germany
ISBN 3-548-74186-X

Inhalt

Vorwort

Ich bin keine Heilerin. Ich heile niemanden. Ich glaube, daß ich ein Trittstein auf dem Pfad der Selbstentdeckung bin. Indem ich Menschen beibringe, sich selbst zu lieben, erschaffe ich einen Raum, wo sie entdecken können, wie unglaublich wunderbar sie sind. Mehr tue ich nicht. Ich bin jemand, der andere Menschen unterstützt. Ich helfe Menschen, die Verantwortung für ihr Leben zu übernehmen. Ich helfe ihnen, ihre Macht und innere Weisheit und Stärke zu entdecken. Ich helfe ihnen, die Blockaden und Hindernisse aus dem Weg zu räumen, so daß sie sich selbst lieben können, wie auch immer ihre gegenwärtigen Lebensumstände aussehen mögen. Das heißt nicht, daß wir niemals mit Problemen konfrontiert würden. Der Unterschied besteht in der Art und Weise, wie wir auf das jeweilige Problem reagieren.

Nachdem ich jahrelang Menschen individuell beraten und Hunderte von Workshops und Intensiv-Trainingsprogramme im ganzen Land und überall auf der Welt durchgeführt habe, bin ich zu der Erkenntnis gelangt, daß sich jedes Problem nur auf eine Weise heilen läßt: indem man *sich selbst liebt.* Wenn die Leute damit beginnen, sich selbst jeden Tag mehr zu lieben, stellen sich in ihrem Leben erstaunliche Verbesserungen ein. Sie fühlen sich besser. Sie finden die Beschäftigung, die sie sich wünschen. Sie haben genug Geld. Ihre Beziehungen zu anderen Menschen verbessern sich, oder negative Beziehungen lösen sich und werden durch neue Bekanntschaften ersetzt. Das ist eine sehr einfache Prämisse – *sich selbst zu lieben.* Man hat mir vorgeworfen, die Dinge zu einfach darzustellen, aber ich habe herausgefunden, daß die einfachen Wahrheiten oft die größten sind. Kürzlich sagte jemand zu mir: »Sie haben mir das wunderbarste Geschenk gemacht – Sie haben mir mich selbst geschenkt.« So viele von uns verstecken sich vor sich selbst, und wir wissen nicht einmal, wer wir sind. Wir wissen nicht, was wir fühlen, und wir wissen nicht, was wir wollen. Das Leben ist eine Reise der Selbstentdeckung. Für mich bedeutet Erleuchtung, sich nach innen zu wenden und zu wissen, wer und was wir wirklich sind. Wir besitzen die Fähigkeit, uns zum Besseren zu verändern, indem wir uns lieben und für uns selbst Sorge tragen. Das reinigt uns, so daß wir uns selbst gut genug lieben können, um auch andere Menschen zu lieben. Wir können dem Planeten wirklich helfen, wenn wir als Individuen von großer Liebe und Freude erfüllt sind.

Die Kraft, die dieses unglaubliche Universum erschaffen hat, wird oft *Liebe* genannt. *Gott ist Liebe.* Schon oft haben wir die Aussage gehört: *Liebe ist die treibende Kraft der Welt.* Genau so ist es. Liebe ist das Bindemittel, von dem das ganze Universum zusammengehalten wird.

Für mich ist Liebe eine große Wertschätzung, die man gegenüber etwas empfindet. Wenn ich davon spreche, daß wir uns selbst lieben, meine ich damit, daß wir eine große Wertschätzung für uns selbst empfinden. Wir akzeptieren alle Teile unserer Person – unsere kleinen Eigenheiten, alles, was uns peinlich ist, das, was wir nicht so gut machen, aber auch all unsere wunderbaren Vorzüge. Wir nehmen dieses ganze Paket liebevoll an. Bedingungslos.

Leider werden sich viele von uns nicht lieben, solange sie noch nicht schlank sind, nicht die gewünschte Beschäftigung haben, die gewünschte Gehaltserhöhung oder den ersehnten Partner – was auch immer. Oft knüpfen wir an unsere Liebe Bedingungen. Aber wir können uns ändern. Wir *können* uns selbst so lieben, wie wir jetzt in diesem Augenblick sind!

Auf diesem Planeten herrscht insgesamt ein Mangel an Liebe. Ich glaube, daß unser ganzer Planet an einer Krankheit leidet, die Aids heißt, und Tag für Tag sterben immer mehr Menschen daran. Diese physische Herausforderung gibt uns die Chance, Barrieren zu überwinden, über unsere moralischen Normen, unsere religiösen und politischen Unterschiede hinauszugehen und unsere Herzen zu öffnen. Je mehr von uns dies tun, um so eher werden wir die Antworten finden.

Gegenwärtig finden enorme individuelle und weltweite Veränderungen statt. Ich glaube, daß alle, die in dieser Zeit leben, sich bewußt dafür entschieden haben, jetzt hier zu sein und an diesen Veränderungen teilzuhaben; wir sind hier, um die Welt von der alten Lebensweise zu einer liebevolleren und friedlicheren Existenz zu führen. Im Fische-Zeitalter suchten wir ›dort draußen‹ nach einem Erlöser: »Erlöse mich. Erlöse mich. Bitte sorge für mich.« Jetzt sind wir auf dem Weg ins Wassermann-Zeitalter, und wir lernen, unseren Erlöser in uns selbst zu finden. Wir selbst sind die Kraft, nach der wir gesucht haben. Wir sind selbst für unser Leben verantwortlich.

Wenn Sie heute nicht bereit sind, sich selbst zu lieben, dann werden Sie sich auch morgen nicht lieben, denn die Entschuldigung, die Sie heute benutzen, werden Sie auch morgen noch haben. Vielleicht werden Sie diese Entschuldigung auch noch in zwanzig Jahren benutzen und sich sogar noch, wenn Sie dieses Leben verlassen, an dieser Entschuldigung festklammern. Heute ist der Tag, an dem Sie sich selbst ohne jede Erwartung voll und ganz lieben können.

Ich möchte dabei mithelfen, eine Welt zu schaffen, in der es ungefährlich für uns ist, einander zu lieben, in der wahrer Selbstausdruck möglich ist und in der wir von den Menschen in unserer Umgebung ohne Verurteilung, Kritik oder Voreingenommenheit geliebt und angenommen werden. Liebe beginnt vor unserer eigenen Haustür. In der Bibel steht: *»Liebe deinen Nächsten wie dich selbst.«* Viel zu oft vergessen wir die letzten drei Worte – *wie dich selbst.* Ehe wir einen anderen Menschen lieben können, muß die Liebe in uns selbst beginnen. Selbstliebe ist das wichtigste Geschenk, das wir uns machen können, denn wenn wir uns so lieben, wie wir sind, werden wir uns selbst nicht verletzen, und auch keinen anderen Menschen. Wenn in uns Frieden herrschte, gäbe es keine Kriege, keine Kriminalität, keine Terroristen und keine Obdachlosen. Es gäbe keine Krankheit, kein Aids, keinen Krebs, keine Armut und keinen Hunger. Das Rezept für den Weltfrieden lautet für mich also: *Frieden in uns selbst haben.* Frieden, Verständigung, Mitgefühl, Vergebung und vor allem: Liebe. Wir haben in uns die Kraft, diese Veränderungen zu bewirken.

Liebe ist etwas, für das wir uns entscheiden können, so wie wir uns für Wut, Haß oder Traurigkeit entscheiden. Wir *können* uns für die Liebe entscheiden. Diese Wahl steht uns jederzeit offen. Entscheiden wir uns jetzt, in diesem Augenblick, für die Liebe. Das ist die mächtigste Heilkraft, die es gibt. Die Informationen in diesem Buch entstammen den Vorträgen, die ich in den letzten fünf Jahren gehalten habe. Sie sind ein weiterer Schritt auf Ihrem Weg der Selbstentdeckung – eine Gelegenheit für Sie, etwas mehr über sich selbst zu erfahren und das Potential zu erkennen, das Ihr Geburtsrecht ist. Es bietet Ihnen die Chance, sich selbst mehr zu lieben, so daß Sie Teil eines unglaublichen Universums der Liebe sein können. Liebe beginnt in unseren Herzen, und sie beginnt mit uns. Tragen Sie mit Ihrer Liebe zur Heilung unseres Planeten bei.

Louise L. Hay

ERSTER TEIL

WAHRE KRAFT KOMMT VON INNEN

Kapitel 1

DIE KRAFT IN UNS

Je mehr Sie sich mit Ihrer inneren Kraft verbinden, desto freier sind Sie in allen Bereichen Ihres Lebens.

Wer sind Sie? Warum sind Sie hier? Was glauben Sie über das Leben? Seit Jahrtausenden gilt, daß man sich *nach innen wenden* muß, um Antworten auf diese Fragen zu erhalten. Aber was heißt das?

Ich glaube, daß es in uns eine Kraft gibt, die uns liebevoll zu vollkommener Gesundheit, vollkommenen Partnerschaften, vollkommenen Karrieren und Wohlstand in jeder Hinsicht führen kann. Um diese Dinge zu erlangen, müssen wir zunächst einmal daran glauben, daß sie möglich sind. Als nächstes müssen wir bereit sein, uns von jenen Lebensmustern zu lösen, die von uns nicht gewünschte Umstände erzeugen. Dies erreichen wir, indem wir uns nach innen wenden und die innere Kraft anzapfen, die bereits weiß, was das Beste für uns ist. Wenn wir bereit sind, unser Leben dieser Kraft in uns anzuvertrauen, die uns liebt und erhält, können wir Liebe und Wohlstand erzeugen.

Ich glaube, daß unser individuelles Bewußtsein ständig mit dem Einen Unendlichen Geist verbunden ist und daß uns deshalb alles Wissen und alle Weisheit jederzeit verfügbar ist. Verbunden sind wir mit diesem Unendlichen Geist, dieser Universalen Kraft, die uns erschaffen hat, durch jenen Lichtfunken in uns, den ich unser Höheres Selbst oder die innere Kraft nenne. Die Universale Kraft liebt alle ihre Geschöpfe. Sie ist eine Kraft des Guten, und sie lenkt alles in unserem Leben. Sie weiß nicht, wie man haßt, lügt oder straft. Sie ist reine Liebe, Freiheit, Verständnis und Mitgefühl. Es ist wichtig, daß wir unser Leben unserem Höheren Selbst übergeben, denn dadurch erlangen wir das Gute.

Wir müssen erkennen, daß wir die Wahl haben, diese Kraft auf jede mögliche Weise zu nutzen. Wenn wir uns dafür entscheiden, in der Vergangenheit zu leben und ständig all die negativen Situationen und Zustände von damals wiederzukäuen, dann kann sich nichts zum Besseren verändern. Wenn wir uns bewußt dafür entscheiden, nicht länger Opfer unserer Vergangenheit zu sein, und uns daran machen, unser Leben neu zu gestalten, unterstützt uns diese innere Kraft. Neue, glücklichere Erfahrungen stellen sich ein. Ich glaube nicht daran, daß es zwei Kräfte gibt. Ich meine, es gibt Einen Unendlichen Geist. Es ist viel zu einfach zu sagen: »Der Teufel ist schuld«, oder die anderen. In Wirklichkeit sind es nur wir selbst. Entweder wir gebrauchen unsere Kraft weise, oder wir mißbrauchen sie. Haben wir den Teufel im Herzen? Verachten wir andere Menschen, weil sie anders als wir sind? Wofür entscheiden wir uns?

Verantwortung oder Schuld

Auch glaube ich, daß wir mit unseren Denkmustern und Gefühlen bei der Erzeugung aller Zustände in unserem Leben mitwirken, bei den guten ebenso wie bei den schlechten. Die Gedanken, die wir denken, erzeugen unsere Gefühle, und dann leben wir unser Leben gemäß diesen Gefühlen und Glaubenssätzen. Es geht nicht darum, daß wir uns wegen Dingen, die in unserem Leben *falsch* laufen, Vorwürfe machen. Es ist ein Unterschied, ob wir Verantwortung übernehmen oder uns und anderen Vorwürfe machen. Wenn ich von Verantwortung spreche, meine ich damit eigentlich, Macht zu haben. Schuldgefühle rauben uns unsere Macht. Verantwortung verleiht uns die Macht, in unserem Leben Veränderungen herbeizuführen. Wenn wir die Rolle des Opfers spielen, dann benutzen wir unsere persönliche Macht dazu, hilflos zu sein. Wenn wir uns dafür entscheiden, Verantwortung zu übernehmen, vergeuden wir keine Zeit mehr damit, jemandem oder etwas *dort draußen* die Schuld zu geben. Manche Menschen fühlen sich schuldig, weil sie Krankheit, Armut oder Probleme erzeugt haben. Sie interpretieren Verantwortung als das Aufsichnehmen von Schuld. (In den Medien wird in diesem Zusammenhang mitunter von *New-Age-Schuld* gesprochen.) Diese Menschen fühlen sich schuldig, weil sie glauben, auf irgendeine Weise versagt zu haben. Sie akzeptieren jedoch einen solchen Schuld-Trip nur deshalb, weil es ein Weg ist, sich selbst herabzusetzen. Darum geht es mir aber nicht.

Wenn wir unsere Probleme und Krankheiten als Chancen benutzen, darüber nachzudenken, wie wir unser Leben ändern können, haben wir Macht. Viele Menschen, die eine schreckliche Krankheit durchgemacht haben, sagen, daß das die wunderbarste Sache war, die ihnen passieren konnte, weil sie dadurch eine Chance erhielten, ihr Leben tiefgreifend zu verändern. Andererseits laufen viele Leute herum und sagen: »Ich bin ein armes, bemitleidenswertes Opfer. Bitte, Herr Doktor, reparieren Sie mich wieder.« Solche Menschen werden es schwer haben, gesund zu werden und ihre Probleme in den Griff zu bekommen.

Verantwortung ist unsere Fähigkeit, auf eine Situation angemessen zu reagieren. Wir haben stets eine Wahl. Das bedeutet nicht, daß wir leugnen sollen, wer wir sind und was sich in unserem Leben abspielt. Es heißt lediglich, daß wir unseren eigenen Beitrag zu dem, was sich bislang in unserem Leben ereignet hat, anerkennen. Indem wir die Verantwortung übernehmen, erwerben wir die Kraft zur Veränderung. Wir können sagen: »Wie kann ich diese Situation verändern?« Wir müssen begreifen, daß wir alle *jederzeit* über persönliche Macht verfügen. Es kommt nur darauf an, wie wir sie einsetzen.

Viele von uns erkennen jetzt, daß wir aus gestörten Elternhäusern stammen. Wir schleppen eine Menge negative Ansichten über unsere Person und unsere Lebenseinstellung mit uns herum. Meine Kindheit war voller Gewalt, bis hin zu sexuellem Mißbrauch. Ich hungerte nach Liebe und Zuneigung und besaß überhaupt keine Selbstachtung. Selbst nachdem ich im Alter von fünfzehn Jahren von zu Hause fortgegangen war, erlebte ich weiterhin Mißbrauch in vielen Formen. Ich hatte noch nicht erkannt, daß die Denk- und Gefühlsmuster, die ich früh im Leben gelernt hatte, diesen Mißbrauch über mich brachten.

Kinder reagieren oft auf die geistige Atmosphäre der Erwachsenen in ihrer Umgebung. Ich hatte also früh Furcht und Mißbrauch kennengelernt und fuhr, während ich heranwuchs, damit fort, solche Erfahrungen in meinem Leben zu erzeugen. Ich begriff ganz gewiß nicht, daß ich über die Macht verfügte, das alles zu ändern. Ich ging erbarmungslos hart mit mir ins Gericht, weil ich aus dem Mangel an Liebe und Zuneigung, unter dem ich litt, schloß, daß ich ein schlechter Mensch war.

Alle Erlebnisse, die Sie in Ihrem Leben bis zu diesem Augenblick hatten, wurden durch Ihre vergangenen Gedanken und Glaubenssätze erzeugt. Blicken wir nicht voller Scham auf unser Leben zurück. Betrachten Sie die Vergangenheit als Teil des Reichtums und der Fülle Ihres Lebens. Ohne diesen Reichtum und diese Fülle wären wir heute gar nicht hier. Es besteht kein Grund, sich mit Vorwürfen zu martern, weil Sie in der Vergangenheit Fehler gemacht haben. Sie haben mit dem Ihnen damals zur Verfügung stehenden Wissen Ihr Bestes gegeben. Lösen Sie sich in Liebe von der Vergangenheit, und seien Sie dankbar, daß sie Ihnen zu dieser neuen Bewußtheit verholfen hat.

Die Vergangenheit existiert nur in unseren Köpfen und in der Art und Weise, wie wir über sie denken. *Jetzt* ist der Moment, in dem wir leben. *Dies* ist der Moment, den wir gerade erfahren. Was wir jetzt in diesem Augenblick tun, legt den Grundstein für die Zukunft. *Jetzt* ist also der Moment, eine Entscheidung zu treffen. Wir können es nicht morgen tun, und wir können es nicht gestern tun. Wir können es nur heute tun. Es kommt darauf an, wofür wir uns *jetzt* entscheiden – für welche Gedanken, Glaubenssätze und Worte.

Wenn wir damit anfangen, bewußt die Verantwortung für unsere Gedanken und Worte zu übernehmen, haben wir Werkzeuge, mit denen wir arbeiten können. Ich weiß, das klingt simpel, aber denken Sie daran: *Der Kraftpunkt liegt immer im gegenwärtigen Augenblick.*

Es ist wichtig, daß Sie sich klarmachen, daß Ihr Bewußtsein nicht die Kontrolle hat. *Sie* kontrollieren Ihr Bewußtsein. Das Höhere Selbst hat die Kontrolle. Sie können damit aufhören, diese alten Gedanken zu denken. Wenn Ihr altes Denken zurückzukommen versucht und sagt: »Es ist so schwer, sich zu ändern«, dann übernehmen Sie das geistige Kommando. Sagen Sie zu Ihrem Bewußtsein: »Ich entscheide mich jetzt für den Glauben, daß es einfach für mich ist, mich zu ändern.« Möglicherweise werden Sie diese Unterhaltung mit Ihrem Bewußtsein mehrfach wiederholen müssen, bis es begreift, daß Sie das Kommando haben und wirklich meinen, was Sie sagen.

Stellen Sie sich vor, daß Ihre Gedanken wie Wassertropfen sind. Ein Gedanke oder ein Wassertropfen bedeutet nicht viel. Wenn Sie jedoch Gedanken ständig wiederholen, bemerken Sie zunächst einen Fleck auf dem Teppich, dann ist da eine kleine Pfütze, dann ein Tümpel, und wenn diese Gedanken weitergehen, können sie zu einem See und schließlich zu einem ganzen Ozean werden. Was für einen Ozean sind Sie dabei zu erschaffen? Einen, der verschmutzt und giftig ist, oder einen, der kristallklar und blau ist und zu einem erfrischenden Bad einlädt?

Die Leute sagen oft zu mir: »Ich kann nicht damit aufhören, einen bestimmten Gedanken zu denken.« Darauf entgegne ich stets: »Doch, das können Sie.« Denken Sie daran, wie oft Sie sich schon geweigert haben, einen positiven Gedanken zu denken. Sie müssen Ihrem Bewußtsein einfach sagen, daß Sie genau das tun werden. Sie müssen sich dafür entscheiden, mit dem negativen Denken aufzuhören. Damit meine ich nicht, daß Sie gegen Ihre Gedanken ankämpfen sollen, wenn Sie die Dinge ändern wollen. Wenn Ihnen negative Gedanken in den Sinn kommen, sagen Sie einfach: »Danke, daß ihr euch mir mitteilt.« Auf diese Weise leugnen Sie nicht, was da ist, aber Sie verleihen dem negativen Gedanken auch keine Macht. Sagen Sie sich, daß Sie die Negativität nicht länger akzeptieren. Sie möchten eine neue Art zu denken entwickeln. Noch einmal, Sie sollten nicht gegen Ihre Gedanken ankämpfen. Nehmen Sie sie zur Kenntnis und gehen Sie dann weiter. Ertrinken Sie nicht in einem See aus Negativität, wo Sie doch auf dem Ozean des Lebens schwimmen können.

Sie sind dazu bestimmt, ein wunderbarer, liebender und liebenswerter Ausdruck des Lebens zu sein. Das Leben wartet darauf, daß Sie sich ihm öffnen – daß Sie sich wertvoll genug fühlen, das Gute anzunehmen, das es für Sie bereithält. Die Weisheit und Intelligenz des Universums stehen Ihnen zu Diensten. Das Leben trägt und stützt Sie. Vertrauen Sie darauf, daß die innere Kraft immer für Sie da ist.

Wenn Sie Angst haben, ist es hilfreich, sich bewußt zu werden, wie Ihr Atem in Ihrem Körper ein- und ausströmt. Ihr Atem, die kostbarste Substanz Ihres Lebens, wird Ihnen ununterbrochen geschenkt. Es steht Ihnen so viel davon zur Verfügung, daß es für Ihr ganzes Leben reicht. Dieses kostbare Geschenk nehmen Sie an, ohne überhaupt je darüber nachzudenken. Und doch bezweifeln Sie, daß das Leben Sie ausreichend mit anderen Dingen versorgen kann. Es ist jetzt an der Zeit, daß Sie lernen, über welche Macht Sie verfügen und was Sie alles tun können. Wenden Sie sich nach innen, und finden Sie heraus, wer Sie sind.

Wir haben alle unterschiedliche Ansichten. Sie haben ein Recht auf Ihre Ansichten, so wie ich auf meine. Ganz gleich, was in der Welt geschieht, Sie können sich immer nur mit dem befassen, was richtig für Sie ist. Sie müssen in Kontakt mit Ihrer inneren Führung treten, denn diese innere Weisheit kennt die richtigen Antworten für Sie. Es ist nicht leicht, auf die innere Stimme zu hören, wenn Ihnen Freunde und Familienangehörige sagen, was Sie tun sollen. Und doch, alle Antworten auf alle Fragen, die Sie je stellen werden, befinden sich jetzt bereits in Ihnen.

Jedesmal wenn Sie sagen: »Ich weiß es nicht«, sperren Sie die Tür zu Ihrer inneren Weisheit zu. Die Botschaften, die Sie von Ihrem Höheren Selbst erhalten, sind immer positiv und hilfreich. Wenn Sie negative Botschaften erhalten, sind Ihr Ego und Ihr Alltagsbewußtsein im Spiel, und vielleicht auch Ihre Fantasie, obwohl oft auch positive Botschaften über unsere Fantasie und unsere Träume zu uns kommen.

Unterstützen Sie sich selbst, indem Sie die für Sie richtigen Entscheidungen treffen. Wenn Sie im Zweifel sind, fragen Sie sich: *»Ist dies eine Entscheidung, die aus einer liebenden Haltung herrührt? Ist das jetzt für mich das Richtige?«* Vielleicht treffen Sie zu einem späteren Zeitpunkt, in einem Tag, einer Woche, einem Monat eine andere Entscheidung. Aber stellen Sie sich diese Frage in jedem Moment.

Wenn wir lernen, uns selbst zu lieben und unserer Höheren Kraft zu vertrauen, werden wir zu Mitschöpfern des Unendlichen Geistes einer liebenden Welt. Unsere Liebe zu uns selbst bewirkt, daß wir nicht länger Opfer sind, sondern Gewinner. Unsere Liebe zu uns selbst verhilft uns zu wundervollen Erfahrungen. Ist Ihnen nicht auch schon aufgefallen, daß Menschen, die sich selbst gut leiden können, auf natürliche Weise attraktiv sind? Sie verfügen über eine besondere Qualität, die einfach wunderbar ist. Sie sind glücklich mit ihrem Leben. Alles gelingt ihnen leicht und mühelos.

Ich lernte schon vor langer Zeit, daß ich eins mit der Gegenwart und Macht Gottes bin. Ich weiß, daß die Weisheit und das Verständnis des Geistes in mir wohnen, und ich werde deshalb in allen meinen Angelegenheiten auf diesem Planeten göttlich geführt. So wie alle Sterne und Planeten ihre vollkommene Bahn ziehen, so befinde auch ich mich in meiner göttlichen Ordnung. Möglicherweise begreife ich mit meinem begrenzten menschlichen Bewußtsein nicht alles; auf der kosmischen Ebene weiß ich je-

doch, daß ich zur rechten Zeit am rechten Ort bin und das Richtige tue. Meine gegenwärtige Erfahrung ist eine Stufe hin zu neuer Bewußtheit und neuen Möglichkeiten.
Wer sind Sie? Was möchten Sie in diesem Leben lernen? Was möchten Sie andere lehren? Jeder von uns hat eine einzigartige Bestimmung. Wir sind mehr als unsere Persönlichkeit, unsere Probleme, unsere Ängste und unsere Krankheiten. Wir sind weit mehr als unsere Körper. Jeder einzelne von uns ist mit jedem anderen Menschen auf diesem Planeten und mit der Gesamtheit des Lebens verbunden. Wir alle sind Geist, Licht, Energie, Schwingung und Liebe, und wir alle haben die Macht, unserem Leben Sinn und Bedeutung zu geben.

Sechs Affirmationen für ein besseres Leben

AFFIRMATION 1

Ich blicke nach innen
und finde
dort meine Schätze.

AFFIRMATION 2

Ich vertraue dem Lauf
des Lebens.

AFFIRMATION 3

Das Universum
unterstützt unterschiedslos
alle Gedanken, für
die ich mich entscheide.
Daher wähle
ich positive Gedanken.

AFFIRMATION 4

Mein Körper, mein Geist
und meine Seele
sind ein gesundes Team.

AFFIRMATION 5

Ich atme tief und
frei. Ich
vertraue dem Leben.

AFFIRMATION 6

Meine Liebe ist
grenzenlos.

Kapitel 2

Meine innere Stimme

Die Gedanken, die wir uns auswählen, sind die Werkzeuge, mit denen wir die Leinwand unseres Lebens bemalen.

Ich erinnere mich noch daran, wie ich zum erstenmal hörte, daß ich mein Leben verändern könnte, indem ich mein Denken änderte. Das war ein ziemlich revolutionärer Gedanke für mich. Ich lebte damals in New York und lernte die Kirche der Religiösen Wissenschaft kennen. (Die Kirche der Religiösen Wissenschaft oder Geistigen Wissenschaft, die von Ernest Holmes gegründet wurde, wird oft mit der von Mary Baker Eddy gegründeten Kirche der Christlichen Wissenschaft verwechselt. In beiden spiegelt sich *neues Denken* wider; es handelt sich jedoch jeweils um unterschiedliche Philosophien.)

Die Geistige Wissenschaft hat Geistliche und praktizierende Gläubige, die die Lehren der Kirche der Religiösen Wissenschaft weitergeben. Dort erfuhr ich zum erstenmal, daß mein Denken meine Zukunft gestaltete. Obgleich ich nicht verstand, was sie meinten, berührte diese Vorstellung doch jenen Ort der Intuition in mir, den man die *innere Stimme* nennt. Im Laufe der Jahre habe ich gelernt, auf diese Stimme zu hören. Wenn sie ›ja‹ sagt, selbst wenn es eine verrückte Entscheidung zu sein scheint, weiß ich stets, daß es für mich das Richtige ist.

Diese Ideen brachten also eine Saite in mir zum Klingen. Etwas sagte: »Ja, sie haben recht.« Und dann ließ ich mich auf das Abenteuer ein, mein Denken zu verändern. Nachdem ich die Idee einmal akzeptiert und ›ja‹ zu ihr gesagt hatte, wollte ich es genau wissen. Ich las eine Menge Bücher, und wie bei vielen von Ihnen füllte sich mein Zuhause mit Massen von spirituellen und Selbsthilfe-Büchern. Ich besuchte viele Jahre hindurch Seminare und erkun-

dete alles, was mit diesem Thema in Zusammenhang stand. Ich vertiefte mich voll und ganz in die Philosophie des *neuen Denkens.* Zum erstenmal in meinem Leben lernte ich wirklich etwas. Bis zu diesem Zeitpunkt hatte ich an gar nichts geglaubt. Meine Mutter war eine vom Glauben abgefallene Katholikin, mein Stiefvater Atheist. Von Christen hatte ich die merkwürdige Vorstellung, daß sie härene Hemden trugen oder von Löwen gefressen wurden, was mir beides nicht erstrebenswert schien.
Ich vertiefte mich in die Geistige Wissenschaft, weil das ein Weg war, der mir zu diesem Zeitpunkt offenstand, und ich fand es wirklich wunderbar. Zuerst war alles ziemlich einfach. Ich machte mir ein paar Ideen zu eigen und begann, ein bißchen anders zu denken und zu reden. Ich jammerte damals unentwegt und war voller Selbstmitleid. Ich liebte es damals wirklich, mich in meinem Elend zu suhlen. Ich wußte nicht, daß ich so nur weitere Erfahrungen provozierte, wegen denen ich mich dann bemitleiden konnte. Aber ich wußte es eben damals nicht besser. Allmählich bemerkte ich jedoch, daß ich mich nicht mehr ganz so oft beklagte.

Ich begann darauf zu achten, was ich sagte. Ich wurde mir meiner ständigen Selbstkritik bewußt und versuchte, damit aufzuhören. Ich fing damit an, Affirmationen nachzuplappern, ohne recht zu wissen, was sie bedeuteten. Natürlich begann ich mit einfachen, und einige kleine Veränderungen stellten sich ein. Die Ampeln standen immer auf Grün, und ich bekam immer einen Parkplatz und fand das unheimlich toll. Ich glaubte schon, ich hätte alles begriffen, und bald wurde ich ziemlich großspurig, arrogant und dogmatisch, was meine neuen Glaubenssätze betraf. Ich glaubte, bereits alle Antworten zu kennen. In der Rückschau wird mir klar, daß ich so wohl nur ein Gefühl der Sicherheit in diesem neuen Erfahrungsgebiet aufrechtzuerhalten versuchte.
Wenn wir anfangen, uns von einigen unserer alten, starren Glaubenssätze zu trennen, kann das ziemlich furchterregend sein, be-

sonders wenn wir zuvor unter völliger Kontrolle waren. Ich fürchtete mich und klammerte mich deshalb an jeden Halt, den ich finden konnte. Ich stand erst am Anfang und hatte noch einen langen Weg vor mir. Und auch jetzt bin ich längst nicht am Ziel angekommen.

Wie die meisten von uns fand ich den Weg nicht immer leicht und mühelos. Lediglich Affirmationen zu plappern funktionierte nicht immer, und ich verstand nicht warum. Ich fragte mich: »Was machst du falsch?« Sofort machte ich mir Vorwürfe. War das wieder ein Beispiel dafür, daß ich nicht gut genug war? So lautete nämlich einer meiner bevorzugten alten Glaubenssätze.

In jener Zeit schaute mich mein Lehrer Eric Pace an und sprach von der Idee des *Grolls*. Ich hatte nicht die leiseste Ahnung, was er damit meinte. Groll? Ich? Ich grollte doch gewiß niemandem. Schließlich befand ich mich auf dem rechten Weg und war spirituell vollkommen. Wie wenig ich doch damals begriff!

Ich fuhr fort, in meinem Leben mein Bestes zu geben. Ich beschäftigte mich mit Metaphysik und Spiritualität und lernte soviel wie möglich über mich selbst. Ich begriff, so gut es ging, und manchmal wandte ich das Wissen auch an. Wir hören viele Dinge und begreifen sie auch manchmal, aber wir setzen sie nicht immer in die Praxis um. Die Zeit verging sehr rasch. Zu jenem Zeitpunkt hatte ich die Geistige Wissenschaft schon seit ungefähr drei Jahren studiert und war zu einem aktiven Mitglied dieser Kirche geworden. Ich fing an, ihre Philosophie zu lehren, fragte mich aber, wieso meine Schüler so geringe Erfolge erzielten. Ich verstand nicht, warum sie so in ihren Problemen steckenblieben. Dabei gab ich ihnen doch so gute Ratschläge. Warum benutzten sie diesen Rat nicht dazu, ihre Situation zu verbessern? Es kam mir gar nicht in den Sinn, daß ich zwar über die Wahrheit sprach, sie aber nicht lebte. Ich war wie eine Mutter, die ihrem Kind sagt, was es zu tun hat, aber selbst dann genau das Gegenteil tut.

Dann wurde bei mir eines Tages, scheinbar aus heiterem Himmel, Vaginalkrebs festgestellt. Zuerst geriet ich in Panik. Dann überkamen mich Zweifel, ob denn dieser ganze Kram, den ich da lernte, wirklich den Tatsachen entsprach. Das war eine normale und natürliche Reaktion. Ich dachte: »Wenn ich innerlich klar und zentriert wäre, bestünde keine Notwendigkeit, eine Krankheit zu erzeugen.« Rückblickend glaube ich, daß ich mich zum Zeitpunkt der Diagnose sicher genug fühlte, die Krankheit zum Vorschein kommen zu lassen. Ich wollte etwas dagegen unternehmen und sie nicht länger im verborgenen wirken lassen.
Damals wußte ich schon zuviel, um mich noch länger vor mir selbst zu verstecken. Ich wußte, daß Krebs eine Krankheit ist, bei der Aggressionen so lange unterdrückt wurden, bis sie schließlich anfangen, den Körper aufzufressen. Wenn wir unsere Gefühle nicht herauslassen, stauen sie sich im Körper und manifestieren sich irgendwann als Krankheit.
Es wurde mir bewußt, daß meine Aggressionen, mein Groll (auf den mein Lehrer mich so oft hingewiesen hatte) aus meiner Kindheit herrührten, als ich physisch, emotional und sexuell mißbraucht worden war. Natürlich war ich voller Groll. Ich war verbittert und konnte die Vergangenheit nicht loslassen. Ich hatte mich nie damit beschäftigt, mir meine Bitterkeit bewußtzumachen und mich von ihr zu lösen. Von zu Hause fortzugehen schien damals die einzige Möglichkeit, um zu vergessen, was man mir angetan hatte; ich hatte geglaubt, diese Dinge hinter mir zu lassen, doch in Wahrheit hatte ich sie nur in meinem Unterbewußtsein begraben.
Als ich den metaphysischen Weg beschritt, deckte ich meine Gefühle mit einer hübschen Schicht aus Spiritualität zu und verbarg eine Menge Müll in mir. Ich errichtete eine Mauer um mich, die mich buchstäblich von meinen eigenen Gefühlen trennte. Ich wußte nicht, wer ich war und wo ich war. Nach der Krankheitsdiagnose begann ich erst wirklich daran zu arbeiten, mich selbst kennenzulernen. Gott sei Dank besaß ich Werkzeuge, die ich benutzen konnte. Ich wußte, daß ich mich nach innen wenden mußte,

wenn ich wirklich dauerhafte Veränderungen erzielen wollte. Ja, die Ärzte konnten mich operieren und akute Maßnahmen gegen die Krankheit ergreifen. Doch wenn ich die Art, wie ich mein Denken einsetzte, nicht änderte, würde ich die Krankheit vermutlich erneut hervorbringen.
Es ist für mich immer wieder interessant, an welchen Stellen unseres Körpers wir Krebs erzeugen – und auf welcher Körperseite. Die rechte Seite repräsentiert das Maskuline, von dort geben wir nach außen. Die linke ist die feminine Seite, unser empfangender Teil, wo wir Dinge aufnehmen. Fast immer, wenn ich in meinem Leben gesundheitliche Probleme hatte, zeigten sie sich an meiner rechten Körperseite. Dort hatte ich die ganzen Aggressionen gegen meinen Stiefvater angestaut.

Jetzt war ich nicht länger mit grünen Ampeln und freien Parkplätzen zufrieden. Ich wußte, daß ich viel, viel tiefer gehen mußte. Mir wurde klar, daß ich in meinem Leben noch nicht die gewünschten Fortschritte gemacht hatte, weil ich noch nicht mit diesem alten Müll aus meiner Kindheit aufgeräumt hatte und nicht lebte, was ich lehrte. Ich mußte mein inneres Kind akzeptieren und mit ihm arbeiten. Mein inneres Kind brauchte Hilfe, weil es noch immer großen Schmerz litt.
Rasch begann ich mit einem ernsthaften Selbstheilungsprogramm. Ich konzentrierte mich ganz auf *mich* und tat sonst nur wenig. Ich widmete mich ganz meiner Gesundung. Manches, was ich tat, war ein bißchen seltsam, aber ich tat es trotzdem. Schließlich stand ja mein Leben auf dem Spiel. In den nächsten sechs Monaten beschäftigte ich mich praktisch rund um die Uhr mit nichts anderem. Ich las und studierte alles, was ich über alternative Heilmethoden bei Krebs finden konnte, denn ich glaubte ehrlich, daß eine Heilung möglich war. Ich machte eine Reinigungsdiät, die meinen Körper von all dem Junk food entgiftete, das ich jahrelang gegessen hatte. Monatelang lebte ich praktisch nur von Sprossen

und püriertem Spargel. Ich weiß, daß ich auch noch andere Sachen aß, aber diese beiden Bestandteile der Diät sind mir besonders gut im Gedächtnis geblieben.
Ich arbeitete mit Eric Pace, meinem Lehrer der Geistigen Wissenschaft, um meine geistigen Muster zu reinigen, damit der Krebs nicht zurückkehrte. Ich benutzte Affirmationen und Visualisierungen und wandte spirituelle Behandlungen an. Täglich hielt ich Sitzungen vor dem Spiegel ab. Die Worte, die mir am schwersten über die Lippen kamen, lauteten: »Ich liebe dich, ich liebe dich wirklich.« Eine Menge Tränen und eine Menge Atemübungen waren nötig, um das durchzustehen. Als ich es schließlich geschafft hatte, war das für mich wie ein Quantensprung. Ich ging zu einem guten Psychotherapeuten, der sich darauf verstand, Menschen dabei zu helfen, ihre Wut auszudrücken und loszulassen. Ich verbrachte viel Zeit damit, zu schreien und auf Kissen einzudreschen. Es war wunderbar. Ich fühlte mich großartig, weil ich noch nie in meinem Leben die Erlaubnis gehabt hatte, so etwas zu tun.
Ich weiß nicht, welche dieser Methoden half, vielleicht hatte jede von ihnen eine gewisse Wirkung. Vor allem war ich bei dem, was ich tat, wirklich konsequent. Ich übte während des ganzen Tages. Vor dem Schlafengehen dankte ich mir selbst für das, was ich während des Tages geleistet hatte. Ich bejahte, daß in meinem Körper ein Heilungsprozeß stattfand, während ich schlief, und daß ich mich am Morgen hellwach, erfrischt und gut fühlen würde. Morgens nach dem Aufwachen dankte ich mir selbst und meinem Körper für die in der Nacht geleistete Arbeit. Ich bejahte meine Bereitschaft zu wachsen, zu lernen und mich täglich zu verändern, ohne mich als schlechten Menschen anzusehen.
Auch befaßte ich mich mit Verständnis und Vergebung. Ein Weg dabei bestand darin, soviel wie möglich über die Kindheit meiner Eltern in Erfahrung zu bringen. Ich begriff, wie sie als Kinder behandelt worden waren. Ich erkannte, daß sie angesichts ihrer eigenen Kindheit sich mir gegenüber kaum anders hatten verhalten können. Mein Stiefvater wurde zu Hause mißbraucht, und er setzte diesen Mißbrauch bei seinen eigenen Kindern fort. Meiner

Mutter war beigebracht worden, daß der Mann immer recht hat und die Frau ihn stets gewähren lassen muß. Niemand hatte ihnen je eine andere Sicht der Dinge nahegebracht. Schritt für Schritt setzte mich so mein wachsendes Verständnis für sie in die Lage, mit dem Prozeß des Vergebens zu beginnen.

Je mehr ich meinen Eltern vergab, desto mehr wuchs auch meine Bereitschaft, mir selbst zu vergeben. Daß wir uns selbst vergeben, ist ungeheuer wichtig. Viele von uns behandeln ihr inneres Kind so, wie sie von ihren Eltern behandelt wurden. Wir fahren einfach mit dem Mißbrauch fort, und das ist sehr traurig. Als Kinder konnten wir nicht viel tun, wenn wir von anderen Menschen mißbraucht wurden. Wenn wir aber als Erwachsene *immer noch* unser inneres Kind mißbrauchen, hat das katastrophale Folgen.

Als ich mir selbst vergab, fing ich an, mir zu vertrauen. Ich fand heraus, daß mangelndes Vertrauen uns selbst gegenüber die Ursache ist, wenn wir dem Leben oder anderen Menschen nicht vertrauen. Wir vertrauen nicht darauf, daß unser Höheres Selbst in allen Lebenslagen für uns sorgt, und deshalb sagen wir: »Ich werde mich nie wieder verlieben, weil ich nicht verletzt werden will.« Oder: »So etwas wird mir nicht noch einmal passieren.« Was wir uns selbst damit wirklich sagen wollen, ist: »Ich vertraue nicht darauf, daß du gut für mich sorgst, und deshalb halte ich mich von allem fern.«

Schließlich vertraute ich genügend darauf, daß ich für mich selbst sorgen konnte, und nun, als ich mir selbst vertraute, fand ich es leichter und leichter, mich selbst zu lieben. Mein Körper wurde gesund, und auch mein Herz heilte.

Auf ganz unerwartete Weise war ich nun doch spirituell gewachsen.

Und als zusätzlicher Bonus fing ich an, jünger auszusehen. Bei den Klienten, die ich nun anzog, handelte es sich fast ausschließlich um Menschen, die bereit waren, an sich zu arbeiten. Sie machten enorme Fortschritte, ohne daß ich ihnen besonders viel sagen mußte. Sie spürten einfach, daß ich die Ideen, die ich lehrte, auch selbst lebte, und so fiel es ihnen leicht, diese Ideen zu akzeptieren.

Natürlich erzielten sie positive Resultate. Ihre Lebensqualität verbesserte sich. Wenn wir einmal begonnen haben, mit uns selbst Frieden zu schließen, verläuft unser Leben sehr viel angenehmer.

Was also habe ich aus dieser Erfahrung gelernt? Ich erkannte, daß ich die Kraft hatte, mein Leben zu ändern, wenn ich bereit war, mein Denken zu ändern und mich von Mustern zu lösen, die mich an die Vergangenheit fesselten. Diese Erfahrung verhalf mir zu dem inneren Wissen, daß wir, wenn wir wirklich bereit sind, die dafür nötige Arbeit zu tun, unglaubliche Veränderungen in unserem Bewußtsein, unserem Körper und unserem Leben bewirken können.

Ganz gleich, wo im Leben Sie sich gerade befinden, ganz gleich, was Sie in Ihrem Leben erschaffen haben und was Ihnen gerade geschieht, Sie geben mit dem Ihnen zur Verfügung stehenden Wissen und Verständnis stets Ihr Bestes. Und wenn Ihr Wissen wächst, werden Sie es anders machen, genau wie ich. Machen Sie sich wegen Ihrer gegenwärtigen Lebenssituation keine Vorwürfe. Setzen Sie sich nicht herab, weil Sie es nicht schneller oder besser schaffen. Sagen Sie sich: »Ich gebe mein Bestes, und obwohl ich in Schwierigkeiten stecke, werde ich irgendwie da herauskommen; finden wir also den besten Ausweg.« Wenn Sie sich ständig sagen, daß Sie dumm und wertlos sind, wird sich nichts ändern. Sie müssen sich selbst liebevoll unterstützen, wenn Sie Veränderungen erreichen möchten.

Die Methoden, die ich damals benutzte, sind nicht meine eigenen Methoden. Die meisten von ihnen lernte ich bei der Geistigen Wissenschaft, die die Grundlage für das bildet, was ich selbst lehre. Und doch gibt es diese Prinzipien seit ewigen Zeiten. Wenn Sie sich mit einer der alten spirituellen Lehren befassen, werden Sie dort die gleichen Botschaften finden. Ich bin als Geistliche der Kirche der Geistigen Wissenschaft ausgebildet; ich habe jedoch keine Kirche. Ich bin ein freier Geist. Ich formuliere die Lehren in einer einfachen Sprache, um sie vielen Menschen zugänglich zu machen. Dieser Weg eignet sich wunderbar dafür, einen klaren Kopf zu bekommen und wirklich zu verstehen, was es mit dem Leben auf sich hat und wie man das eigene Leben bewußt steuern kann. Als ich vor ungefähr zwanzig Jahren mit alledem anfing, hatte ich keine Ahnung, daß mich das in die Lage versetzen würde, heute so vielen Menschen Hoffnung und Hilfe zu bringen.

Sechs Affirmationen für ein besseres Leben

AFFIRMATION 1

Ich vertraue darauf,
daß mich meine
innere Weisheit sicher
durchs Leben führt.

AFFIRMATION 2

Ständig offenbaren
sich mir neue Einsichten
über die Welt
und unser Leben.

AFFIRMATION 3

In meiner geistigen Mitte
finde ich mit
Leichtigkeit Antworten
auf meine Fragen.

AFFIRMATION 4

Ich lasse meine
Gedanken frei fließen
und bejahe das
Positive.

AFFIRMATION 5

Ich bin dankbar für
das Wissen,
das meine Gedanken
mir vermitteln.

AFFIRMATION 6

Ich ruhe sicher
in meiner Mitte und
vertraue auf
meine reiche innere
Weisheit.

Kapitel 3

DIE MACHT DES GESPROCHENEN WORTES

Sprechen Sie täglich laut aus, was Sie sich im Leben wünschen. Sprechen Sie zu sich.

Das Gesetz des Bewußtseins

Es gibt ein Gesetz der Schwerkraft und noch weitere physikalische Gesetze, zum Beispiel das der Elektrizität, von denen ich nichts verstehe. Es gibt auch spirituelle Gesetze, zum Beispiel das von Ursache und Wirkung: *Was Sie geben, kommt wieder zu Ihnen zurück.* Es gibt auch ein Gesetz des Bewußtseins. Ich weiß nicht, wie es funktioniert, ebensowenig wie ich weiß, wie Elektrizität funktioniert. Ich weiß nur, daß das Licht angeht, wenn ich den Schalter betätige.

Wenn wir einen Gedanken denken oder ein Wort oder einen Satz sprechen, dann wird das Gesetz des Bewußtseins wirksam, und die Gedanken oder Worte kommen als Erfahrungen wieder zu uns zurück.

Wir lernen erst allmählich, welche Beziehung zwischen dem Geistigen und dem Materiellen besteht. Wir beginnen zu begreifen, wie das Bewußtsein funktioniert und daß unsere Gedanken schöpferisch sind. Unsere Gedanken huschen sehr schnell durch unser Bewußtsein. Deshalb ist es zunächst schwierig, sie bewußt zu formen. Unser Mund ist langsamer. Wenn wir also anfangen, unsere Sprache bewußt zu wählen, indem wir auf das hören, was wir sagen, und keine negativen Dinge aussprechen, dann können wir uns daranmachen, unsere Gedanken zu formen.

Unsere gesprochenen Worte besitzen sehr große Macht, und viele von uns sind sich nicht darüber im klaren, wie wichtig Worte sind. Betrachten wir Worte von jetzt an als das Fundament, auf dem wir ständig unsere Lebenserfahrungen erschaffen. Wir benutzen ständig Worte, doch wir plappern einfach drauflos. Nur selten denken wir darüber nach, was wir da eigentlich sagen und wie wir es sagen. Wir schenken unserer Wortwahl wenig Aufmerksamkeit. Und die meisten von uns äußern sich ständig auf negative Weise.

In der Kindheit brachte man uns Grammatik bei. Man lehrte uns, unsere Worte gemäß diesen grammatischen Regeln zu wählen. Ich habe jedoch immer wieder festgestellt, daß die Regeln der Grammatik sich unaufhörlich wandeln. Manches, was in der Vergangenheit als umgangssprachlich betrachtet wurde, ist heute allgemein gebräuchlich. Und die Grammatik schenkt der Bedeutung der Worte und dem Einfluß, den sie auf unser Leben haben, keinerlei Beachtung.

Daß meine Wortwahl meine Lebenserfahrungen beeinflußt, wurde mir in der Schule nicht beigebracht. Niemand lehrte mich damals, daß meine Gedanken schöpferisch sind und buchstäblich mein Leben gestalten. Niemand brachte mir bei, daß die Worte, die ich von mir gab, als Erfahrungen zu mir zurückkehrten. Der Sinn der goldenen Regel besteht darin, uns ein grundlegendes Lebensgesetz aufzuzeigen: *»Behandle andere Menschen so, wie du selbst behandelt werden möchtest.«* Was Sie geben, kommt wieder zu Ihnen zurück. Diese Regel war jedoch nie dazu bestimmt, Schuldgefühle zu erzeugen. Niemand brachte mir bei, daß ich liebenswert war und Gutes verdiente. Und niemand lehrte mich, daß das Leben mir jede erdenkliche Unterstützung bot.

Ich erinnere mich, daß wir uns als Kinder oft Schimpfworte an den Kopf warfen und uns gegenseitig ärgerten. Aber warum taten wir das? Wo lernten wir ein solches Verhalten? Schauen Sie sich doch an, was man uns beibrachte. Vielen von uns wurde von unseren Eltern immer wieder gesagt, wir wären dumm, blöd oder faul. Wir waren ein Ärgernis und nicht gut genug. Manchmal hörten wir unsere Eltern sagen, daß es besser sei, wenn wir nie geboren worden wären. Vielleicht zuckten wir zusammen, wenn wir solche

Worte hörten, aber damals war uns nicht klar, wie tief sich dieser Schmerz in uns festsetzen würde.

Wie man seine Selbstgespräche verändert

Zu oft akzeptierten wir, was unsere Eltern in unserer Kindheit über uns sagten. Wir hörten, daß man den Spinat essen, das Zimmer aufräumen oder das Bett machen muß, um geliebt zu werden. So lernten wir, daß man nur akzeptiert wird, wenn man bestimmte Dinge tut – daß Zuwendung und Liebe von Bedingungen abhängig sind. Doch dabei handelte es sich nur um Vorstellungen anderer Leute, die nichts mit Ihrem eigenen Selbstwert zu tun hatten. In Ihnen entstand so die Vorstellung, daß man nur existieren kann, wenn man diese Dinge tut, um andere zufriedenzustellen, und daß man sonst gar keine Existenzberechtigung hat.

Diese frühen Erfahrungen tragen zu dem bei, was ich unser *Selbstgespräch* nenne – die Art und Weise, wie wir mit uns selbst reden. Unser innerer Dialog ist äußerst wichtig, denn er bildet die Basis für unsere gesprochenen Worte. Er bereitet die geistige Atmosphäre, in der wir uns bewegen und die unsere Erfahrungen anzieht. Wenn wir uns selbst herabsetzen, wird uns das Leben nicht viel zu bieten haben. Wenn wir uns selbst lieben und schätzen, kann das Leben zu einem wunderbaren, freudvollen Geschenk werden.

Wenn wir unglücklich sind oder das Gefühl haben, daß unser Leben unausgefüllt ist, fällt es uns leicht, unseren Eltern oder *den anderen* die Schuld zu geben und zu sagen, daß es alles *ihre* Schuld ist. Wenn wir uns so verhalten, bleiben wir in unseren Lebensumständen, Problemen und Frustrationen stecken. Schuldzuweisungen werden uns nicht befreien. Denken Sie daran, daß unsere Worte Macht haben. Wie schon gesagt, wir bekommen Macht über unser Leben, wenn wir die Verantwortung übernehmen. Ich weiß, es klingt beängstigend, daß wir für unser Leben ganz allein verantwortlich sind, aber so ist es nun einmal, ob wir das nun akzeptieren oder nicht. Wenn wir die Verantwortung für unser Leben übernehmen wollen, müssen wir sie auch für unseren Mund übernehmen. Unsere gesprochenen Worte und Sätze sind Ausdehnungen unserer Gedanken.

Fangen Sie an, auf Ihre Worte zu achten. Wenn Sie merken, daß Sie negative oder einschränkende Worte benutzen, verändern Sie sie. Wenn ich eine negative Geschichte höre, laufe ich nicht herum und erzähle sie überall. Statt dessen denke ich mir, daß sie schon lange genug umgeht, und schenke ihr keine Beachtung. Eine positive Geschichte dagegen erzähle ich auf jeden Fall weiter.

Achten Sie, wenn Sie mit anderen Menschen zusammen sind, darauf, was sie sagen und wie sie es sagen. Prüfen Sie, ob zwischen ihrer Art zu reden und den Erfahrungen, die sie machen, eine Verbindung besteht. Viele, viele Menschen leben ihr Leben unter der Herrschaft des Wortes *sollte*. *Sollen* ist ein Wort, für das ich ein sehr feines Gespür entwickelt habe. Jedesmal wenn ich es höre, scheint bei mir ein Glöckchen zu läuten. Manche Leute sagen ständig *»ich sollte«*. Dieselben Leute wundern sich, warum ihr Leben so festgefahren ist oder warum sie unfähig sind, sich aus einer mißlichen Lage zu befreien. Sie versuchen ständig, die völlige Kontrolle über etwas zu haben, was sich nicht kontrollieren läßt. So verstehen sie ihre eigenen Beweggründe oder die anderer Menschen nicht. Und dann wundern sie sich, warum es in ihrem Leben keine Freiheit gibt.

Auch das Wort *müssen* können wir aus unserem Vokabular und unserem Denken streichen. Dadurch befreien wir uns von einer großen Menge von selbst erzeugtem Druck. Wir erzeugen einen ungeheuren Druck, wenn wir sagen: »Ich muß arbeiten gehen. Ich muß dieses und jenes tun. Ich muß ... ich muß ...« Sagen wir statt dessen: »Ich habe mich *entschieden*.« »Ich habe mich entschieden, arbeiten zu gehen, weil ich so meine Miete bezahlen kann.« Die

Wendung *sich für etwas entscheiden* verleiht unserem Leben eine ganz andere Perspektive. Für alles, was wir tun, haben wir uns selbst entschieden, auch wenn es anders scheinen mag.
Viele von uns gebrauchen auch oft das Wort *aber.* Wir treffen eine Aussage, doch dann sagen wir *aber,* wodurch wir gleichzeitig in zwei verschiedene Richtungen gehen. So übermitteln wir uns selbst widersprüchliche Botschaften. Achten Sie einmal darauf, wie Sie in einer Unterhaltung das Wort *aber* benutzen.
Eine andere Redewendung, auf die wir achten sollten, ist *vergiß nicht.* Wir sind so daran gewöhnt zu sagen: »Vergiß dieses und jenes nicht«, und was passiert? Wir vergessen es. Wir wollen wirklich daran denken, doch statt dessen vergessen wir es. Wir sollten also statt *vergiß nicht* die Formulierung *denk daran* benutzen.

❦

Verfluchen Sie, wenn Sie morgens aufwachen, die Tatsache, daß Sie zur Arbeit gehen müssen? Beklagen Sie sich über das Wetter? Jammern Sie, daß Ihnen der Rücken oder der Kopf weh tut? Woran denken oder was sagen Sie als zweites oder drittes? Schreien Sie Ihre Kinder an, damit sie endlich aufstehen? Die meisten Menschen sagen jeden Morgen immer mehr oder weniger das gleiche. Mit welchen Worten beginnen Sie Ihren Tag? Sind es positive und fröhliche Worte? Oder klagen und schimpfen Sie? Wenn Sie stöhnen, meckern und sich beklagen, wird Ihr Tag dementsprechend verlaufen.
Woran denken Sie zuletzt, ehe Sie ins Bett gehen? Sind es starke, heilende Gedanken, oder handelt es sich um sorgenvolles Mangeldenken? Wenn ich von Mangeldenken spreche, meine ich damit nicht nur den Mangel an Geld. Ein solches negatives Denken kann sich auf alle Bereiche Ihres Lebens beziehen – auf jeden Bereich, in dem Ihre Energie nicht frei fließt. Machen Sie sich Sorgen wegen des folgenden Tages? Ich lese für gewöhnlich etwas Positives vor dem Schlafengehen. Ich bin mir bewußt, daß ich

während des Schlafens eine Menge Reinigungsarbeit leiste, die mich auf den nächsten Tag vorbereitet.
Ich habe festgestellt, daß es sehr hilfreich ist, alle meine Fragen oder Probleme meinen Träumen anzuvertrauen. Ich weiß, daß meine Träume mir helfen, mit allem, was in meinem Leben geschieht, zurechtzukommen.

Ich bin die einzige Person, die meine Gedanken denken kann, so wie Sie die einzige Person sind, die Ihre Gedanken denken kann. Niemand kann uns zwingen, auf eine andere Art zu denken. Wir wählen uns unsere Gedanken selbst aus, und sie sind die Basis unseres *Selbstgesprächs.* Als ich erlebte, wie dieser Prozeß sich in meinem Leben auswirkt, begann ich, stärker selbst zu leben, was ich andere lehrte. Ich achtete nun wirklich auf meine Worte und Gedanken, und ich verzieh mir ständig, daß ich nicht vollkommen war. Ich gestattete mir, ich selbst zu sein, statt mich krampfhaft zu bemühen, ein von jedermann akzeptierter Übermensch zu sein.
Als ich anfing, dem Leben zu vertrauen und diese Welt als einen freundlichen Ort zu betrachten, blühte ich auf. Mein Humor wurde weniger bissig und dafür aufrichtig fröhlich. Ich hörte allmählich damit auf, mich selbst und andere zu kritisieren und zu verurteilen, und ich erzählte keine Katastrophen-Geschichten mehr. Wir sind nur zu gerne bereit, schlechte Neuigkeiten zu verbreiten. Das ist wirklich erstaunlich. Ich hörte auf, Zeitung zu lesen und mir die Spätnachrichten anzuschauen, weil sich alle Reportagen mit Katastrophen und Gewalt beschäftigten und es nur wenige gute Nachrichten gab. Mir wurde klar, daß die meisten Menschen keine guten Nachrichten hören wollen. Sie lieben es, schlechte Neuigkeiten zu hören, weil sie dann etwas haben, worüber sie sich beklagen können. Bei zu vielen von uns kreist Denken und Sprechen so lange um die negativen Geschichten, bis wir glauben, daß es nur Schlechtes in der Welt gibt. Es gab einmal ei-

nen privaten Radiosender, der nur gute Nachrichten sendete. Er blieb nicht lange im Geschäft.

Als ich an Krebs erkrankt war, beschloß ich, mit dem negativen Gerede aufzuhören, und stellte überrascht fest, daß ich plötzlich gar nichts mehr zu sagen hatte. Es wurde mir bewußt, daß ich, wenn ich jemanden aus meinem Freundeskreis traf, stets den neuesten Klatsch mit ihr oder ihm ausgetauscht hatte. Schließlich entdeckte ich, daß es auch noch andere Möglichkeiten gibt, ein Gespräch zu führen, wenn es mir auch nicht leichtfiel, mit der schlechten Gewohnheit zu brechen. Wenn ich schlecht über andere Menschen redete, redeten diese zweifellos auch schlecht über mich, denn was wir geben, kommt stets wieder zu uns zurück.

Als ich verstärkt mit anderen Menschen arbeitete, achtete ich aufmerksam auf das, was sie sagten. Ich achtete wirklich genau auf die einzelnen Worte, nicht nur auf die allgemeine Richtung des Gesagten. Für gewöhnlich konnte ich schon nach zehn Minuten mit einem neuen Klienten genau sagen, welches Problem er hatte, weil ich es an seiner Wortwahl erkannte. An der Art, wie die Leute redeten, sah ich, was ihnen fehlte. Ich wußte, daß ihre Worte zu ihren Problemen beitrugen. Wenn sie negativ redeten, wie mochte da wohl ihr *Selbstgespräch* aussehen? Es folgte zweifellos derselben negativen Programmierung – Mangeldenken nannte ich das.

Als kleine Übung möchte ich Ihnen vorschlagen, einmal einen Kassettenrecorder neben Ihr Telefon zu stellen. Drücken Sie bei jedem Telefongespräch auf die Aufnahmetaste. Wenn beide Seiten der Kassette bespielt sind, hören Sie sich an, was Sie gesagt haben und wie Sie es gesagt haben. Wahrscheinlich werden Sie sehr verblüfft sein. Sie werden hören, welche Worte Sie benutzen und wie Ihre Stimme klingt. Das wird Sie bewußter machen. Wenn Ihnen auffällt, daß Sie etwas dreimal oder öfter sagen, schreiben Sie es sich auf, denn es handelt sich dabei um ein Sprechmuster. Manche dieser Muster können positiv und fördernd sein, doch Sie werden vermutlich auch einige sehr negative Muster haben, die Sie immerzu wiederholen.

Die Macht des Unterbewußtseins

Im Lichte des zuvor Gesagten möchte ich nun über die Macht des Unterbewußtseins sprechen. Unser Unterbewußtsein fällt keine Urteile. Das Unterbewußtsein akzeptiert alles, was wir sagen, und erschafft unsere Wirklichkeit gemäß unseren Glaubensvorstellungen. Es sagt immer *ja.* Unser Unterbewußtsein liebt uns so, daß es uns stets gibt, wonach wir verlangen. Wir haben also die Wahl. Wenn wir uns für Gedanken des Mangels entscheiden, glaubt das Unterbewußtsein, daß wir genau das wollen. Es wird uns dementsprechende Ergebnisse liefern, bis wir bereit sind, unsere Gedanken, Worte und Glaubenssätze zum Besseren zu verändern. Unsere Lage ist niemals ausweglos, denn wir können stets eine andere Wahl treffen. Es gibt Abermillionen Gedanken, aus denen wir auswählen können.

Unser Unterbewußtsein kennt kein Wahr oder Unwahr, kein Richtig oder Falsch. Darum sollten wir uns selbst nie tadeln oder verurteilen. Wir sollten keine Aussagen treffen, wie: »Oh, ich Dummkopf!« Denn das Unterbewußtsein wird dieses *Selbstgespräch* aufnehmen, und nach einer Weile werden Sie sich dementsprechend fühlen. Wenn Sie eine solche Aussage oft genug wiederholen, wird sie in Ihrem Unterbewußtsein zu einem Glaubenssatz.

Das Unterbewußtsein hat keinen Sinn für Humor. Es ist wichtig, daß Sie sich das klarmachen. Wenn Sie sich über sich selbst lustig machen, bleibt das nicht ohne Konsequenzen. Wenn Sie sich selbst herabsetzen, und sei es auch nur im Scherz, akzeptiert Ihr Unterbewußtsein das als Wahrheit. Ich gestatte es den Leuten nicht, in meinen Workshops über sich selbst oder andere herabsetzende Witze zu machen. Sie dürfen Späße machen, aber sie dürfen über niemanden wegen seiner Nationalität, seines Geschlechts oder was auch immer verächtlich reden.

Machen Sie also keine Witze oder abfälligen Bemerkungen über sich selbst, sonst werden unerfreuliche Erfahrungen die Folge sein. Setzen Sie auch andere nicht herab. Das Unterbewußtsein unterscheidet nicht zwischen Ihnen und der anderen Person. Es hört die Worte und glaubt, daß Sie über sich selbst sprechen. Wenn Sie das nächste Mal jemanden kritisieren wollen, fragen Sie sich, warum Sie so über sich selbst denken. Sie sehen die anderen stets so, wie Sie sich selbst sehen. Loben Sie andere, statt sie zu kritisieren, und innerhalb eines Monats werden sich in Ihnen enorme Veränderungen ereignen.

Unsere Worte sind wirklich eine Frage unserer geistigen Einstellung. Achten Sie einmal darauf, wie einsame, unglückliche, kranke Menschen reden. Welche Worte gebrauchen sie? Welche Wahrheiten haben sie für sich akzeptiert? Wie beschreiben sie sich selbst? Wie beschreiben sie ihre Arbeit, ihr Leben, ihre Beziehungen zu anderen Menschen? Was erwarten sie? Achten Sie auf ihre Wortwahl, aber laufen Sie dann bitte nicht herum und erzählen anderen, daß die betreffenden Personen dabei sind, mit ihrer Art zu reden ihr Leben zu ruinieren. Sagen Sie so etwas auch nicht Ihrer Familie oder Ihren Freunden gegenüber, denn solche Äußerungen werden nicht auf Gegenliebe stoßen. Benutzen Sie Ihre Erkenntnisse statt dessen, um Rückschlüsse auf Ihr eigenes Verhalten zu ziehen. Wenden Sie sie an, denn wenn Sie Ihre Art zu reden verändern, auch wenn es sich nur um Kleinigkeiten handeln mag, werden sich auch Ihre Erfahrungen ändern.

Wenn Sie krank sind und daran glauben, daß Ihre Krankheit tödlich ist und das Leben es nicht gut mit Ihnen meint, weil für Sie alles schiefläuft, was dann?

Sie können sich dafür entscheiden, sich von Ihrer negativen Lebensauffassung zu lösen. Bejahen Sie, daß Sie ein liebenswerter Mensch sind, der es wert ist, geheilt zu werden, und daß Sie auf der physischen Ebene alles für Ihre Heilung Erforderliche zu sich heranziehen werden. Bekräftigen Sie, daß Sie bereit sind, gesund zu werden, und daß Sie stets beschützt sind.

Viele Menschen fühlen sich nur sicher und behütet, wenn sie

krank sind. Meistens handelt es sich um Leute, denen es schwerfällt, *nein* zu sagen. Sie können nur auf eine Art *nein* sagen: »Ich bin dafür zu krank.« Das ist eine perfekte Entschuldigung. Ich erinnere mich an eine Frau in einem meiner Workshops, die drei Krebsoperationen hinter sich hatte. Sie konnte niemandem gegenüber nein sagen. Ihr Vater war Arzt, und sie war Vatis braves kleines Mädchen. Sie tat alles, was Vati ihr sagte. Es war ihr unmöglich, nein zu sagen. Um was man sie auch bat, sie mußte ja sagen. Wir brauchten vier Tage, bis wir sie soweit hatten, daß sie aus vollem Hals »Nein!« schrie. Ich ließ sie dabei die Fäuste schütteln. »Nein! Nein! Nein!« Als sie sich erst einmal dazu durchgerungen hatte, genoß sie es.

Ich habe festgestellt, daß viele Frauen mit Brustkrebs nicht *nein* sagen können. Sie sind ununterbrochen für andere da, nur nicht für sich selbst. Frauen mit Brustkrebs empfehle ich unter anderem zu lernen, wie man sagt: »Nein, das möchte ich nicht tun. Nein!« Wenn sie erst einmal ein oder zwei Monate zu allem *nein* gesagt haben, beginnt sich das Blatt zu wenden. Solche Frauen müssen sich selbst Aufmerksamkeit schenken, indem sie sagen: »Ich tue das, was *ich* gern tun möchte, nicht das, was *ihr* wollt.«

Als ich noch Einzelberatungen durchführte, beklagten sich meine Klienten stets über ihre Beschränkungen. Sie bemühten sich sehr, mich von der Verfahrenheit ihrer Lage zu überzeugen. Wenn wir glauben, daß unsere Lage verfahren ist, und dies akzeptieren, dann ist es auch so. Wir geraten in eine verfahrene Lage, weil unsere negativen Glaubenssätze sich verwirklichen. Konzentrieren wir uns also statt dessen auf unsere Stärken.

Viele von Ihnen erzählen mir, daß meine Tonbandkassetten ihnen das Leben gerettet hätten. Ich möchte, daß Sie erkennen, daß kein Buch und keine Kassette in der Lage ist, Sie zu retten. Ein kleines Stück Tonband in einer Plastikkassette wird Sie nicht retten. Entscheidend ist, was Sie mit den Informationen, die es Ihnen liefert, anfangen. Ich kann Ihnen eine Menge Ideen liefern, aber es kommt allein darauf an, was Sie damit anfangen. Ich schlage vor, daß Sie sich eine bestimmte Kassette einen Monat lang immer wieder anhören, so daß die Gedanken darauf bei Ihnen zu einem neuen gewohnheitsmäßigen Denkmuster werden. Ich bin nicht Ihr Heiler oder Retter. Der einzige Mensch, der in Ihrem Leben eine Veränderung bewirken kann, sind *Sie.*

Welche Botschaften möchten Sie also gerne hören? Ich weiß, ich wiederhole mich – aber *es gibt nichts Wichtigeres, als sich selbst zu lieben. Wenn Sie sich selbst lieben, werden Sie sich und andere nicht verletzen.* Das ist das Rezept für den Weltfrieden. Wenn ich mich und Sie nicht verletze, wie kann es dann Krieg geben? Je mehr von uns diesen Zustand erreichen, desto besser wird es dem Planeten gehen. Fangen wir damit an, bewußt darauf zu hören, wie wir mit uns selbst und anderen reden. Dann können wir die Veränderungen vornehmen, die dabei helfen werden, uns selbst und den Rest des Planeten zu heilen.

SECHS AFFIRMATIONEN FÜR EIN BESSERES LEBEN

AFFIRMATION 1

Ich denke positive
Gedanken, weil jede Zelle
meines Körpers
auf alle meine Gedanken
und alle meine Worte
reagiert.

AFFIRMATION 2

Ich pflege eine offene,
klare Kommunikation
mit allen Menschen
meiner Umgebung.

AFFIRMATION 3

Ich bin bereit,
mich von der Gewohnheit,
ständig alles und jeden
kritisieren zu müssen,
zu befreien.

AFFIRMATION 4

Ich bin vom Leben
begeistert!
Energie und Optimismus
erfüllen mich.

AFFIRMATION 5

Heute teile ich meine
Freude mit
jedem Menschen, der
mir begegnet.

AFFIRMATION 6

Ich lasse die
Vergangenheit hinter mir
und blicke optimistisch
in die Zukunft.

Kapitel 4

ALTE PROGRAMME NEU GESTALTEN

Seien Sie bereit, den ersten Schritt zu tun,
wie klein er auch sein mag. Konzentrieren Sie
sich auf die Tatsache, daß Sie lernwillig sind.
Dann werden wahre Wunder geschehen.

Affirmationen funktionieren

Jetzt, wo wir etwas besser verstehen, wie mächtig unsere Gedanken und Worte sind, ist es erforderlich, daß wir unser Denken und Sprechen in positive Bahnen lenken, um befriedigende Resultate zu erzielen. Sind Sie bereit, Ihr *Selbstgespräch* durch positive Affirmationen zu verändern? Denken Sie daran, daß jeder von Ihnen gedachte Gedanke und jedes von Ihnen gesprochene Wort eine Affirmation ist.

Eine Affirmation ist ein Anfang. Sie ebnet den Weg für Veränderungen. Sie übermitteln dadurch dem Unterbewußtsein die Botschaft: »Ich übernehme jetzt die Verantwortung. Ich bin mir bewußt, daß ich selbst etwas tun kann, um mich zu verändern.«

Wenn ich von *Affirmation* spreche, meine ich damit bewußt ausgewählte Sätze oder Worte, die entweder helfen, etwas aus Ihrem Leben zu entfernen, oder etwas Neues in Ihrem Leben zu erschaffen, und zwar stets mit positiven Formulierungen. Wenn Sie sagen: »Ich will nicht mehr krank sein«, versteht das Unterbewußtsein *mehr krank sein.* Sie müssen ihm unzweideutig sagen, was Sie wollen. Sagen Sie also: *»Ich fühle mich wunderbar. Ich bin strahlend gesund.«*

Das Unterbewußtsein ist sehr direkt. Es hat keine Strategien oder Pläne. Es setzt sofort um, was es hört. Wenn Sie sagen: »Ich hasse dieses Auto«, verhilft es Ihnen nicht zu einem neuen, weil es nicht weiß, was Sie wollen. Selbst wenn Sie ein neues Auto bekommen, werden Sie es möglicherweise bald hassen, weil Sie genau das über Ihr Auto gesagt haben. Das Unterbewußtsein hört nur: *hasse dieses Auto.* Sie müssen Ihre Wünsche auf positive Weise eindeutig formulieren, zum Beispiel: *»Ich besitze ein wunderschönes neues Auto, das genau meinen Bedürfnissen entspricht.«*

Wenn es in Ihrem Leben etwas gibt, was Ihnen wirklich mißfällt, dann können Sie sich am raschesten davon befreien, wenn Sie es *mit Liebe segnen. »Ich segne dich mit Liebe, und ich gebe dich jetzt frei und lasse dich gehen.«* Das funktioniert bei Personen, Situationen, Gegenständen und Wohnungen. Sie können es sogar bei einer Gewohnheit anwenden, von der Sie sich befreien möchten. Ich kannte einen Mann, der zu jeder Zigarette, die er rauchte, sagte: »Ich segne dich mit Liebe und gebe dich frei.« Nach ein paar Tagen war sein Verlangen nach Zigaretten bereits merklich weniger geworden, und nach ein paar Wochen verschwand die Gewohnheit ganz.

Sie verdienen das Gute

Denken Sie einen Moment nach. Was möchten Sie jetzt in diesem Augenblick wirklich? Was wünschen Sie sich heute in Ihrem Leben? Denken Sie darüber nach, und sagen Sie dann: »Ich akzeptiere für mich ____.« (Was immer Sie sich wünschen.) An dieser Stelle geraten die meisten von uns ins Stocken.

Dem liegt der Glaube zugrunde, daß wir das, was wir uns wünschen, nicht verdienen. Unsere persönliche Macht hängt davon ab, ob wir bereit sind, Gutes für uns zu akzeptieren. Daß wir uns als unwürdig erachten, rührt von Kindheitserfahrungen her. Doch hier gilt wieder, daß wir uns von solchen Erfahrungen befreien können. Oft kommen die Leute zu mir und sagen: »Louise, Affirmationen funktionieren bei mir nicht.« Das liegt dann nicht an den Affirmationen, sondern daran, daß wir nicht glauben, Gutes zu verdienen.

Sie können herausfinden, ob das auf Sie zutrifft, indem Sie eine Affirmation sprechen und auf die Gedanken achten, die dabei in Ihnen aufsteigen. Notieren Sie sich diese Gedanken, denn wenn Sie sie aufschreiben, werden sie Ihnen ganz klar vor Augen geführt. Das einzige, was Sie davon abhält, Gutes zu akzeptieren oder sich selbst zu lieben, ist eine fremde Meinung oder Überzeugung, die Sie für sich als Wahrheit akzeptiert haben.

Wenn wir nicht glauben, Gutes zu verdienen, ziehen wir uns den Boden unter den Füßen weg, was auf verschiedene Weise geschehen kann. Wir können ein Chaos erzeugen, wir können Dinge verlieren, uns selbst verletzen oder körperliche Probleme bekommen. Wir müssen damit anfangen zu glauben, daß wir alles Gute verdienen, das uns das Leben zu bieten hat.

Mit welchem neuen Gedanken können wir beginnen, wenn wir unsere alten, negativen Programme löschen und etwas Neues in unserem Leben erschaffen wollen? Was gibt ein gutes Fundament ab, auf dem Sie stehen können? Was müssen Sie wissen, glauben, akzeptieren?

Einige gute Gedanken für den Anfang sind:

- *Ich bin wertvoll.*
- *Ich liebe mich.*
- *Ich verdiene Gutes.*
- *Ich gestatte mir Selbsterfüllung.*

Diese Ideen bilden eine Basis, auf der Sie aufbauen können. Auf diesem Fundament können Sie mit den entsprechenden Affirmationen alles erschaffen, was Sie sich wünschen.

Immer wenn ich irgendwo öffentlich spreche, kommt nach dem Vortrag jemand zu mir oder schreibt mir, um mir zu sagen, daß eine Heilung stattfand, während er oder sie sich im Vortragsraum aufhielt. Manchmal handelt es sich nur um eine Kleinigkeit, doch mitunter ist es ein ziemlich dramatischer Vorgang. Kürzlich kam eine Frau zu mir und erzählte mir, daß sie einen Knoten in der Brust gehabt hatte, der während meines Vortrages verschwunden war. Sie hörte etwas und beschloß, etwas loszulassen. Das ist ein gutes Beispiel dafür, wie mächtig wir sind. Wenn wir nicht bereit sind, etwas loszulassen, wenn wir etwas festhalten wollen, weil es uns auf irgendeine Weise nützt, dann wird möglicherweise keinerlei Therapie wirken. Wenn wir uns jedoch einmal dafür entschieden haben, etwas loszulassen, wie diese Frau, dann genügt dafür oft der kleinste Anlaß.
Wenn Sie eine Gewohnheit haben, von der Sie nicht lassen können, fragen Sie sich, welchen Nutzen Sie von dieser Gewohnheit haben. Wenn Sie keine Antwort erhalten, fragen Sie anders: »Was würde geschehen, wenn ich diese Gewohnheit nicht mehr hätte?« Sehr oft lautet die Antwort: »Mein Leben wäre schöner.« Es läuft immer wieder darauf hinaus, daß wir irgendwie glauben, kein schöneres Leben zu verdienen.

Etwas von der kosmischen Speisekarte bestellen

Wenn Sie zum erstenmal eine Affirmation sprechen, mag Ihnen das sehr unwirklich vorkommen. Aber denken Sie daran, daß Affirmationen wie eine Saat sind, die Sie im Garten aussäen. Wenn Sie etwas säen, haben Sie nicht schon gleich am nächsten Tag die ausgewachsene Pflanze. Während der Wachstumsphase müssen wir Geduld haben. Wenn Sie damit fortfahren, die Affirmation anzuwenden, werden Sie allmählich fähig werden, sich von dem zu lösen, was Sie nicht mehr haben wollen; oder die Affirmation wird Ihnen neue Wege eröffnen. Oder Sie haben plötzlich einen glänzenden Einfall, oder ein Freund ruft Sie an und sagt: »Hast du

das schon einmal versucht?« So werden Sie zu einem neuen, hilfreichen Schritt geführt.
Formulieren Sie Ihre Affirmationen stets in der Gegenwartsform. Sie können sie auch singen oder einen Reim daraus machen, so daß sie Ihnen ständig im Kopf herumgehen. Denken Sie daran, daß Sie mit Ihren Affirmationen nicht das Verhalten eines bestimmten Menschen beeinflussen können. Wenn Sie affirmieren, daß »John sich jetzt in mich verliebt«, ist das eine Form von Manipulation, ein Versuch, das Leben eines anderen Menschen zu kontrollieren. Das wird auf Sie selbst zurückfallen. Sie werden sehr unglücklich sein, wenn Sie Ihren Willen nicht bekommen. Sie können sagen: »Ich werde jetzt von einem wunderbaren Mann geliebt, der die folgenden Qualitäten hat: ...« Zählen Sie dann die Eigenschaften auf, die Ihr Wunschpartner haben soll. So gestatten Sie Ihrer inneren Kraft, Sie mit dem Menschen zusammenzubringen, der perfekt zu Ihnen paßt. Das mag dann John sein, aber vielleicht auch jemand ganz anderes.
Sie wissen nicht, welche spirituelle Lektion ein anderer Mensch in diesem Leben zu lernen hat, und Sie haben nicht das Recht, sich in seine persönliche Entwicklung einzumischen. Sie wollen ja schließlich auch nicht, daß ein anderer das bei Ihnen macht. Wenn jemand krank ist, segnen Sie ihn und übermitteln ihm Liebe und Frieden. Verlangen Sie nicht, daß der Betreffende gesund wird.
Ich stelle mir das mit den Affirmationen so vor, daß wir damit unsere Bestellung beim *kosmischen Küchenchef* aufgeben. Wenn Sie in ein Restaurant gehen und Ihre Bestellung aufgeben, folgen Sie dem Kellner ja schließlich auch nicht in die Küche, um sich zu vergewissern, daß der Koch die Bestellung erhalten hat und Ihr Essen richtig zubereitet. Sie bleiben am Tisch sitzen, trinken Ihr Wasser, Ihren Tee oder Kaffee, unterhalten sich mit Ihrem Freund und essen dabei vielleicht Ihre Vorspeise. Sie verlassen sich darauf, daß das Essen währenddessen zubereitet wird und man es Ihnen serviert, wenn es fertig ist. Genauso ist es, wenn Sie damit beginnen, Affirmationen anzuwenden.
Wenn wir unsere Bestellung in der *kosmischen Küche* aufgeben,

macht sich der Küchenchef, unsere Höhere Macht, an die Arbeit. Währenddessen fahren Sie mit Ihrem Leben fort und verlassen sich darauf, daß Ihre Bestellung in Arbeit ist. Wenn Ihre Mahlzeit dann fertig ist und sie anders ausfällt, als Sie sie bestellt hatten, werden Sie sie zurückgehen lassen, wenn Sie Selbstachtung besitzen. Wenn Sie zufrieden sind, werden Sie sie essen. Genauso ist das auch bei der *kosmischen Küche.* Wenn Sie nicht genau das bekommen, was Sie wollen, können Sie sagen: »Nein, das ist nicht ganz das Richtige; ich möchte das hier.« Vielleicht war Ihre Bestellung nicht klar genug.

Auch hierbei geht es darum, loszulassen. Am Ende meiner Behandlungen und Meditationen benutze ich die Worte: *So sei es.* Das ist eine Möglichkeit zu sagen: »Höhere Macht, die Sache liegt jetzt in deinen Händen, ich übergebe sie dir.« Spirituelle geistige Behandlungen, wie sie von der Geistigen Wissenschaft gelehrt werden, sind sehr wirkungsvoll. Weitere Informationen dazu können Sie bei Ihrer örtlichen Kirche der Religiösen Wissenschaft oder in den Büchern von Ernest Holmes erhalten.

Das Unterbewußtsein neu programmieren

Unsere Gedanken akkumulieren, und wenn wir unaufmerksam sind, kommen die alten Gedanken wieder zum Vorschein. Wenn wir unser Bewußtsein neu programmieren, ist es ganz natürlich, daß wir dabei ein Stück vor und dann wieder ein Stück zurückgehen. Übung macht den Meister. Ich glaube, es gibt keine neue Fertigkeit, die wir innerhalb der ersten zwanzig Minuten erlernen können.

Erinnern Sie sich noch, wie frustrierend es war, als Sie zum erstenmal lernten, mit einem Computer umzugehen? Sie mußten längere Zeit üben. Sie mußten sich mit der Funktionsweise des Geräts vertraut machen. Ich nannte meinen ersten Computer ›Kleine Zauberin‹, denn als ich ihre Regeln begriffen hatte, funktionierte sie auf eine Weise, die mir wie Zauberei vorkam. Doch während ich lernte, zeigte sie mir, daß ich etwas falsch machte, indem sie einfach seitenweise Arbeit vernichtete und ich wieder ganz von vorn beginnen mußte. Aus all diesen Fehlern lernte ich, harmonisch mit dem Computersystem zusammenzuarbeiten.

Um harmonisch mit dem System des Lebens zu arbeiten, müssen Sie sich klarmachen, daß Ihr Unterbewußtsein wie ein Computer ist – wenn Sie etwas Falsches eingeben, erzielen Sie falsche Resultate. Wenn Sie negative Gedanken eingeben, kommen negative Erfahrungen dabei heraus. Ja, Zeit und Übung sind erforderlich, um die neue Art des Denkens zu erlernen. Haben Sie Geduld mit sich. Wenn Sie etwas Neues lernen, sagen Sie dann, falls das alte Muster zurückkehrt: »Oh, ich habe überhaupt nichts gelernt«? Oder sagen Sie: »Okay, halb so schlimm, versuchen wir es eben noch einmal.«

Oder nehmen wir einmal an, Sie haben ein Thema aufgearbeitet und glauben, daß Sie sich nun nie wieder damit befassen müssen. Wirklich wissen, ob die Sache ausgestanden ist, können Sie erst, wenn Sie sich selbst auf die Probe gestellt haben. Sie bringen sich also noch einmal in die alte Situation und beobachten, wie Sie reagieren. Wenn Sie wieder in Ihr altes Reaktionsmuster zurückfallen, dann wissen Sie, daß Sie die entsprechende Lektion noch nicht gelernt haben und weiter daran arbeiten müssen. Das ist alles. Sie müssen erkennen, daß es ein kleiner Test ist, um festzustellen, welche Fortschritte Sie gemacht haben. Wenn Sie mit Affirmationen arbeiten, mit neuen Wahrheiten über sich selbst, geben Sie sich damit die Chance, anders zu reagieren. Ganz gleich, ob es sich um ein gesundheitliches, ein finanzielles oder ein zwischenmenschliches Problem handelt, wenn Sie auf neue Weise auf die Situation reagieren, dann sind Sie auf dem besten Weg, diesen Problembereich in den Griff zu bekommen und sich anderen Bereichen zuzuwenden.

Denken Sie auch immer daran, daß diese Arbeit Schicht für Schicht erfolgt. Manchmal erreichen Sie ein Plateau und denken: »Ich hab's geschafft!« Doch dann werden Sie wieder mit einem alten Problem konfrontiert, verletzen sich, werden krank, und es geht Ihnen für einige Zeit schlecht. Suchen Sie in solchen Fällen immer nach den zugrundeliegenden Glaubenssätzen. Es ist möglich, daß weitere Arbeit auf Sie wartet, weil Sie nun in die nächste Schicht Ihres Unterbewußtseins vordringen.

Glauben Sie nicht, daß Sie *nicht gut genug sind,* nur weil Sie wieder mit einem bereits erledigt geglaubten alten Problem konfrontiert werden. Als ich herausfand, daß ich kein *schlechter Mensch* war, nur weil ich mich aufs neue einem alten Problem gegenübersah, ging auf einmal alles viel leichter. Ich lernte, mir selbst zu sagen: »Louise, du machst deine Sache sehr gut. Schau doch, wie weit du schon gekommen bist. Du mußt einfach noch ein bißchen mehr üben. Und ich liebe dich.«

Ich glaube, daß wir alle uns bewußt dafür entscheiden, uns auf diesem Planeten zu einer bestimmten Zeit an einem bestimmten Ort zu inkarnieren. Wir haben uns entschieden herzukommen, um eine bestimmte Lektion zu lernen, die uns in unserer spirituellen Evolution weiterbringt.

Eine Möglichkeit zuzulassen, daß der Lebensprozeß sich in Ihnen auf eine positive, gesunde Weise entfaltet, besteht darin, Ihre eigenen, persönlichen Wahrheiten auszusprechen. Lösen Sie sich von den einengenden Glaubenssätzen, die Sie von der Erfüllung Ihrer Wünsche trennen. Erklären Sie, daß alle negativen Gedankenmuster aus Ihrem Bewußtsein gelöscht werden. Lösen Sie sich von Ihren Ängsten und Sorgen. Ich glaube jetzt schon seit langer Zeit an die folgenden Ideen, und sie haben mir gute Dienste geleistet:

- *Alles, was ich wissen muß, wird mir jederzeit enthüllt.*
- *Alles, was ich brauche, kommt zur rechten Zeit zu mir.*
- *Das Leben ist eine Freude und voller Liebe.*
- *Ich bin liebenswert, ich liebe und werde geliebt.*
- *Ich bin gesund und voller Energie.*
- *Ich gedeihe auf allen meinen Wegen.*
- *Ich bin bereit, zu wachsen und mich zu verändern.*
- *Alles ist gut in meiner Welt.*

Ich habe gelernt, daß wir nicht zu allen Zeiten immer hundertprozentig positiv bleiben, und dabei nehme ich mich nicht aus. Aber sosehr es mir möglich ist, sehe ich das Leben als eine wunderbare, freudvolle Erfahrung. Ich glaube, daß ich beschützt werde. Das ist für mich zu einem persönlichen Gesetz geworden.

Ich glaube, daß mir jederzeit alles, was ich wissen muß, enthüllt wird, ich muß also meine Augen und Ohren offenhalten. Als ich Krebs hatte, kam mir der Gedanke, daß ein Fußreflexzonen-Therapeut mir weiterhelfen könnte. Eines Abends ging ich zu einem Vortrag. Für gewöhnlich sitze ich in der ersten Reihe, weil ich gerne nahe beim Vortragenden bin; an diesem Abend bekam ich jedoch nur noch einen Platz in der hintersten Reihe. Gerade als ich Platz genommen hatte, setzte sich ein Fußreflexzonen-Therapeut neben mich. Wir kamen ins Gespräch, und ich erfuhr, daß er sogar Hausbesuche machte. Ich brauchte gar nicht nach ihm zu suchen, er kam zu mir.

Auch glaube ich, daß alles, was ich brauche, zum richtigen Zeitpunkt zu mir kommt. Wenn in meinem Leben etwas schiefläuft, denke ich sofort: »Das ist in Ordnung. Ich weiß, daß es seine Richtigkeit hat. Es ist eine Lektion, eine Erfahrung, und ich werde es gut überstehen. Es gibt in dieser Sache etwas, das meinem höchsten Guten dient. Alles ist gut. Atme tief durch. Es ist okay.« Ich tue, was ich kann, um mich zu beruhigen, damit ich rational über den jeweiligen Vorgang nachdenken kann, und natürlich stelle ich mich der unangenehmen Situation. Manchmal dauert es ein Weilchen, doch oft stellt sich am Ende heraus, daß scheinbare Katastrophen letztlich ein gutes Ende nehmen oder wenigstens weit weniger schlimm sind als zunächst vermutet. Jedes Ereignis ist eine Lernerfahrung.

Ich führe eine Menge positive *Selbstgespräche,* morgens, mittags und abends. Ich lebe aus einem liebenden Herzen heraus, und ich praktiziere die Selbstliebe und die Liebe zu anderen, soviel es mir möglich ist. Meine Liebe dehnt sich immer mehr aus. Heute vermag ich viel mehr zu tun als vor sechs Monaten oder vor einem Jahr. Und ich weiß, daß sich mein Bewußtsein und mein Herz in einem Jahr noch weiter ausgedehnt haben werden und ich dann noch mehr zu tun vermag. Ich weiß, daß das, was ich über mich selbst glaube, für mich wahr wird, deshalb glaube ich bewußt wunderbare Dinge von mir selbst. Früher war das anders, und daran sehe ich, daß ich gewachsen bin, und ich fahre mit der Arbeit an mir selbst unablässig fort.

Auch glaube ich an Meditation. Für mich bedeutet Meditation, daß wir uns hinsetzen und unseren inneren Dialog lange genug abschalten, um unsere Weisheit hören zu können. Wenn ich meditiere, schließe ich die Augen, atme tief durch und frage: *»Was muß ich im Moment wissen?«* Ich sitze ruhig da und lausche. Oder ich frage: *»Was muß ich zur Zeit lernen?«* oder: *»Welche Lektion soll ich in dieser Situation lernen?«* Manchmal meinen wir, wir müßten alles in unserem Leben *in den Griff* bekommen, wo es vielleicht doch nur darum geht, etwas aus der Situation zu *lernen.*

Als ich anfing zu meditieren, hatte ich während der ersten drei Wochen heftige Kopfschmerzen. Meditation war so fremd und lief völlig meiner damaligen inneren Programmierung zuwider. Trotzdem hielt ich durch, und schließlich verschwanden die Kopfschmerzen.

Wenn bei Ihren Meditationen ständig eine Menge Negativität in Ihnen hochsteigt, ist es vielleicht ganz einfach *nötig,* daß das alles hochkommt. Wenn Sie dann ruhig bleiben, kann es emporfließen. Schauen Sie einfach zu, wie die Negativität sich löst. Kämpfen Sie nicht dagegen an. Lassen Sie die negativen Empfindungen einfach vorbeiziehen, solange dieser Prozeß anhält.

Wenn Sie beim Meditieren einschlafen, ist das überhaupt nicht schlimm. Lassen Sie den Körper gewähren, mit der Zeit wird er von selbst das richtige Gleichgewicht finden.

Die Umgestaltung negativer Glaubenssätze ist eine sehr wirkungsvolle Methode. Sehr nützlich kann es sein, wenn *Sie selbst* Ihre persönlichen Affirmationen auf Band sprechen. Hören Sie sich das Band vor dem Einschlafen an. Es ist sehr wirkungsvoll, wenn Sie Ihrer eigenen Stimme zuhören. Ehe Sie das Band abhören und so Ihre Glaubenssätze neu programmieren, sollten Sie Ihren Körper entspannen. Manche Leute tun das, indem sie von den Zehenspitzen bis hinauf zum Kopf alle Körperpartien erst anspannen und dann entspannen. Ganz gleich, wie Sie es machen, lösen Sie auf jeden Fall Ihre Spannungen. Lassen Sie Ihre Emotionen davonschweben. Begeben Sie sich in einen Zustand der Offenheit und Aufnahmebereitschaft. Je entspannter Sie sind, desto besser nehmen Sie die neuen Informationen auf. Denken Sie daran, Sie haben jederzeit die volle Kontrolle, und Sie werden stets beschützt.

Es ist wunderbar, solche Kassetten zu hören, Bücher, die sich mit Bewußtseinsentwicklung befassen, zu lesen und eigene Affirmationen zu sprechen. Aber was tun Sie in den anderen 23 Stunden und 30 Minuten des Tages? Sehen Sie, das ist es, worauf es wirklich ankommt. Wenn Sie sich zum Meditieren hinsetzen und dann nachher zur Arbeit rasen und einen Kollegen anschreien, ist auch das von Bedeutung. Meditationen und Affirmationen sind wundervoll, aber was Sie in Ihrer übrigen Zeit tun, ist gleichermaßen wichtig.

Sehen Sie den Zweifel als einen freundlichen Helfer

Die Leute fragen mich oft, ob sie ihre Affirmationen richtig anwenden und ob diese überhaupt wirken. Ich möchte, daß Sie solche *Zweifel* etwas anders betrachten, als Sie es bisher vielleicht taten. Ich glaube, daß das Unterbewußtsein seinen Sitz im Solarplexus hat, wo wir *jene Gefühle spüren, die ›aus dem Bauch‹ heraus kommen.* Haben Sie bei einem überraschenden, plötzlichen Ereignis nicht auch eine starke Empfindung im Bauch? Dort nehmen Sie alle Erfahrungen auf und speichern sie.

Seit unserer Kindheit wurde alles, was wir gesagt, getan und erlebt haben, in unserem Solarplexus gespeichert. Ich stelle mir das so vor, daß es dort kleine Boten gibt; wenn wir denken oder eine Erfahrung machen, werden diese Botschaften in den Solarplexus übermittelt, und die Boten sortieren sie in die entsprechenden Speicherschränke ein. Bei vielen von uns gibt es dort Schränke mit Aufschriften wie: *Ich bin nicht gut genug. Ich werde es nie schaffen. Ich mache alles falsch.* Unser seelischer Speicher ist vollgestopft mit solchen Botschaften. Jetzt benutzen wir plötzlich Affirmationen wie: *Ich bin wunderbar und liebe mich.* Die Boten empfangen diese neuen Botschaften und sagen: »Nanu, was ist denn das? Was sollen wir damit anfangen? So etwas haben wir noch nie zu Gesicht bekommen!«

Die Boten rufen also den *Zweifel* herbei. »Zweifel! Komm mal her und schau dir das mal an!« Der *Zweifel* besieht sich die neue Botschaft und fragt das Bewußtsein: »Was ist denn das? Du hast doch stets etwas anderes behauptet.« Auf der bewußten Ebene können wir darauf auf zwei Arten reagieren. Wir können sagen: »Oh, du hast recht. Ich bin schrecklich. Ich bin zu nichts nutze. Es tut mir leid. Das ist die falsche Botschaft.« Und dann kehren wir wieder zu unseren alten Gewohnheiten zurück. Oder wir sagen dem *Zweifel:* »Ich habe jetzt keinen Bedarf mehr für die alten Botschaften. Das hier ist eine neue.« Sagen Sie dem *Zweifel,* daß er einen neuen Speicherschrank anlegen soll, weil von nun an eine Menge solcher liebevollen Botschaften kommen werden. Behandeln Sie den Zweifel als Freund, nicht als Feind, und danken Sie ihm dafür, daß er Ihnen Fragen stellt.

Es spielt keine Rolle, was Sie in dieser Welt tun. Es spielt keine Rolle, ob Sie Bankdirektor sind oder Geschirrspüler, Hausfrau oder Seemann. In Ihnen gibt es eine Weisheit, die in Verbindung mit der Universalen Wahrheit steht. Wenn Sie bereit sind, nach innen zu schauen und einfache Fragen zu stellen, wie zum Beispiel: »Was soll ich aus dieser Erfahrung lernen?«, dann werden

Sie eine Antwort erhalten. Die meisten von uns sind so eifrig damit beschäftigt, jene Seifenoper zu erschaffen, die wir unser Leben nennen, daß wir taub sind für unsere innere Weisheit.
Lassen Sie sich nicht von dem beherrschen, was andere Menschen für richtig oder falsch halten. Andere Menschen besitzen nur Macht über uns, wenn wir selbst ihnen diese Macht verleihen. Die Menschen geben oft gruppenweise ihre Macht an andere ab. Das geschieht in vielen Kulturen. Die Frauen in unserer Kultur geben ihre Macht an die Männer ab. Sie sagen zum Beispiel: »Mein Mann erlaubt das nicht.« Damit geben sie ganz offensichtlich ihre Macht ab. Sie begeben sich so in eine Position, in der sie nichts tun können, wenn es ihnen nicht von einer anderen Person erlaubt wird. Je offener Sie geistig sind, desto mehr lernen Sie und desto mehr können Sie wachsen und sich verändern.
Eine Frau vertraute mir an, daß sie nach ihrer Heirat sehr passiv war, weil das ihrer Erziehung entsprach. Sie brauchte Jahre, um zu erkennen, daß sie in dieser Haltung wie in einem Käfig gefangen war. Sie gab allen anderen die Schuld an ihren Problemen – ihrem Mann, ihren Schwiegereltern. Schließlich ließ sie sich scheiden, gab ihrem Mann aber noch immer die Schuld für viele Dinge, die in ihrem Leben falsch liefen. Sie brauchte zehn Jahre, um neue Verhaltensmuster zu erlernen und sich ihre Macht zurückzuholen. Rückblickend erkannte sie, daß *sie selbst* verantwortlich dafür gewesen war, daß sie nicht für sich selbst gesprochen und Stellung bezogen hatte – nicht ihr Mann und ihre Schwiegereltern. Sie waren nur dazu da gewesen, die innere Einstellung der Frau – ein Gefühl der Machtlosigkeit – widerzuspiegeln.
Geben Sie auch Dingen, die Sie lesen, keine Macht. Ich weiß noch, daß ich in einer renommierten Zeitschrift vor ein paar Jahren einmal einige Artikel zu Themen las, über die ich sehr gut Bescheid wußte. Nach meinem Kenntnisstand waren die in den Artikeln enthaltenen Informationen völlig falsch. Die Zeitschrift verlor für mich jede Glaubwürdigkeit, und ich habe sie jahrelang nicht mehr gelesen. Sie selbst sind die einzige Autorität in Ihrem Leben; glau-

ben Sie niemals, daß etwas wahr ist, nur weil es in einem Buch oder einer Zeitung steht.

Der begnadete Redner Terry Cole-Whittaker schrieb ein wunderbares Buch mit dem Titel *Was Sie von mir denken, geht mich nichts an* (What You Think Of Me Is None Of My Business). Das stimmt. Was Sie von mir denken, geht *mich* nichts an – es geht *Sie* etwas an. Letztlich wird das, was Sie von mir denken, als eine Schwingung von Ihnen ausgehen und wieder zu Ihnen zurückkehren.

Wenn wir eine Erleuchtung erleben, wenn wir uns unseres Tuns bewußt werden, können wir damit beginnen, unser Leben zu ändern. Das Leben ist für *Sie* da. Sie brauchen nur zu bitten. Sagen Sie dem Leben, was Sie sich wünschen, und lassen Sie dann zu, daß Ihnen alles Gute zuströmt.

Sechs Affirmationen für ein besseres Leben

AFFIRMATION 1

Ich befreie mich
von Angewohnheiten, die
sich negativ auf
mein Leben auswirken.

AFFIRMATION 2

Ich vergebe
und löse mich von der
Vergangenheit.

AFFIRMATION 3

Ich mache regel-
mäßig ›inneren Hausputz‹,
werfe die Gedanken,
die ich nicht länger
gebrauchen kann, hinaus
und ersetze sie durch
neue, positive.

AFFIRMATION 4

Ich bin stark und sicher.
Ich treffe
immer für mich richtige
Entscheidungen.

AFFIRMATION 5

Ich habe die Freiheit,
mich für ein
wunderschönes Leben
zu entscheiden.

AFFIRMATION 6

Ich treffe
immer die richtige Wahl
für mich.

Kapitel 5

Das Begreifen der eigenen Bindungen

Chronische Muster des Selbsthasses, der Schuld und der Selbstkritik erhöhen den körperlichen Streß und schwächen das Immunsystem.

Nachdem wir unsere innere Kraft nun etwas besser verstehen, wollen wir betrachten, was uns daran hindert, sie einzusetzen. Ich denke, daß wir alle innere Blockierungen haben. Selbst wenn wir eifrig an uns selbst arbeiten und alten Schutt wegräumen, so kommen doch immer wieder alte Barrieren ans Tageslicht.

Viele von uns fühlen sich so befleckt, daß sie glauben, niemals gut genug zu sein. Und wenn wir an uns selbst etwas auszusetzen haben, werden wir auch immer kritisch gegenüber anderen Menschen sein. Wenn wir immer noch sagen: »Ich kann dies oder jenes nicht tun, weil meine Mutter oder mein Vater es mir verboten haben«, dann sind wir noch nicht erwachsen. Deshalb sollten Sie jetzt Ihre Blockierungen loslassen und etwas Neues über sich lernen, das Sie bislang nicht wußten. Vielleicht wird einer der folgenden Sätze Sie auf neue Gedanken bringen.

Stellen Sie sich einmal vor, wie wunderbar es wäre, jeden Tag eine neue Idee kennenzulernen, die Ihnen hilft, sich von der Vergangenheit zu lösen und in Ihrem Leben Harmonie zu erzeugen. Wenn Sie sich des individuellen Lebensprozesses bewußt werden und ihn verstehen, dann werden Sie wissen, welche Richtung Sie einschlagen müssen. Wenn Sie Ihre Energien dazu verwenden, mehr über sich selbst zu erfahren, werden Sie schließlich erkennen, welche Probleme Sie anpacken müssen.

Wir alle sehen uns in unserem Leben Herausforderungen gegenüber. Jeder von uns. Niemand geht ohne sie durchs Leben; was sollten wir denn sonst hier in dieser speziellen Schule namens Erde? Für einige von uns liegen diese Herausforderungen im gesundheitlichen Bereich, für andere bei ihren zwischenmenschlichen Beziehungen oder in beruflichen und finanziellen Dingen. Manche haben ein wenig aus jedem Bereich, manche viel von jedem.

Eines unserer größten Probleme besteht meines Erachtens darin, daß die meisten von uns nicht die leiseste Ahnung haben, wovon sie sich gerne trennen möchten. Wir wissen, was in unserem Leben nicht funktioniert und was wir gerne haben möchten, doch wir wissen nicht, was uns bindet und blockiert. Nehmen wir uns also die Zeit, uns unsere Blockierungen anzuschauen.

Denken Sie einmal einen Moment über Ihre Muster und Probleme nach, von denen Sie sich gebunden fühlen. In welche Kategorien lassen sie sich einordnen? *Kritik, Furcht, Schuldgefühle oder Groll?* Ich nenne diese Kategorien die *Großen Vier.* Welche davon spielt bei Ihnen die Hauptrolle? Bei mir war es eine Mischung aus Kritik und Groll. Vielleicht geht es Ihnen wie mir, und Sie haben auch zwei oder drei. Was steigt immer wieder in Ihnen hoch? Ist es Furcht, oder sind es Schuldgefühle? Sind Sie überkritisch, oder hegen Sie einen Groll anderen Menschen gegenüber? Groll ist heruntergeschluckter Ärger. Wenn Sie glauben, daß Sie Ihrem Ärger nicht Luft machen dürfen, dann staut sich in Ihnen eine Menge Groll an.

Wir können unsere Gefühle nicht verleugnen. Wir kommen in Schwierigkeiten, wenn wir sie ignorieren. Als man bei mir Krebs feststellte, war eine sehr sorgfältige Selbstbetrachtung unumgänglich. Ich mußte einige Dinge bewußt anerkennen, die ich mir zuvor nicht hatte eingestehen wollen. Ich war zum Beispiel ein sehr verbitterter Mensch, und ich schleppte eine Menge Groll aus meiner Vergangenheit mit mir herum. Ich sagte mir: »Louise, du kannst es dir nicht mehr leisten, dich damit abzugeben. Du mußt dich wirklich ändern.« Oder, wie Peter McWilliams sagt: »Du kannst dir den Luxus negativen Denkens nicht länger leisten.«

In Ihren Erfahrungen spiegeln sich stets Ihre inneren Glaubensüberzeugungen wider. An Ihren Erfahrungen können Sie genau ablesen, welche Glaubenssätze Sie haben. Vielleicht ist das ein beunruhigender Gedanke, aber wenn Sie sich die Menschen in Ihrem Leben anschauen, werden Sie feststellen, daß sie alle die Glaubenssätze widerspiegeln, die Sie über sich selbst haben. Wenn Sie bei der Arbeit ständig kritisiert werden, liegt das vermutlich daran, daß Sie selbst sehr kritisch sind, wie jener Elternteil, von dem Sie als Kind kritisiert wurden. Alle Bereiche unseres Lebens sind ein Spiegel dafür, wer wir sind. Wenn dort draußen etwas Unerfreuliches passiert, so ist das eine Gelegenheit, nach innen zu blicken und sich zu fragen: »Wie trage ich zu dieser Erfahrung bei? Wieso glaube ich, daß ich eine solche Erfahrung verdiene?«

Wir alle haben familiäre Muster, und es ist sehr leicht, unseren Eltern, unserer Kindheit oder unserer Umwelt die Schuld zu geben; aber das bindet uns. Auf diese Weise werden wir nicht frei. Wir bleiben Opfer, und wir hängen im Kreislauf unserer Probleme fest.

Es kommt also gar nicht darauf an, was Ihnen irgend jemand angetan hat oder was Ihnen als Kind beigebracht wurde. Heute ist ein neuer Tag. Sie haben jetzt die volle Verantwortung. Jetzt in diesem Moment erschaffen Sie die Zukunft Ihres Lebens und Ihrer Welt. Auch auf das, was ich Ihnen sage, kommt es nicht wirklich an, denn nur *Sie* allein können die Arbeit tun. Nur Sie allein können Ihr Denken, Fühlen und Handeln verändern. Ich sage Ihnen lediglich, *daß* Sie es können. Sie können es zweifelsohne, denn Sie besitzen eine Höhere Macht in Ihrem Inneren, die Ihnen helfen kann, sich zu befreien, wenn Sie es zulassen.

Erinnern Sie sich daran, daß Sie sich als kleines Kind so liebten, wie Sie waren. Es gibt kein kleines Kind, daß seinen Körper kritisiert und denkt: »Oh, meine Hüften sind zu dick.« Kleine Kinder finden es einfach schön und aufregend, einen Körper zu haben. Sie geben ihren Gefühlen Ausdruck. Wenn ein Baby glücklich ist, merken Sie das sofort, und wenn es wütend ist, merkt es die ganze Nachbarschaft. Kleine Kinder haben niemals Angst davor, ihre Gefühle offen zu zeigen. Sie leben ganz in der Gegenwart. So waren auch Sie einmal. Während Sie aufwuchsen, hörten Sie auf die Menschen in Ihrer Umgebung und lernten dabei Furcht, Schuldgefühle und Kritik kennen.

Wenn Sie in einer Familie aufwuchsen, in der Kritik die Norm war, dann werden Sie als Erwachsener selbst auch kritisch sein. Wenn Sie in einer Familie aufwuchsen, in der es nicht gestattet war, Ärger auszudrücken, dann werden Sie vermutlich Ärger und Konfrontationen fürchten. Sie werden Ihren Ärger herunterschlucken und ihn in die körperliche Ebene verdrängen.

Wenn Sie in einer Familie erzogen wurden, in der es üblich war, andere durch das Erzeugen von Schuldgefühlen zu manipulieren, dann werden Sie sich als Erwachsener vermutlich ebenso verhalten. Möglicherweise sind Sie dann jemand, der sich ständig für alles entschuldigt und nie geradeheraus um etwas bitten kann. Statt dessen haben Sie das Gefühl, andere auf irgendeine Weise manipulieren zu müssen, um etwas zu bekommen, um Ihren Willen durchzusetzen.

Während wir aufwuchsen, machten wir uns diese falschen Vorstellungen zu eigen und verloren den Kontakt zu unserer inneren Weisheit. Deshalb ist es sehr wichtig, daß wir uns von diesen Vorstellungen lösen, zur Reinheit des Geistes zurückkehren und uns wirklich lieben. Wir müssen in uns wieder die wunderbare Unschuld des Lebens herstellen, jene ganz aus dem Augenblick heraus geborene Freude, wie sie kleine Kinder empfinden.

Überlegen Sie, was Sie in Ihrem Leben verwirklicht haben möchten. Drücken Sie diese Wünsche in positiven, nicht in negativen Affirmationen aus. Stellen Sie fest, welche Hindernisse Ihnen den Weg versperren. Wenn Sie eine Affirmation wie *»Ich liebe mich und nehme mich voll an«* anwenden, achten Sie darauf, welche negativen Bilder dabei in Ihnen hochsteigen. Wenn Sie sie erkennen, werden sie zu Schätzen, die Ihnen den Weg in die Freiheit erschließen. In der Regel handelt es sich bei diesen Botschaften um eine der zuvor erwähnten Erscheinungen – Kritik, Furcht, Schuldgefühle oder Groll. Und höchstwahrscheinlich haben Sie diese Botschaften ›damals‹ von anderen Menschen gelernt.
Manche von Ihnen haben sich dafür entschieden, sich in diesem Leben einigen besonders schwierigen Aufgaben zu widmen, und ich glaube wirklich, daß wir hier sind, um uns zu lieben, ganz gleich, was *andere* sagen oder tun. Wir können jederzeit über die Beschränkungen unserer Eltern und Freunde hinausgehen. Wenn Sie ein braver Junge oder ein braves Mädchen waren, dann haben Sie die begrenzte Weltsicht Ihrer Eltern übernommen. Sehen Sie, Sie sind niemals schlecht; wir alle waren ideale Kinder. Wir lernten genau das, was unsere Eltern uns beibrachten. Jetzt, wo Sie erwachsen sind, verhalten Sie sich noch immer so. Wie viele von Ihnen hören sich selbst genau das gleiche sagen, was Ihre Eltern früher sagten? Meinen Glückwunsch! Sie waren gute Lehrer, und Sie waren gute Schüler, aber jetzt ist es an der Zeit, daß Sie anfangen, für sich selbst zu denken.
Viele von uns spüren einen inneren Widerstand, wenn wir uns vor den Spiegel stellen und unsere Affirmationen wiederholen. Doch Widerstand ist der erste Schritt zur Veränderung. Die meisten von uns wollen, daß sich ihr Leben ändert, aber wenn man uns sagt, daß wir dafür etwas tun müssen, fragen wir: »Warum ich? *Ich* möchte das nicht tun.«
Andere empfinden vielleicht Verzweiflung. Wenn man in den Spiegel schaut und sagt: »Ich liebe dich«, geschieht es oft, daß das kleine Kind in einem sagt: »Wo bist du die ganze Zeit gewesen? Ich habe so lange darauf gewartet, daß du endlich Notiz von mir

nimmst.« Dann werden wir von Traurigkeit überflutet, weil wir das Kind in uns so lange verleugnet haben.
Als ich diese Übung einmal in einem meiner Workshops durchführte, sagte eine Frau, daß sie dabei sehr große Furcht empfand. Ich fragte sie, was ihr angst mache, und sie gestand mir, daß sie ein Inzestopfer war. Viele von uns hatten diese Erfahrung, die Inzest genannt wird, und wir beginnen zu lernen, wie man von ihr loskommt. Es ist interessant, daß dieses Verhalten auf unserem Planeten so häufig vorkommt. Man liest in letzter Zeit viel über Inzest, aber ich glaube nicht, daß er heute häufiger ist als zu früheren Zeiten. Wir haben jedoch inzwischen einen Entwicklungsstand erreicht, wo wir spüren, daß auch Kinder Rechte haben. Diese häßliche Wunde in unserer Gesellschaft wird nicht länger totgeschwiegen. Um das Problem zu lösen, müssen wir zunächst einmal seine Existenz anerkennen und es dann aufarbeiten.
Für Inzestopfer ist eine therapeutische Behandlung sehr wichtig. Wir brauchen einen geschützten Raum, in dem wir unsere Gefühle aufarbeiten können. Wenn wir Zorn, Haß und Scham herausgelassen haben, werden wir frei, uns selbst zu lieben. Wie schrecklich das Erlebnis auch gewesen sein mag, wir müssen erkennen, daß es endgültig der Vergangenheit angehört. Wir müssen erreichen, daß unser inneres Kind sich geborgen fühlt. Wir sollten uns selbst dankbar sein, daß wir den Mut hatten, diese schlimme Erfahrung durchzustehen. Wenn wir uns mit einem so belastenden Erlebnis wie dem Inzest befassen, ist es manchmal schwer zu akzeptieren, daß der Täter gemäß seiner damaligen Bewußtheit, seinem damaligen Verständnis, sein Bestes tat. Gewalttaten werden stets von Menschen begangen, die zuvor ebenfalls Opfer von Gewalt wurden. Wir alle brauchen Heilung. Wenn wir lernen, uns selbst zu lieben und zu achten, werden wir anderen keinen Schaden mehr zufügen.

Hören Sie auf, sich selbst oder andere zu kritisieren

Wenn uns Kritik zu schaffen macht, liegt es für gewöhnlich daran, daß wir uns selbst unaufhörlich wegen derselben Dinge kritisieren. Wann werden wir endlich aufwachen und erkennen, daß Kritik nicht funktioniert? Versuchen wir es doch einmal mit einer anderen Strategie. Akzeptieren wir uns so, wie wir jetzt in diesem Augenblick sind. Kritische Menschen ziehen oft eine Menge Kritik auf sich, weil das zu ihren festen Verhaltensmustern gehört. Was wir geben, erhalten wir zurück. Diese Leute versuchen auch oft, immer perfekt zu sein. Doch wer ist schon perfekt? Haben Sie schon einmal einen perfekten Menschen getroffen? Ich nicht. Wenn wir uns über einen anderen Menschen beklagen, beklagen wir uns in Wahrheit über einen Aspekt unserer eigenen Persönlichkeit.

Die anderen sind für uns nur Spiegelbilder, und was wir in anderen Menschen sehen, entspricht dem Bild, das wir von uns selbst haben. Oft wollen wir bestimmte Aspekte unserer Person nicht akzeptieren. Wir treiben Mißbrauch mit Alkohol, Drogen oder Zigaretten oder essen zuviel, oder was sonst noch alles. Damit wollen wir uns selbst dafür bestrafen, daß wir nicht perfekt sind – aber für wen wollen wir denn eigentlich perfekt sein? Wessen frühe Forderungen und Erwartungen versuchen wir immer noch zu erfüllen? Seien Sie bereit, das alles völlig loszulassen. *Seien* Sie einfach. Sie werden feststellen, daß Sie ganz einfach wunderbar sind, und zwar so, wie Sie jetzt in diesem Augenblick sind.

Wenn Sie ein kritischer Mensch sind, der das Leben sehr negativ sieht, werden Sie einige Zeit brauchen, bis Sie zu einer liebevolleren, offeneren Haltung finden. Sie werden lernen, Geduld mit sich zu haben, während Sie sich darin üben, sich von Ihrer kritischen Einstellung zu befreien, die nur eine Gewohnheit ist, kein Bestandteil Ihres wahren Seins.

Können Sie sich vorstellen, wie wunderbar es wäre, wenn wir einfach unser Leben leben könnten, ohne je von irgend jemandem

kritisiert zu werden? Wir würden uns vollkommen sicher und gut fühlen. Jeder neue Morgen wäre wunderbar, weil wir von allen geliebt und akzeptiert würden und niemand uns kritisierte oder herabsetzte. Sie können sich selbst in diesen glücklichen Zustand versetzen, indem Sie all das akzeptieren, was Sie einzigartig und zu einer besonderen Persönlichkeit macht.
Die Erfahrung, sich ganz auf sich selbst einzulassen, kann zur wunderbarsten Erfahrung überhaupt werden. Sie können morgens erfüllt von der Freude erwachen, wieder einen neuen Tag mit sich verbringen zu dürfen.
Wenn Sie sich lieben, so wie Sie sind, bringen Sie damit automatisch das Beste in Ihnen zum Vorschein. Damit meine ich nicht, daß Sie dann ein besserer Mensch wären, denn das würde ja bedeuten, daß Sie jetzt nicht gut genug wären. Sie werden aber auf jeden Fall positivere Wege entdecken, Ihre persönlichen Bedürfnisse zu befriedigen und Ihr wahres Sein zum Ausdruck zu bringen.

Schuldgefühle bewirken, daß wir uns minderwertig fühlen

Oft übermitteln Ihnen andere Menschen negative Rückmeldungen, weil das der einfachste Weg ist, Sie zu manipulieren. Wenn jemand Sie dazu bringen will, daß Sie sich schuldig fühlen, fragen Sie sich: »Was will er damit erreichen? Warum tut er das?« Stellen Sie sich diese Fragen, anstatt dem anderen innerlich zuzustimmen: »Ja, ich bin schuldig, ich muß tun, was er sagt.«
Viele Eltern manipulieren ihre Kinder, indem sie Schuldgefühle erzeugen, weil sie selbst auf die gleiche Weise erzogen wurden. Sie belügen ihre Kinder, damit diese sich *minderwertig* fühlen. Manche Menschen werden auch als Erwachsene immer noch von ihren Freunden und Verwandten manipuliert, weil sie keine Selbstachtung besitzen. Denn sonst würden sie sich das nicht gefallen lassen. Und zweitens verhalten sie sich auch selbst manipulativ.

Viele von ihnen leben in einem Nebel aus Schuldgefühlen. Sie haben stets das Gefühl, fehl am Platze zu sein oder das Falsche zu tun, oder sie meinen, sich ständig entschuldigen zu müssen. Sie können sich nicht verzeihen wegen etwas, das sie in der Vergangenheit getan haben. Sie hadern ständig mit sich selbst. Verscheuchen Sie diesen Nebel. Es ist nicht nötig, daß Sie auf eine solche Weise leben.

Jene von Ihnen, die sich schuldig fühlen, können jetzt *nein* sagen und sich nicht länger vom Unsinn anderer Leute verunsichern lassen. Das bedeutet nicht, daß Sie anderen Menschen gegenüber aggressiv sein sollen, aber Sie brauchen ihre Spiele nicht länger mitzuspielen. Wenn es neu für Sie ist, ›nein‹ zu sagen – üben Sie es ganz einfach: »Nein. Nein, ich kann das nicht tun.« Versuchen Sie nicht, sich dafür zu entschuldigen, denn damit liefern Sie dem, der Sie manipulieren will, nur Munition, um Ihnen Ihre Entscheidung auszureden. Wenn die anderen sehen, daß Sie sich nicht manipulieren lassen, werden Sie damit aufhören. Andere Menschen werden nur so lange Macht über Sie haben, wie Sie es ihnen gestatten. Es mag sein, daß Sie sich schuldig fühlen, wenn Sie zum erstenmal nein sagen; doch beim zweitenmal wird es Ihnen schon leichterfallen.

Eine Besucherin meiner Vorträge hatte ein kleines Kind, das an einer angeborenen Herzkrankheit litt. Sie fühlte sich schuldig, weil sie glaubte, sie sei dafür verantwortlich – sie habe dem Baby etwas angetan. Doch mit Schuldgefühlen lassen sich Probleme nicht lösen. In ihrem Fall hatte niemand schuld. Ich sagte ihr, daß die Seele ihres Kindes sich diese Erfahrung möglicherweise bewußt ausgesucht habe und daß dies eine wichtige Lernerfahrung für das Kind und die Mutter sein könnte. Ich riet ihr, ihr Kind und sich selbst zu lieben und nicht länger zu glauben, sie habe etwas falsch gemacht. Solche Schuldgefühle könnten ihrem Kind keine Heilung bringen.

Wenn Sie etwas tun, das Ihnen Schuldgefühle bereitet, tun Sie es einfach nicht mehr. Wenn Sie in der Vergangenheit etwas taten, wofür Sie sich schuldig fühlen, vergeben Sie sich. Wenn es noch möglich ist, Wiedergutmachung zu leisten, tun Sie es, und wiederholen Sie eine solche Handlung nicht mehr. Jedesmal wenn Schuldgefühle Sie überkommen, sollten Sie sich fragen: »Welcher Glaube, den ich über mich selbst hege, liegt dem zugrunde?« – »Wen versuche ich zufriedenzustellen?« Achten Sie auf Glaubenssätze aus der Kindheit, die dabei in Ihnen hochsteigen.

Wenn jemand zu mir kommt, der in einen Autounfall verwickelt war, weiß ich, daß dabei für gewöhnlich tief sitzende Schuldgefühle und ein Bedürfnis nach Strafe im Spiel sind. Oft kommt eine Menge unterdrückte Feindseligkeit hinzu, weil der Betreffende glaubt, nicht für sich selbst Stellung beziehen zu dürfen. Schuldgefühle erzeugen einen Wunsch nach Bestrafung, so daß jeder von uns buchstäblich zum eigenen Richter werden kann, der sich selbst zur Haft in einem selbstgezimmerten Gefängnis oder gar zum Tode verurteilt. Wir bestrafen uns selbst, und es ist niemand da, der unsere Verteidigung übernimmt. Es ist an der Zeit, daß wir uns selbst vergeben und uns befreien.

Eine ältere Dame in einem meiner Seminare hatte enorme Schuldgefühle gegenüber ihrem Sohn, einem Mann in mittleren Jahren. Er war ein Einzelkind, das sich zu einem sehr in sich gekehrten Erwachsenen entwickelt hatte. Sie machte sich Vorwürfe, weil sie sehr streng mit ihm gewesen war, während er heranwuchs. Ich erklärte ihr, daß sie mit ihrem damaligen Wissen ihr Bestes getan hatte. Ich glaube, daß er sie als Mutter auswählte, bevor er sich in diesem Leben inkarnierte, so daß er also auf der spirituellen Ebene genau wußte, was er tat. Ich erzählte ihr, daß sie ihre ganze Energie darauf verschwendete, Schuldgefühle wegen etwas zu haben, das sie nicht mehr ändern konnte. Sie seufzte: »Ich schäme mich so, weil er sich so entwikkelt hat, und es tut mir leid, daß ich meine Sache so schlecht gemacht habe.«

Sehen Sie, das ist Energieverschwendung, denn auf diese Weise hilft sie weder ihrem Sohn noch sich selbst. Schuldgefühle sind eine schwere Last und bewirken, daß die Menschen sich minderwertig fühlen.

Ich riet ihr, sie sollte statt dessen jedesmal, wenn diese Gefühle sie überkamen, bekräftigen: »Nein, ich will diese Gefühle nicht mehr. Ich bin bereit zu lernen, mich selbst zu lieben. Ich akzeptiere meinen Sohn so, wie er jetzt ist.« Wenn sie damit beharrlich fortführe, würde es ihr gelingen, das alte Muster zu verändern.

Selbst wenn wir nicht wissen, wie wir uns selbst lieben sollen – schon allein die *Bereitschaft* dazu wird ausreichend Wirkung zeigen. Diese alten Muster sind es einfach nicht wert, sich an ihnen festzuklammern. Die Lektion lautet stets: *Liebe dich selbst.* Die Lektion der Frau bestand nicht darin, ihren Sohn zu heilen, sondern sich selbst zu lieben. Er kam in dieses Leben, um sich selbst zu lieben. Das konnte sie nicht für ihn tun, und er konnte es nicht für sie tun.

Organisierte Religionen sind oft wirklich groß darin, in den Leuten Schuldgefühle zu erzeugen. Viele dieser Religionen fahren ziemlich schweres Geschütz auf, um die Leute bei der Stange zu halten, besonders bei jungen Menschen. Aber wir sind keine kleinen Kinder mehr, und wir brauchen uns von niemandem bei der Stange halten zu lassen. Wir sind erwachsen und können selbst entscheiden, woran wir glauben wollen. Das Kind in uns fühlt sich schuldig, aber da ist ja schließlich auch noch der Erwachsene, der sein inneres Kind eines Besseren belehren kann.

Wenn Sie Emotionen unterdrücken und Empfindungen nicht herauslassen, erzeugen Sie ein Chaos in sich. Lieben Sie sich genug, um alle Ihre Emotionen zulassen zu können. Lassen Sie Ihre Emotionen an die Oberfläche kommen. Es kann sein, daß Sie zunächst tagelang weinen oder andauernd wütend werden. Möglicherweise müssen Sie eine Menge alten Ballast loswerden. Ich schlage vor, daß Sie Affirmationen anwenden, die diesen Prozeß leichter, sanfter und angenehmer machen:

- *»Ich lasse jetzt mit Leichtigkeit alle alten negativen Glaubenssätze los.«*
- *»Es ist angenehm für mich, mich zu verändern.«*
- *»Mein Weg ist jetzt gerade und eben.«*
- *»Ich bin frei von der Vergangenheit.«*

Verurteilen Sie Ihre Gefühle nicht. Dadurch unterdrücken Sie sie nur noch mehr. Wenn Sie eine schwere Krise durchmachen, sollten Sie immer wieder bekräftigen, daß Sie stets beschützt sind und bereit, alle Gefühle zuzulassen. Das wird wohltuende Veränderungen bewirken.

Sechs Affirmationen für ein besseres Leben

AFFIRMATION 1

Ich übernehme die volle
Verantwortung
für alle Bereiche
meines Lebens.

AFFIRMATION 2

Die Vergangenheit
ist vorbei und hat keine
Macht über mich.

AFFIRMATION 3

Die Vergangenheit
liegt hinter mir.
Jetzt, in diesem Moment,
bin ich frei, mich von
ihr zu lösen.

AFFIRMATION 4

Ich betrachte meine
Denk- und
Verhaltensmuster ganz
ohne Scham oder
Schuldgefühle und nehme
die nötigen
Änderungen vor.

AFFIRMATION 5

Ich bin bereit, mich von meinem Minderwertigkeitskomplex zu lösen. Ich entfalte jetzt alle Talente, die mir ins Leben mitgegeben wurden.

AFFIRMATION 6

Freiheit ist mein göttliches Recht.

Kapitel 6

GEFÜHLE HERAUSLASSEN

Eine Tragödie kann sich als etwas äußerst Gutes erweisen, wenn wir mit ihr auf eine Weise umgehen, die uns persönliches Wachstum ermöglicht.

Wut auf positive Weise herauslassen

Wir alle werden hin und wieder wütend. Wut ist ein ehrliches Gefühl. Wenn man sie nicht herausläßt, lenkt man sie nach innen, in den Körper, wo sie dann gesundheitliche Störungen verursacht.
Wie bei der Kritik ist es auch bei der Wut so, daß wir uns immer wieder über dieselben Dinge ärgern. Wenn wir wütend sind und glauben, wir hätten nicht das Recht, unserem Ärger Luft zu machen, dann schlucken wir ihn herunter, was Groll, Verbitterung und Depressionen hervorruft. Wenn wir Wut verspüren, kommt es also darauf an, *richtig mit ihr umzugehen.*
Es gibt mehrere Wege, mit Wut auf positive Art umzugehen. Einer der besten Wege besteht darin, geradeheraus mit der Person zu sprechen, auf die wir wütend sind, und so die aufgestauten Emotionen freizusetzen. Sie können sagen: »Ich bin wütend auf dich, weil du ______________________________________ .«
Wenn wir das Gefühl haben, wir müßten jemanden anschreien, dann hat sich unsere Wut schon längere Zeit aufgestaut. Oft liegt das daran, daß wir glauben, nicht offen mit der betreffenden Person sprechen zu können. Der zweitbeste Weg, die Wut herauszulassen, besteht dann darin, vor dem Spiegel mit dieser Person zu sprechen.
Suchen Sie sich einen Ort, wo Sie sich sicher fühlen und nicht ge-

stört werden. Schauen Sie sich im Spiegel in die Augen. Wenn Ihnen das nicht möglich ist, konzentrieren Sie sich auf Ihren Mund oder Ihre Nase. Sehen Sie dabei sich selbst und/oder die Person vor sich, von der Sie glauben, sie hätte Ihnen Unrecht getan. Erinnern Sie sich an den Moment, als Sie wütend wurden, und lassen Sie diese Wut in sich hochsteigen. Erzählen Sie der betreffenden Person ganz genau, warum Sie auf sie wütend sind. Zeigen Sie alle Wut, die Sie empfinden. Sie könnten zum Beispiel sagen:

- *»Ich bin wütend auf dich, weil* ______________________
  ______________________.«
- *»Ich bin verletzt, weil du* ______________________
  ______________________.«
- *»Ich fürchte mich, weil du* ______________________
  ______________________.«

Lassen Sie alle Ihre Gefühle heraus. Wenn Sie den Wunsch verspüren, die Wut körperlich auszuleben, holen Sie sich ein paar Kissen und schlagen Sie auf sie ein. Lassen Sie Ihrer Wut einfach ihren natürlichen Lauf. Sie haben Ihre Gefühle schon viel zu lange unterdrückt. Es besteht keinerlei Grund, sich zu schämen oder sich schuldig zu fühlen. Denken Sie daran, daß unsere Gefühle Gedanken in Aktion sind. Sie dienen einem bestimmten Zweck, und wenn Sie sie aus Ihrem Bewußtsein und Ihrem Körper herauslassen, schaffen Sie Platz für andere, positivere Erfahrungen.

Wenn Sie damit fertig sind, Ihrer Wut auf eine oder mehrere andere Personen Ausdruck zu verleihen, vergeben Sie ihnen, so gut Sie können. Durch Vergebung machen Sie sich frei, Sie tun sich damit wirklich etwas Gutes. Wenn Sie jemandem nicht vergeben können, dann ist die zuvor geschilderte Übung lediglich eine negative Affirmation und hat keine heilsame Wirkung. Es ist ein Unterschied, ob Sie alte Wut wirklich *herauslassen* oder ob Sie sie lediglich wieder *aufwärmen.* Vielleicht möchten Sie etwas wie das Folgende sagen:

»Okay, diese Situation ist vorüber. Sie ist jetzt Vergangenheit. Ich billige deine Handlungsweise nicht, aber ich sehe ein, daß du mit dem Wissen und Verständnis, das dir damals zur Verfügung stand, dein Bestes getan hast. Die Sache ist jetzt für mich erledigt. Ich lasse dich los und lasse dich gehen. Du bist frei, und ich bin frei.«

Es kann nötig sein, diese Übung mehrfach zu wiederholen, bis Sie wirklich fühlen, daß Sie all Ihre Wut losgeworden sind. Sie können sich auch gleichzeitig mit mehreren für Sie wutbesetzten Themen befassen. Tun Sie das, was sich für Sie richtig anfühlt.

Es gibt noch andere Methoden, um uns von unserer Wut zu befreien. Wir können in ein Kissen schreien, gegen ein Kissen treten, wir können auf unser Bett oder einen Punchingball eindreschen. Wir können einen *Haßbrief* schreiben und ihn anschließend verbrennen. Wir können im Auto bei geschlossenen Fenstern laut schreien. Wir können Tennis oder Golf spielen und dabei kräftig auf die Bälle eindreschen. Wir können körperliche Übungen machen, schwimmen oder joggen. Wir können mit unserer nichtdominanten Hand unsere Gefühle aufschreiben oder in einer Zeichnung darstellen – Kreativität ist ein natürlicher Weg, Emotionen auszuleben.

Ein Seminarteilnehmer sagte, daß er eine Eieruhr benutzte, als er zum erstenmal in ein Kissen hineinschrie. Er gab sich zehn Minuten, um alle Wut über seinen Vater herauszulassen. Nach fünf Minuten war er bereits erschöpft, und die zehn Minuten kamen ihm endlos lang vor.

Ich pflegte früher auf mein Bett einzuschlagen und eine Menge Lärm zu machen. Das geht jetzt nicht mehr, weil meine Hunde dann Angst bekommen und meinen, ich sei wütend auf sie. Jetzt finde ich es sehr wirkungsvoll, wenn ich im Auto schreie oder im Garten ein Loch grabe.

Wie Sie sehen, kann man beim Herauslassen seiner Emotionen einen beträchtlichen Einfallsreichtum entwickeln. Ich empfehle Ihnen, aufgestaute Emotionen auf eine ungefährliche Art körperlich auszuagieren. Seien Sie dabei nicht rücksichtslos, und gefährden Sie nicht sich und andere. Auch sollten Sie mit Ihrer Höheren Kraft kommunizieren. Wenden Sie sich nach innen in dem Bewußtsein, daß es eine Lösung für Ihr Problem gibt und Sie es finden werden. Es ist sehr heilsam, zu meditieren und dabei zu visualisieren, wie Ihre Wut ungehindert aus Ihrem Körper herausfließt. Senden Sie der anderen Person Liebe, und sehen Sie deutlich, wie Ihre Liebe jede Disharmonie zwischen Ihnen auflöst. Seien Sie bereit zur Harmonie. Vielleicht soll Ihre Wut Sie daran erinnern, daß Ihre Kommunikation mit anderen nicht gut ist. Dann können Sie etwas unternehmen, um sie zu verbessern.

Es ist erstaunlich, wie viele Menschen sich viel glücklicher fühlen, wenn sie erst einmal ihren Ärger über einen anderen Menschen herausgelassen haben. Es ist, als wäre ihnen eine große Last von der Seele genommen. Einer meiner Schülerinnen fiel es sehr schwer, ihre Wut herauszulassen. Intellektuell verstand sie ihre Gefühle, aber sie konnte sie nicht ausdrücken. Als sie es sich schließlich doch noch gestattete, sie herauszulassen, trat sie um sich und schrie und belegte ihre Mutter und ihre alkoholabhängige Tochter mit Schimpfnamen. Sie hatte das Gefühl, daß eine schwere Last von ihr abgefallen war. Als ihre Tochter sie nachher besuchte, umarmte sie sie voller Herzlichkeit. Sie konnte es nun zulassen, daß Liebe hereinströmte und jenen Raum ausfüllte, den die unterdrückte Wut vorher besetzt hatte.

Vielleicht sind Sie schon seit vielen Jahren voller Wut. Dann haben Sie etwas, was ich *gewohnheitsmäßige Wut* nenne. Etwas geschieht, und Sie werden wütend. Kurz darauf geschieht wieder etwas, und Sie werden erneut wütend. So geht es immer wieder, aber Sie kommen über das Wütendwerden nicht hinaus. Gewohnheitsmäßige Wut ist kindisch – Sie wollen immer Ihren Willen durchsetzen. Es wäre hilfreich, wenn Sie sich einmal fragen:

- *Warum entscheide ich mich ständig dafür, wütend zu werden?*
- *Wie schaffe ich es, immer wieder Situationen zu erzeugen, in denen ich mich ärgere?*
- *Ist das die einzige Art, wie ich auf das Leben reagieren kann?*
- *Wünsche ich mir das so?*
- *Wen will ich damit immer noch bestrafen?*
- *Wen liebe ich immer noch?*
- *Warum strebe ich immer wieder diesen Zustand an?*
- *Welcher Glaube in mir verursacht all diese Frustrationen?*
- *Was strahle ich aus, das in anderen das Bedürfnis weckt, mich wütend zu machen?*

Anders ausgedrückt: Warum glauben Sie, daß es nötig ist, wütend zu werden, damit die Dinge nach Ihrem Willen laufen? Damit will ich nicht behaupten, daß es keine Ungerechtigkeit gäbe und es niemals angebracht sei, wütend zu werden. Doch gewohnheitsmäßige Wut schadet Ihrem Körper, weil sie sich in ihm festsetzt.
Achten Sie einmal darauf, auf was Sie sich die meiste Zeit konzentrieren. Setzen Sie sich zehn Minuten vor einen Spiegel und schauen Sie sich an. Fragen Sie sich: » *Wer bist du ? Was wünschst du dir? Was macht dich glücklich? Was kann ich tun, um dich glücklich zu machen?«* Jetzt ist der Augenblick, um etwas Neues anzufangen. Schaffen Sie in sich Raum für liebevolle, optimistische und fröhliche Denkmuster.
Viele Leute werden beim Autofahren wütend und machen dann lautstark ihrem Ärger über die anderen lausigen Autofahrer Luft. Ich rege mich schon seit langem nicht mehr über die Unfähigkeit anderer auf, die Verkehrsregeln zu beachten. Ich verhalte mich beim Autofahren folgendermaßen: Wenn ich einsteige, strahle ich Liebe auf das Auto aus. Dann bekräftige ich, daß ich stets von wunderbaren, kompetenten, glücklichen Autofahrern umgeben bin, daß nur gute Fahrer in meine Nähe kommen. Wegen dieser Glaubenssätze und Affirmationen, die ich jedesmal anwende, wenn ich im Straßenverkehr unterwegs bin, begegnen mir nur

sehr wenige schlechte Autofahrer. Die sind alle woanders und ärgern jene Leute, die beim Fahren gerne schimpfen und die Faust schütteln.

Ihr Auto ist eine natürliche Ausdehnung Ihrer Person, so wie alle anderen Dinge auch. Schenken Sie Ihrem Auto also ein bißchen Liebe, und strahlen Sie Liebe auf alle aus, die zusammen mit Ihnen auf den Straßen und Autobahnen unterwegs sind. Ich glaube, daß die Teile Ihres Autos mit den Teilen Ihres Körpers vergleichbar sind.

Eine meiner Mitarbeiterinnen hatte das Gefühl, ›keinen Durchblick‹ zu haben, also nicht zu wissen, wo es in ihrem Leben langgehen sollte. Eines Morgens mußte sie feststellen, daß jemand die Windschutzscheibe ihres Autos zertrümmert hatte. Ein Bekannter von mir klagte darüber, daß er ›festhing‹ und in seinem Leben keine Fortschritte machte. Dann hatte er eine Reifenpanne und hing dadurch tatsächlich fest. Ich weiß, es klingt zunächst albern, aber ich finde es faszinierend, daß bei diesen beiden Leuten eine Beziehung zwischen ihrer geistigen Verfassung und dem Zustand ihrer Autos bestand. ›Keinen Durchblick zu haben‹ bedeutet, daß man nicht sehen kann, was vor einem liegt. Die Windschutzscheibe ist dafür eine perfekte Metapher, ebenso wie man eindeutig ›festsitzt‹, wenn man eine Reifenpanne hat. Wenn das nächste Mal an Ihrem Auto etwas kaputt ist, sollten Sie einmal prüfen, welchen Bezug Sie zu dem betreffenden Teil spüren und ob ein Zusammenhang mit Ihrer seelischen Verfassung besteht. Das Ergebnis wird Sie vielleicht überraschen. Eines Tages werde ich ein kleines Buch schreiben mit dem Titel: *Wie Sie Ihr Auto heilen können.*

Es gab eine Zeit, als die Menschen die Beziehung zwischen Geist und Körper nicht verstanden. Jetzt ist es an der Zeit, unser Denken noch weiter auszudehnen, um die Beziehung zwischen Geist und Maschine zu verstehen. Jede Situation in Ihrem Leben ist eine

Lernerfahrung, und Sie können so mit ihr umgehen, daß sie sich zu Ihren Gunsten entwickelt.

Wut ist nichts Neues oder Einzigartiges. Niemand entgeht dieser Erfahrung. Entscheidend ist, daß man diese Emotion erkennt und in gesündere Bahnen lenkt. Wenn Sie erkranken, sollten Sie sich deswegen nicht ärgern. Anstatt Wut in Ihren Körper zu lenken, sollten Sie ihn mit Liebe erfüllen und sich vergeben. Diejenigen von Ihnen, die kranke Menschen betreuen, sollten dabei die Sorge für sich selbst nicht vergessen. Andernfalls tun Sie sich selbst, Ihren Freunden und Ihrer Familie nichts Gutes. Sie werden sich irgendwann ausgebrannt fühlen. Geben Sie sich Gelegenheit, Ihre Gefühle auszudrücken. Wenn Sie erst einmal gelernt haben, mit Wut auf eine positive Art umzugehen, werden sich in Ihrem Leben wunderbare Veränderungen zum Besseren ereignen.

Groll und Verbitterung verursachen zahlreiche Krankheiten

Verbitterung ist Wut, die über einen sehr langen Zeitraum unterdrückt wurde. Das Hauptproblem hierbei besteht darin, daß Verbitterung sich im Körper anstaut, meist an einer bestimmten Stelle am Körper zehrt und sich oft in Tumore und Krebs verwandelt. Man tut seiner Gesundheit also keinen Gefallen, wenn man Wut unterdrückt und zuläßt, daß sie sich im Körper festsetzt. Lassen Sie diese alten Gefühle endlich heraus.

Viele von uns wuchsen in Familien auf, in denen es nicht gestattet war, wütend zu sein. Besonders Frauen wurde beigebracht, daß es *schlecht* ist, wütend zu sein. Wut war inakzeptabel. Wütend zu werden war nur einer bestimmten Person erlaubt, für gewöhnlich einem Elternteil. So lernten wir, unseren Ärger herunterzuschlukken, statt ihn auszudrücken. Doch heute können wir erkennen, daß wir selbst es sind, die an diesem alten Fehler festhalten. Niemand sonst ist dafür verantwortlich.

Eine Auster umhüllt ein einzelnes Sandkorn Schicht für Schicht mit Kalzit, bis daraus eine schöne Perle wird. Genauso machen wir es mit unseren emotionalen Wunden. Wir hegen und nähren sie unablässig und lassen in unserem Kopf immer wieder den gleichen alten Film ablaufen. Wenn wir uns von diesen Wunden befreien wollen, müssen wir über sie hinauswachsen.

Einer der Gründe, warum Frauen Zysten und Tumore in der Gebärmutter entwickeln, ist das, wie ich es nenne, *Er-hat-mich-schlecht-behandelt-Syndrom.* Die Geschlechtsorgane repräsentieren entweder den männlichsten Körperteil, das maskuline Prinzip, oder den weiblichsten Körperteil, das feminine Prinzip. Wenn Menschen in ihrer Partnerschaft emotionale Probleme haben, bringen sie solche Probleme körperlich in diesen Körperregionen zum Ausdruck. Frauen speichern ihren Schmerz in ihren Geschlechtsorganen, ihrem femininsten Bereich, und nähren ihn dort so lange, bis er zu einer Zyste oder einem Tumor wird.

Da Groll und Verbitterung tief in uns vergraben sind, kann eine Menge Arbeit nötig sein, um sie aufzulösen. Ich erhielt einen Brief von einer Frau, bei der sich gerade zum drittenmal ein Krebstumor gebildet hatte. Sie hatte ihr Groll-Muster noch nicht auflösen können und erzeugte in ihrem Körper immer neue Tumoren. Ich merkte, daß sie in bezug auf ihre Bitterkeit sehr selbstgerecht war. Es fiel ihr leichter, sich den neuen Tumor herausoperieren zu lassen, als aktive Vergebung zu üben. Es wäre gut gewesen, wenn sie zu beidem fähig gewesen wäre. Die Ärzte können eine bereits entstandene Geschwulst entfernen, doch nur wir selbst können dafür sorgen, daß sich nicht wieder eine neue bildet.

Manchmal sterben wir lieber, als unsere negativen Denk- und Verhaltensmuster zu ändern. Es gibt Menschen, die lieber sterben, als ihre Eßgewohnheiten zu ändern. Das ist sehr schmerzhaft, wenn es sich um eine Person handelt, die wir lieben, und wenn wir wissen, welche Verhaltensänderungen das Leben der betreffenden Person retten könnten.

Welche Wahl wir auch treffen mögen, sie ist immer richtig für uns, und niemand ist schuldig, selbst wenn unsere Wahl darin besteht, den Planeten zu verlassen. Jeder von uns verläßt den Planeten zur rechten Zeit, und wir alle werden dazu die für uns angemessene Art und Weise wählen.

Nie brauchen wir uns zu beschuldigen, daß wir versagt oder etwas falsch gemacht haben. Schuldgefühle sind unnötig. Niemand macht je etwas *falsch.* Jeder Mensch tut mit der ihm zur Verfügung stehenden Einsicht und Erkenntnis stets sein Bestes. Denken Sie daran, daß wir alle über die innere Kraft verfügen und daß wir alle hier sind, um bestimmte Lektionen zu lernen. Unser Höheres Selbst kennt unsere Bestimmung in diesem Leben und weiß, was wir lernen müssen, damit wir auf unserem evolutionären Weg voranschreiten. Es gibt keine falschen Wege – es gibt nur ein gemeinsames *Sein.* Wir alle befinden uns auf einer endlosen Reise durch die Ewigkeit, auf der sich Leben an Leben reiht. Was uns in diesem Leben nicht gelingt, wird uns in einem anderen gelingen, davon bin ich überzeugt.

Unterdrückte Gefühle erzeugen Depressionen

Depressionen sind nach innen gerichtete Wut. Eine Wut, zu der Sie kein Recht zu haben glauben. Zum Beispiel könnten Sie glauben, daß es nicht okay ist, wütend auf die Eltern, den Ehepartner, den Chef oder die beste Freundin zu sein. Und doch sind Sie wütend. Und Sie fühlen sich in einer Zwickmühle. Diese Wut verwandelt sich schließlich in Depressionen. Viel zu viele Menschen leiden heutzutage an Depressionen, ja sind sogar chronisch depressiv. Wenn die Depression erst einmal chronisch geworden ist, finden wir nur sehr schwer wieder aus ihr heraus. Wir sind derartig ohne Hoffnung, daß uns schon die kleinste Anstrengung zuviel wird.

Wie spirituell Sie auch sein mögen, Sie müssen trotzdem ab und zu Ihr Geschirr spülen. Sie können nicht einfach zusehen, wie sich das schmutzige Geschirr in der Spüle stapelt, und sagen: »O nein, dafür bin ich zu metaphysisch.« Das gleiche gilt auch für Ihre Gefühle. Wenn Sie möchten, daß Ihr Bewußtsein frei fließt, müssen Sie regelmäßig für Ihren *geistigen Abwasch* sorgen.

Eine der besten Methoden dafür ist, einen Weg zu finden, wie Sie etwas von Ihrer Wut herauslassen können, damit Sie nicht länger so deprimiert sind. Es gibt heute Therapeuten speziell für Aggressionsabbau. Ein oder zwei Sitzungen bei einem solchen Therapeuten können sehr hilfreich sein.

Ich persönlich bin der Ansicht, daß wir alle einmal pro Woche auf unser Bett einprügeln sollten, ob wir uns wütend fühlen oder nicht. Bei manchen Therapien werden Sie regelrecht angehalten, Ihre Wut voll auszuleben; doch ich glaube, daß die Leute dabei oft zu lange in ihre Wut verstrickt bleiben. Wut dauert, wie jede zum Vorschein kommende Emotion, nur ein paar Minuten. Bei kleinen Kindern dauert eine bestimmte Emotion nur kurze Zeit an. Unsere Reaktion auf die Emotion ist es, die uns dazu verleitet, die Emotion festzuhalten und zu unterdrücken.

Die Autorin Elisabeth Kübler-Ross verwendet in ihren Seminaren eine wunderbare Übung, die sie *Externalisierung* nennt. Dabei müssen die Seminarteilnehmer mit einem Gummischlauch auf ein paar alte Telefonbücher einschlagen und dabei alle aufsteigenden Emotionen herauslassen.

Wenn Sie Ihre Wut herauslassen, ist es ganz in Ordnung, wenn Sie dabei Scham empfinden, besonders, wenn wütend zu sein in Ihrer Familie gegen die Regeln verstieß. Beim erstenmal wird es Ihnen peinlich sein, aber wenn die Scheu erst einmal überwunden ist, kann es großen Spaß machen und sehr wirkungsvoll sein. Gott wird Sie nicht hassen, weil Sie wütend sind. Wenn Sie erst einmal etwas von dieser alten Wut herausgelassen haben, werden Sie die Dinge in einem neuen Licht sehen und neue Lösungen für Ihre Probleme finden. Eine andere Empfehlung, die ich depressiven Menschen gebe, lautet, zu einem guten Ernährungsberater zu gehen und sich auf eine gesunde Kost umzustellen. Es ist verblüffend, wie gut sich das auf die geistige Verfassung auswirkt.

Depressive Menschen ernähren sich oft sehr falsch, was das Problem noch verschlimmert. Wir alle sollten uns bewußt für Nahrungsmittel entscheiden, die gut für unseren Körper sind. Oft herrscht im Körper depressiver Menschen ein chemisches Ungleichgewicht, das durch die Einnahme von Medikamenten weiter verstärkt wird.
Rebirthing ist gleichfalls eine gute Methode, Gefühle herauszulassen, weil sie über den Intellekt hinausgeht. Wenn Sie noch nie eine Rebirthing-Sitzung hatten, möchte ich Ihnen empfehlen, es einmal zu versuchen. Es hat vielen Menschen sehr geholfen. Es handelt sich dabei um eine Atemtechnik, die Ihnen hilft, Kontakt zu alten Erlebnissen aufzunehmen und sich auf positive Weise von diesen Erfahrungen zu lösen. Einige Rebirthing-Therapeuten fordern Sie auf, während einer solchen Sitzung gleichzeitig Ihre Affirmationen anzuwenden.
Außerdem gibt es die Möglichkeit der Körperarbeit, zum Beispiel das Rolfing, eine Bindegewebs-Tiefenmassage, die von Ida Rolf entwickelt wurde. Auch die Heller-Methode und die Trager-Methode sind ausgezeichnete Möglichkeiten, Körperspannungen zu lösen. Jeder muß selbst herausfinden, was ihm davon am besten hilft. Das geht nur, wenn Sie verschiedene Wege ausprobieren.
In Buchhandlungen gibt es ganze Regale mit Selbsthilfebüchern. Dort können Sie sich ausgezeichnet über die verschiedenen Alternativen informieren. In Reformhäusern und Naturkostläden hängen oft Ankündigungen von Seminaren und Vorträgen. Wenn der Schüler bereit ist, taucht bald der richtige Lehrer auf.

Angst ist Mangel an Vertrauen

Angst grassiert weltweit. Jeden Tag hören und lesen wir, wie sie sich in Form von Krieg, Mord, Gier und so weiter ausdrückt. Angst ist Mangel an Vertrauen in uns selbst. Weil wir uns selbst nicht vertrauen, trauen wir auch dem Leben nicht. Wir vertrauen nicht darauf, daß auf einer höheren Ebene für uns gesorgt wird. Deshalb meinen wir, wir müßten auf der physischen Ebene ständig alles unter Kontrolle haben. Natürlich erzeugt diese Haltung Angst, denn es ist uns völlig unmöglich, alles in unserem Leben zu kontrollieren. Wenn wir unsere Ängste überwinden wollen, müssen wir lernen, Vertrauen zu haben. Das nennt man: *sich in den Glauben fallen lassen.* Vertrauen Sie auf Ihre innere Kraft, die in Verbindung zur Universalen Intelligenz steht. Vertrauen Sie auf das Unsichtbare, statt sich nur auf die physische, materielle Welt zu verlassen. Damit meine ich nicht, daß wir uns in der physischen Welt passiv verhalten sollen. Doch wenn wir vertrauen, fällt uns das Leben sehr viel leichter. Wie ich schon an anderer Stelle sagte, glaube ich, daß mir stets alles enthüllt wird, was ich wissen muß. Ich vertraue darauf, daß stets für mich gesorgt ist, auch wenn ich nicht alles, was um mich herum vorgeht, physisch unter Kontrolle habe.

Wenn Ihr Unterbewußtsein Ihnen einen ängstlichen Gedanken schickt, möchte es Sie damit schützen. Ich schlage vor, daß Sie zu Ihrer Angst sagen: »Ich weiß, daß du mich schützen möchtest. Ich weiß, daß du mir helfen willst. Und ich danke dir.« Nehmen Sie den ängstlichen Gedanken zur Kenntnis; er ist da, um Sie zu beschützen. Wenn Sie sich in einer realen Gefahrensituation befinden, geht ein Adrenalinstoß durch Ihren Körper, um Sie vor der Gefahr zu schützen. Genauso ist es mit in Ihrem Bewußtsein erzeugten Ängsten.

Beobachten Sie Ihre Ängste und identifizieren Sie sich nicht mit ihnen. Betrachten Sie Ihre Angst wie Bilder auf einer Kinoleinwand. Was Sie auf der Leinwand sehen, ist nicht wirklich vorhanden. Die sich bewegenden Bilder sind lediglich Zelluloidstreifen, und sie verändern sich ständig und verschwinden rasch. Unsere Ängste kommen und gehen so rasch wie diese Bilder, wenn wir nicht darauf beharren, sie festzuhalten

Angst begrenzt unser Bewußtsein. Die Menschen fürchten sich davor, krank oder obdachlos zu werden, und was sonst nicht alles.

Wut ist ein Abwehrmechanismus, der aus Angst entsteht. Wut schützt Sie, und doch wäre es viel wirkungsvoller, wenn Sie positive Affirmationen anwenden würden. Auf diese Weise würden Sie fähig, damit aufzuhören, in Gedanken ständig angstbesetzte Situationen zu erschaffen, und statt dessen würden Sie sich lieben. Wie schon gesagt, alles kommt von innen. Wir sind das Zentrum von allem, was in unserem Leben geschieht. Alles spielt sich innen ab – jede Erfahrung, jede Beziehung zu einem anderen Menschen spiegelt ein geistiges Muster wider, das wir in uns haben.

Angst ist das Gegenteil von Liebe. Je mehr wir uns vertrauen und uns lieben, desto mehr ziehen wir im Äußeren diese Qualitäten zu uns heran. Ist es nicht erstaunlich, wie schief in unserem Leben alles läuft, wenn wir ängstlich oder besorgt sind oder uns selbst nicht leiden können? Dann reiht sich Fehlschlag an Fehlschlag. Wir scheinen eine richtige Pechsträhne zu haben. Nun, wenn wir uns selbst wirklich lieben, ist es genauso. Dann läuft alles wie am Schnürchen, die Ampeln springen stets auf Grün, und wir finden immer einen Parkplatz. All die Dinge, die das Leben so schön machen, fallen uns zu – die großen und die kleinen. Wir stehen am Morgen frohgemut auf, und der ganze Tag läuft bestens.

Lieben Sie sich, damit Sie wirklich für sich sorgen können. Tun Sie alles mögliche, um Ihr Herz, Ihren Körper und Ihren Geist zu stärken. Wenden Sie sich an die Kraft in Ihrem Innern. Stellen Sie einen guten spirituellen Kontakt zu ihr her, und pflegen Sie diesen Kontakt sorgfältig.

Wenn Sie Angst haben oder sich bedroht fühlen, atmen Sie tief und gleichmäßig. Wir halten oft den Atem an, wenn wir uns ängstigen. Atmen Sie also ein paarmal tief durch. Das Atmen verschafft Ihnen Zugang zu Ihrer inneren Kraft. Es richtet Ihr Rückgrat auf. Es weitet Ihre Brust, so daß Ihr Herz mehr Raum hat. Durch tiefes Atmen fallen Barrieren, und Sie öffnen sich. Sie dehnen sich aus, statt sich zusammenzuziehen. Ihre Liebe strömt ungehindert. Sagen Sie: *»Ich bin eins mit der Macht, die mich erschuf. Ich bin geborgen. Alles ist gut in meiner Welt.«*

Wie wir uns von unseren Süchten befreien

Süchte sind eine gern benutzte Methode, um Ängste zu verbergen. Süchte unterdrücken unsere Emotionen, so daß wir nichts spüren. Es gibt jedoch viele Arten von Sucht, nicht nur die Abhängigkeit von Suchtgiften. Es gibt auch mentale Süchte: Denk- und Verhaltensmuster, die wir uns aneignen, um der Realität auszuweichen. Wenn wir uns nicht mit den aktuellen Problemen unseres Lebens befassen wollen, benutzen wir bestimmte Muster, um ihnen aus dem Weg zu gehen. Bei manchen Menschen geschieht dies durch Freßsucht oder Drogenmißbrauch. Es mag eine genetisch bedingte Anfälligkeit für Alkoholismus geben, doch die Verantwortung dafür, krank zu bleiben, liegt stets beim einzelnen Menschen. Wenn wir also sagen, daß Dinge erblich bedingt sind, geht es in Wahrheit oft darum, daß das kleine Kind in uns immer noch die Art und Weise akzeptiert, wie die Eltern mit ihrer Angst umgingen.

Andere Menschen benutzen emotionale Süchte. Sie können süchtig danach sein, bei anderen Menschen Fehler zu entdecken. Was auch geschieht, Sie werden immer jemanden finden, dem Sie die Schuld geben können. »Sie sind schuld, sie haben mir das angetan.«

Vielleicht sind Sie süchtig danach, ständig in Geldnot zu sein. Für viele von Ihnen ist es eine Sucht, Schulden zu machen; sie tun, was sie können, um stets bis zum Hals in Schulden zu stecken.

Sie können auch süchtig danach sein, von anderen abgelehnt zu werden. Wohin Sie auch gehen, stets ziehen Sie Menschen an, von denen Sie dann zurückgewiesen werden. Doch die äußere Ablehnung, die Sie erfahren, ist nur ein Spiegelbild dafür, daß Sie sich selbst ablehnen. Wenn Sie sich selbst nicht ablehnen, wird Sie auch niemand sonst ablehnen. Und falls es doch einmal vorkommt, wird es Ihnen nichts ausmachen. Fragen Sie sich: »Was kann ich an mir selbst nicht akzeptieren?«

Eine Menge Leute sind süchtig nach Krankheit. Sie stecken sich unaufhörlich mit irgend etwas an oder fürchten sich davor, krank zu werden. Sie scheinen Mitglieder im Club ›Die Krankheit des Monats‹ zu sein.

Wenn Sie schon süchtig sein wollen, wie wäre es dann mit der Sucht, sich selbst zu lieben? Sie könnten süchtig danach sein, positive Affirmationen anzuwenden oder sich sonst etwas Gutes zu tun.

Zwanghaftes Essen

Ich bekomme viele Briefe von Menschen mit Gewichtsproblemen. Sie machen eine Diät nach der anderen, halten aber immer nur zwei oder drei Wochen durch. Dann fühlen sie sich schuldig, weil sie es nicht länger geschafft haben. Statt sich klarzumachen, daß sie ihre Sache so gut gemacht haben, wie es ihnen zu diesem Zeitpunkt möglich war, sind sie wütend auf sich und haben Schuldgefühle. Dann bestrafen sie sich – Schuldgefühle erzeugen immer ein Verlangen nach Selbstbestrafung –, indem sie Nahrungsmittel in sich hineinstopfen, die nicht gut für den Körper sind. Wenn sie erkennen, daß sie während ihrer zwei Diätwochen dem Körper einen wunderbaren Dienst erwiesen haben, und sich nicht immer wieder auf neue Schuld-Trips begeben, können sie damit anfangen, dieses Muster zu durchbrechen. Auch könnten sie beispielsweise bekräftigen: *»Ich hatte früher Gewichtsprobleme, doch jetzt gestatte ich es mir, das für mich ideale Gewicht zu haben.«* Dann würden sich die negativen Muster verändern. Doch wir sollten uns dabei nicht zu sehr auf das Thema Essen konzentrieren, denn *das wahre Problem liegt ganz woanders.*

Wenn Sie zuviel essen, geschieht das aus dem Wunsch, sich zu schützen. Wenn Sie sich unsicher oder ängstlich fühlen, legen Sie sich schützende Fettpolster zu. Ihr Körpergewicht hat überhaupt nichts mit dem Essen zu tun. Die meisten von Ihnen sind lebenslang wütend auf sich, weil sie sich zu dick finden. Was für eine Energieverschwendung. Statt dessen sollten Sie sich bewußtmachen, warum Sie sich unsicher und schutzlos fühlen. Vielleicht haben Sie Probleme mit Ihrer Arbeit, Ihrem Partner, Ihrer Sexualität oder allgemein mit dem Leben. Wenn Sie übergewichtig sind, sollten Sie Ihre Aufmerksamkeit ganz vom Essen abwenden und sich jenem Muster in Ihnen widmen, daß Ihnen sagt: »Ich brauche Schutz, weil ich mich unsicher fühle.«

Es ist erstaunlich, wie sehr unsere Zellen auf unsere geistigen Muster reagieren. Wenn unser Schutzbedürfnis verschwindet oder wir beginnen, uns geborgen zu fühlen, schmilzt das Fett dahin. Ich habe an mir selbst gemerkt, daß ich in Zeiten, in denen ich mich unsicher fühle, etwas an Gewicht zunehme. Wenn in meinem Leben viel Trubel ist und ich sehr viel arbeite und von Termin zu Termin eile, bekomme ich ein Bedürfnis nach Schutz und Geborgenheit. Also sage ich mir: »Okay, Louise, du mußt jetzt etwas dafür tun, daß du dich geborgen fühlst. Ich möchte, daß du weißt, du bist in Sicherheit, und es ist alles in Ordnung. Du kannst all diese Dinge tun, und du kannst das alles, was im Moment geschieht, verkraften. Du bist geborgen, und ich liebe dich.«

Übergewicht ist lediglich ein äußeres Symptom für eine Angst in uns. Wenn Sie in den Spiegel schauen und dort einen dicken Menschen sehen, sollten Sie daran denken, daß dieser Anblick das Ergebnis Ihres alten Denkens ist. Wenn Sie Ihr Denken ändern, säen Sie eine neue Saat aus, die für Sie zur Wirklichkeit werden wird. Was Sie heute denken, wird morgen Einfluß auf Ihre Figur haben. Eines der besten Bücher zum Thema Abnehmen ist *Schlank durch positives Denken* von Sondra Ray. Dort wird beschrieben, daß die beste Diät darin besteht, auf negatives Denken zu verzichten. Schritt für Schritt zeigt Ihnen die Autorin, wie es gemacht wird.

Selbsthilfegruppen

Selbsthilfegruppen sind ein neuer Bestandteil des sozialen Lebens geworden. Ich betrachte das als eine sehr positive Entwicklung. Diese Programme sind von immensem Nutzen. Menschen mit ähnlichen Problemen treffen sich, nicht um zu jammern und sich zu beklagen, sondern um Wege zu finden, wie sie ihre Probleme bewältigen und ihre Lebensqualität steigern können. Es gibt inzwischen solche Gruppen für beinahe jedes Problem. Viele davon findet man im Telefonbuch bzw. in den Gelben Seiten. Ich weiß, daß es bestimmt auch für Sie eine geeignete Gruppe gibt. Auch viele Kirchen bieten heute Selbsthilfegruppen an.

Sie können auch einmal am schwarzen Brett des örtlichen Naturkostladens nachsehen. Wenn Sie ernsthaft vorhaben, Ihr Leben zu ändern, werden Sie einen Weg finden. Überall werden heute die Zwölf-Stufen-Programme angeboten. Zwölf-Stufen-Programme gibt es inzwischen schon eine ganze Weile. Sie sind einfach durchzuführen, und man erzielt damit wunderbare Ergebnisse. Ihr Al-Anon-Programm für Menschen, die mit Suchtkranken leben oder deren Eltern suchtkrank waren, ist eines der besten Selbsthilfeprogramme, die ich kenne.

Gefühle sind unser innerer Maßstab

Wenn wir in einer gestörten Familie aufwachsen, lernen wir, Konflikten möglichst auszuweichen, was letztlich dazu führt, daß wir unsere Gefühle verleugnen. Oft vertrauen wir nicht darauf, daß andere unsere Bedürfnisse erfüllen, und fragen deshalb niemanden um Hilfe. Wir sind überzeugt, daß wir stark genug sein müssen, unsere Angelegenheiten selbst zu regeln. Das einzige Problem dabei ist, daß wir keinen Kontakt zu unserer Gefühlswelt haben. Gefühle helfen uns, einen fruchtbaren Kontakt zu uns selbst, unseren Mitmenschen und der Welt um uns zu haben. Sie zeigen uns, was in unserem Leben richtig läuft und was nicht. Wenn wir uns gegen unsere Gefühle sperren, erzeugt das komplexe Probleme und körperliche Erkrankungen. Was Sie fühlen, können Sie auch heilen. Wenn Sie sich nicht gestatten zu fühlen, was in Ihrem Innern vorgeht, wissen Sie nicht, wo der Heilungsprozeß ansetzen muß.

Andererseits fühlen sich viele von uns ständig schuldig, sind ständig eifersüchtig, ängstlich oder traurig. Wir entwickeln Gewohnheitsmuster, durch die wir immer wieder jene Erfahrungen erzeugen, von denen wir sagen, daß wir sie nicht mehr haben wollen. Wenn Sie sich dauernd wütend, traurig, ängstlich oder eifersüchtig fühlen und diesen Gefühlen nicht auf den Grund gehen, werden Sie immer wieder neu Wut, Traurigkeit, Furcht und so weiter erzeugen. Wenn wir damit aufhören, uns als Opfer zu fühlen, können wir unsere Eigenmacht zurückgewinnen. Wir müssen bereit sein, die Lektion zu lernen, damit das Problem verschwinden kann.

Wenn wir dem Lebensprozeß und unserer spirituellen Verbindung mit dem Universum vertrauen, können wir unseren Ärger und unsere Ängste auflösen, sobald sie sich bemerkbar machen. Wir *können* dem Leben vertrauen. Alles geschieht in vollkommener göttlicher Ordnung und in der dafür perfekten Raum-Zeit-Sequenz.

Sechs Affirmationen für ein besseres Leben

AFFIRMATION 1

Ich befreie mich jetzt
von alten
Schuldgefühlen und
vergebe mir.

AFFIRMATION 2

Ich befreie mich jetzt
von allen
destruktiven Ängsten
und Zweifeln.

AFFIRMATION 3

Wut ist normal
und natürlich. Ich verleihe
meiner Wut auf
angemessene Weise
Ausdruck.

AFFIRMATION 4

Meine Heilung
ist bereits
voll im Gang.

AFFIRMATION 5

Ich lasse es jetzt
geschehen, daß die Liebe
aus meinem Herzen
mich durchströmt und all
meine Emotionen heilt.

AFFIRMATION 6

Ich öffne mein Herz
und verschenke
großzügig meine Liebe,
diese kostbare Gabe.

Kapitel 7

Den Schmerz überwinden

Wir sind viel mehr als unser Körper und unsere Persönlichkeit. Der Geist in uns ist immer schön und liebenswert, ganz gleich wie sich die äußere Erscheinung auch verändern mag.

Der Schmerz des Todes

Es ist wunderbar, positiv eingestellt zu sein. Es ist auch wunderbar, die eigenen Gefühle zuzulassen. Die Natur hat Ihnen Gefühle geschenkt, um mit ihrer Hilfe bestimmte Erfahrungen durchzustehen. Wenn wir diese Gefühle leugnen, vergrößern wir damit nur unseren Schmerz. Denken Sie daran, daß der Tod niemals ein Scheitern bedeutet. Wir alle sterben, das gehört zum Prozeß des Lebens dazu.

Wenn eine geliebte Person stirbt, dauert der Trauerprozeß mindestens ein Jahr. Gönnen Sie sich also diese Zeit. Es ist schwierig, in dieser Zeit die vielen Festtage durchzustehen – den Valentinstag, Ihren Geburtstag und Namenstag, Weihnachten und so weiter. Seien Sie behutsam mit sich, und lassen Sie Ihren Schmerz zu. Es gibt dabei keine allgemeingültigen Regeln, also sollten Sie sich selbst auch keine auferlegen.

Es ist völlig in Ordnung, wütend zu sein oder hysterisch zu werden, wenn jemand stirbt. Geben Sie nicht vor, daß es nicht weh tut. Lassen Sie Ihren Gefühlen freien Lauf. Weinen Sie. Schauen Sie in den Spiegel und schreien Sie: »Es ist nicht fair!« oder was Sie sonst empfinden. Lassen Sie alles heraus, weil Sie sonst körperliche Probleme erzeugen. Ich weiß, es ist nicht leicht. Gehen Sie mit sich selbst so liebevoll wie möglich um.

Jene unter uns, die Aids-Kranke betreuen, erleben, daß die Trauer zu einer ständigen Begleiterin wird. Das ist genauso wie mit dem ständigen Schmerz in Kriegszeiten. Es gibt so viele Verluste, daß das Nervensystem das alles einfach nicht mehr verkraften kann. Oft gehe ich dann zu guten Freunden, bei denen ich Trost finden und meinen Tränen freien Lauf lassen kann. Als meine Mutter starb, war es viel leichter. Ich fühlte, daß ihr Lebenszyklus in ihrem einundneunzigsten Jahr zu einem natürlichen Ende gekommen war. Natürlich empfand ich Schmerz, aber ich war nicht wütend oder zornig darüber, weil ich nicht das Gefühl hatte, daß ihr Tod zu früh gekommen war. Kriege und Seuchen erzeugen in uns jedoch eine enorme Frustration, weil alles so ungerecht zu sein scheint.

Obwohl die Trauer ihre Zeit braucht, hat man manchmal das Gefühl, in eine bodenlose Grube gefallen zu sein. Wenn Sie nach ein paar Jahren immer noch trauern, dann klammern Sie sich an diesem Gefühl fest. Sie sollten der verstorbenen Person und sich selbst vergeben und den Toten freigeben. Denken Sie daran, wir können durch den Tod niemals einen Menschen verlieren, und zwar deshalb, weil andere Menschen nicht unser persönliches Eigentum sind.

Wenn es Ihnen schwerfällt loszulassen, gibt es verschiedene hilfreiche Maßnahmen. Als erstes schlage ich vor, daß Sie einige Meditationen mit der verstorbenen Person machen. Was die Verstorbenen auch immer gedacht oder getan haben mögen, als sie noch lebten: Wenn sie den Planeten verlassen, hebt sich ein Schleier, und sie sehen das Leben sehr klar. Sie haben also nicht länger die Ängste und Glaubenssätze, die sie hatten, als sie noch unter uns weilten. Wenn Sie sehr trauern, könnte der Tote Ihnen vermutlich sagen, daß es keinen Grund gibt, sich zu sorgen, weil alles gut ist. Bitten Sie die verstorbene Person in Ihrer Meditation, Ihnen über diese Zeit hinwegzuhelfen, und sagen Sie ihr, daß Sie sie lieben.

Machen Sie sich keine Vorwürfe, weil Sie sich, als die verstorbene Person noch lebte, zu wenig um sie kümmerten oder nicht genug

für sie taten. Damit fügen Sie Ihrem Schmerz auch noch Schuldgefühle hinzu. Manche von uns benutzen eine solche Trauerzeit als Entschuldigung dafür, daß sie ihr eigenes Leben nicht in Ordnung bringen. Manche von Ihnen würden ihrerseits gerne den Planeten verlassen. Bei anderen bringt der Tod eines nahen Menschen die eigene Todesfurcht zum Vorschein.
Nutzen Sie diese Zeit dazu, an sich selbst zu arbeiten, um etwas von Ihren eigenen Problemen zu lösen. Beim Tod eines geliebten Menschen kommt eine Menge Traurigkeit an die Oberfläche. Gehen Sie in diese Traurigkeit hinein. Sie müssen einen Punkt erreichen, wo Sie sich sicher genug fühlen, Ihre alten Schmerzen hochkommen zu lassen. Wenn Sie es sich gestatten, zwei oder drei Tage hindurch zu weinen, würde viel von Ihrer Traurigkeit und Ihren Schuldgefühlen verschwinden. Suchen Sie sich, wenn nötig, einen Therapeuten oder eine Gruppe, wo Sie sich sicher genug fühlen, Ihren Gefühlen freien Lauf zu lassen. Auch können Sie Affirmationen einsetzen. Zum Beispiel: *»Ich liebe dich und gebe dich frei. Du bist frei, und ich bin frei.«*

Eine meiner Seminarteilnehmerinnen hatte große Schwierigkeiten, sich von der Wut zu lösen, die sie gegenüber einer schwerkranken Tante empfand. Sie hatte Angst, daß die Tante sterben würde, ehe sie Gelegenheit hatte, mit ihr darüber zu sprechen, wie sie wirklich über die Vergangenheit empfand. Andererseits wollte sie nicht mit der Tante sprechen, weil sie sich innerlich völlig blokkiert fühlte. Ich schlug ihr vor, einen Therapeuten aufzusuchen, weil das außerordentlich hilfreich sein kann. Wenn wir uns in einer schwierigen Lage befinden, ist es ein Akt der Liebe für uns selbst, wenn wir andere um Hilfe bitten.
Es gibt überall Therapeuten, die Erfahrung mit solchen Problemen haben. Sie brauchen nicht über einen langen Zeitraum zu einem Therapeuten zu gehen, sondern nur so lange, bis die Krise durchgestanden ist. Es gibt auch Selbsthilfegruppen für

trauernde Menschen. Wenn Sie sich einer solchen Gruppe anschließen, kann Ihnen das den Weg durch den Schmerz erleichtern.

Unsere Schmerzen verstehen

Viele von uns leiden Tag für Tag unter Schmerzen. Vielleicht macht das nur einen kleinen Teil unseres Lebens aus, vielleicht ist der Schmerz aber auch unerträglich groß. Aber was ist Schmerz? Die meisten von uns sind sich gewiß einig, daß es etwas ist, was sie gerne loswerden möchten. Betrachten wir einmal, was wir aus unserem Schmerz lernen können. Woher kommt er? Was versucht er uns zu sagen?

Das Lexikon beschreibt Schmerz als ›unangenehme oder beunruhigende Empfindung, die durch Verletzungen oder Funktionsstörungen des Körpers sowie durch geistiges oder emotionales Leiden verursacht wird‹. Da Schmerzen Ausdruck von geistigem oder körperlichem Unwohlsein sind, liegt es auf der Hand, daß Geist *und* Körper schmerzempfindlich sind.

Ich wurde unlängst Zeuge einer Begebenheit, die diesen Umstand wunderbar illustriert. In einem Park spielten zwei Kinder miteinander. Das eine Mädchen hob die Hand, um ihrer Freundin einen spielerischen Klaps auf den Arm zu geben. Noch ehe sie den Arm berührt hatte, sagte das andere Mädchen: »Autsch!« Das erste Mädchen schaute sie an und fragte: »Warum hast du ›autsch‹ gesagt? Ich habe dich doch noch gar nicht berührt.« Darauf entgegnete ihre Freundin rasch: »Ich wußte halt, daß es weh tun würde.« In diesem Fall nahm der geistige Schmerz den körperlichen vorweg.

Schmerz kann sich auf vielfältige Art äußern. Ein Kratzer. Eine Beule. Krankheit. Schlechter Schlaf. Ein Kloß im Bauch. Eine

Taubheit in Armen oder Beinen. Manchmal quält er uns sehr, manchmal nur ein bißchen, aber wir wissen stets, daß er da ist. In den meisten Fällen versucht der Schmerz, uns etwas zu sagen. Manchmal ist die Botschaft offensichtlich. Ein nervöser Magen, der sich während der Arbeitszeit, nicht aber am freien Wochenende bemerkbar macht, könnte uns zeigen, daß es an der Zeit ist, die Arbeitsstelle zu wechseln. Und viele von uns wissen, was die Beschwerden nach einer durchzechten Nacht zu bedeuten haben. Wie auch immer die Botschaft lauten mag, wir dürfen nie vergessen, daß der menschliche Körper eine wunderbar konstruierte Maschine ist. Er sagt uns genau, wenn es Probleme gibt, doch wir müssen bereit sein zuzuhören. Leider nehmen sich viele von uns nicht die Zeit, auf ihren Körper zu hören. Schmerzen sind im allgemeinen ein Notsignal des Körpers, mit dem er uns zeigen will, daß etwas in unserem Leben falsch läuft. Wir sind irgendwie vom Weg abgekommen. Der Körper bemüht sich stets, eine optimale Gesundheit aufrechtzuerhalten, ganz gleich, was wir mit ihm anstellen. Wenn wir jedoch auf extreme Weise Mißbrauch mit unserem Körper treiben, müssen wir die Folgen dieses Verhaltens ertragen.

Was tun wir, wenn wir plötzlich Schmerzen bekommen? Wir rennen zu unserem Arzneischrank oder in die Apotheke und schlukken eine Tablette. Wir sagen also zu unserem Körper: »Sei still, ich will dir nicht zuhören.« Der Körper wird dann für ein Weilchen Ruhe geben. Doch die Beschwerden werden wiederkehren, diesmal ein wenig heftiger. Vielleicht gehen wir dann zum Arzt, damit er uns eine Spritze gibt oder uns etwas verschreibt. Irgendwann bleibt uns dann plötzlich gar nichts mehr anderes übrig, als unserem Körper Aufmerksamkeit zu schenken, weil eine schwere Erkrankung ausbricht. Selbst dann möchten einige Menschen immer noch lieber das arme Opfer spielen und weigern sich, ihrem Körper zuzuhören. Andere wachen dann endlich auf und sind bereit, Veränderungen vorzunehmen. Das ist völlig in Ordnung. Wir lernen alle auf unterschiedliche Art.

Die Antwort besteht möglicherweise einfach nur darin, sich ausreichend Schlaf zu gönnen oder nicht jeden Abend auszugehen oder den beruflichen Streß zu reduzieren. Hören Sie auf Ihren Körper, denn er strebt *immer* völlige Gesundheit an. Ihr Körper möchte gesund sein, und Sie sollten mit ihm zusammenarbeiten.

Wenn ich Schmerzen oder Unbehagen verspüre, beruhige ich mich zuerst einmal. Ich vertraue darauf, daß meine Höhere Kraft mich wissen läßt, welche Veränderungen in meinem Leben nötig sind, um die körperlichen Beschwerden zu beseitigen. In diesen Entspannungsübungen visualisiere ich, daß ich mich an einem wunderschönen Ort draußen in der Natur befinde, wo überall meine Lieblingsblumen blühen. Ich fühle und rieche die süße, warme Luft, die sanft mein Gesicht streift. Ich konzentriere mich darauf, jeden Muskel meines Körpers zu entspannen.

Wenn ich mich völlig entspannt fühle, frage ich meine Innere Weisheit: *»Wie habe ich dieses Problem verursacht? Was muß ich wissen? In welchen Bereichen meines Lebens sind Veränderungen nötig?«* Dann lasse ich die Antworten frei hervorströmen. Die Antworten kommen vielleicht nicht sofort, aber ich weiß, daß sie mir bald darauf enthüllt werden. Ich weiß, daß alle nötigen Veränderungen genau richtig für mich sind und daß ich stets sicher und geborgen bin, was auch immer mir im Leben begegnen mag.

Manchmal fragt man sich, wie man solche Veränderungen im eigenen Leben bewerkstelligen soll. »Wie werde ich meinen Lebensunterhalt verdienen? Was ist mit meinen Kindern? Wie soll ich meine Rechnungen bezahlen?« Vertrauen Sie stets darauf, daß Ihre Höhere Kraft Ihnen den Weg zu einem Leben in Wohlstand und frei von Schmerzen zeigt.

Auch möchte ich Ihnen vorschlagen, daß Sie bei der Veränderung Ihres Lebens behutsam Schritt für Schritt vorgehen. *»Eine tausend Meilen weite Reise beginnt mit dem ersten Schritt«,* sagt Laotse. Sich aneinanderreihende kleine Schritte können bedeutsame, große Fortschritte bewirken. Denken Sie bei der Veränderung Ihres Lebens daran, daß Schmerzen nicht notwendigerweise über Nacht verschwinden, und doch ist auch das durchaus möglich. Es hat seine Zeit gebraucht, bis der Schmerz an die Oberfläche drang; deshalb kann auch eine gewisse Zeit nötig sein, bis sich die Erkenntnis durchsetzt, daß er nicht mehr nötig ist. Seien Sie sanft mit sich. Vergleichen Sie Ihre eigenen Fortschritte nicht mit denen anderer Leute. Sie sind einzigartig und handhaben Ihr Leben auf Ihre eigene Weise. Vertrauen Sie auf Ihr Höheres Selbst, wenn Sie sich von allen körperlichen und emotionalen Schmerzen befreien möchten.

Vergebung ist der Schlüssel zur Freiheit

Ich frage meine Klienten oft: »Was ist Ihnen lieber: recht haben oder glücklich sein?« Wir alle beurteilen entsprechend unserer eigenen Wahrnehmung, was richtig und was falsch ist. Und wir alle finden Wege, unsere Gefühle zu rechtfertigen. Wir wollen andere für das bestrafen, was sie uns angetan haben; doch wir selbst sind es, deren Denken immer wieder um diese alten Geschichten kreist. Es ist dumm, wenn wir uns in der Gegenwart dafür bestrafen, daß uns in der Vergangenheit jemand Schmerz zugefügt hat.

Um uns von der Vergangenheit zu lösen, müssen wir bereit sein zu vergeben. Doch oft wissen wir nicht *wie*. Vergebung bedeutet, daß wir uns von unseren schmerzhaften Gefühlen trennen und die ganze Angelegenheit völlig loslassen. Wenn wir nicht zur Vergebung bereit sind, zerstören wir damit etwas in uns.

Auf welchem spirituellen Pfad Sie sich auch bewegen, stets werden Sie feststellen, daß Vergebung von enormer Wichtigkeit ist, besonders wenn eine Krankheit im Spiel ist. Wenn wir krank sind, sollten wir uns unbedingt darüber klarwerden, welche Menschen in unserer Umgebung unserer Vergebung bedürfen. Und meist ist der Mensch, von dem wir glauben, daß wir ihm niemals verzeihen können, derjenige, der unserer Vergebung am meisten bedarf. Wenn wir anderen nicht vergeben, schadet das der betreffenden Person nicht im geringsten, uns selbst dafür aber um so mehr. Das Problem macht uns zu schaffen, nicht der anderen Person.

Wenn Sie sich verletzt oder gekränkt fühlen, liegt das daran, daß Sie sich selbst nicht vergeben können, nicht am Verhalten der anderen. Bejahen Sie, daß Sie bereit sind, allen Menschen voll und ganz zu vergeben. *»Ich bin bereit, mich von der Vergangenheit zu befreien. Ich bin bereit, allen zu vergeben, die mich je verletzt haben, und ich vergebe mir selbst, daß ich andere verletzt habe.«* Wenn Sie an jemanden denken, der Sie irgendwann in Ihrem Leben einmal verletzt hat, sollten Sie diesen Menschen mit Liebe segnen, ihn freigeben und den Gedanken fallenlassen.

Ich wäre nicht dort, wo ich heute bin, wenn ich nicht den Menschen vergeben hätte, die mich gekränkt haben. Heute würde ich mich nicht mehr für das bestrafen, was sie mir in der Vergangenheit angetan haben. Damit will ich nicht sagen, daß mir das leichtfiel. Doch heute kann ich auf diese Dinge zurückblicken und sagen: »O ja, da ist mal etwas vorgefallen. Aber das ist längst Vergangenheit.« Damit will ich nicht sagen, daß man das Fehlverhalten anderer entschuldigen soll.

Wenn Sie das Gefühl haben, jemand hätte Ihnen etwas weggenommen, sollten Sie wissen, daß Ihnen niemand etwas wegnehmen kann, was Ihnen rechtmäßig gehört. Wenn es Ihnen gehört, wird es zur rechten Zeit zu Ihnen zurückkehren. Kommt etwas nicht zu Ihnen zurück, dann war es nicht für Sie bestimmt. Akzeptieren Sie das, und setzen Sie Ihr Leben fort, ohne sich noch weiter um den Verlust zu kümmern.

Um frei zu werden, müssen Sie sich von Ihrer selbstgerechten Verbitterung lösen und aufhören, sich selbst zu bemitleiden. Wenn Sie sich in *Selbstmitleid* suhlen, dann tun Sie so, als wären Sie völlig hilflos und hätten überhaupt keine Macht. Wenn Sie

Gebrauch von Ihrer Macht machen wollen, müssen Sie sich fest auf Ihre beiden Beine stellen und die volle Verantwortung für sich übernehmen.

Schließen Sie für einen Moment die Augen, und stellen Sie sich vor, daß Sie an einem schönen Flußlauf stehen. Nehmen Sie Ihre alten schmerzlichen Erfahrungen, Ihre Verletzungen, Ihre Bitterkeit, und werfen Sie sie in den Fluß. Schauen Sie zu, wie sie sich auflösen, während sie davontreiben, bis sie schließlich völlig verschwunden sind. Machen Sie diese Übung, sooft Sie können.

Wir leben in einer Zeit des Mitgefühls und der Heilung. Wenden Sie sich nach innen, und stellen Sie Verbindung zu jenem Teil Ihrer selbst her, der zu heilen vermag. Sie besitzen auf diesem Gebiet unglaubliche Fähigkeiten. Seien Sie bereit, in sich jene Kraft zu entdecken, die nicht nur ein vorübergehendes körperliches Unwohlsein zu beheben vermag, sondern Ihnen auf allen Ebenen vollkommene Heilung bringen kann. Diese Kraft kann Sie im tiefsten Sinne heil und ganz machen. Seien Sie bereit, alle Teile Ihres Wesens zu akzeptieren und auch alle Erfahrungen, die Sie je gemacht haben. Erkennen Sie, daß das alles Teil der Fülle Ihres jetzigen Erdenlebens ist.

Ich mag *Emmanuels Buch* sehr. An einer Stelle findet sich darin eine sehr gute Botschaft.

Die Frage an Emmanuel lautet:

»Wie können wir schmerzhafte Erfahrungen überstehen, ohne verbittert zu werden?«

Und Emmanuels Antwort lautet:

»Indem ihr sie als Lektionen, nicht als Strafe betrachtet. Vertraut dem Leben, meine Freunde. Wohin das Leben euch auch führen mag, die Reise ist notwendig. Ihr müßt sehr viele unterschiedliche Erfahrungen machen, um herauszufinden, was die Wahrheit ist und in welchen Bereichen ihr von ihr abgewichen seid. Dann werdet ihr

in der Lage sein, zu eurer Mitte zurückzukehren, eurem Seelenselbst, erneuert und weiser.«

Wenn wir doch nur begreifen würden, daß all unsere sogenannten Probleme einfach nur Chancen für uns sind, zu wachsen und uns zu verändern, und daß wir die meisten Probleme durch unsere eigenen Schwingungen selbst auf uns gezogen haben! Wir müssen lediglich unsere Art zu denken ändern, unsere Verbitterung auflösen und bereit zur Vergebung sein.

Sechs Affirmationen für ein besseres Leben

AFFIRMATION 1

Die Liebe hilft
mir, meinen Körper völlig
gesund zu erhalten
oder seine Gesundheit
wiederherzustellen.

AFFIRMATION 2

Ich trenne mich
mit Leichtigkeit von alten
Gewohnheiten
und Glaubenssätzen.
Ich bin offen für positive
Veränderungen.

AFFIRMATION 3

Ich empfinde Liebe
und Mitgefühl
für meinen Vater.

AFFIRMATION 4

Die Liebe
zwischen meiner Mutter
und mir wächst,
und wir verstehen uns
immer besser.

AFFIRMATION 5

Ich akzeptiere nur,
was wirklich
gut für mich ist.

AFFIRMATION 6

Jeder neue Augenblick
bietet mir die
wunderbare Möglichkeit,
noch mehr zu dem
zu werden, was ich bin.

Kapitel 8

WIE MAN SICH SELBST LIEBT

Wenn Sie vergeben und loslassen, fällt nicht nur eine große Last von Ihren Schultern, sondern es öffnet sich auch das Tor zu wahrer Selbstliebe.

Für all diejenigen von Ihnen, die bereits an Ihrer Selbstliebe arbeiten oder gerade damit beginnen, möchte ich einige Wege aufzeigen, wie man lernen kann, sich selbst zu lieben. Ich nenne Sie meine *Zehn Stufen,* und ich habe diese Liste im Laufe der Jahre an viele tausend Menschen geschickt. Sich selbst zu lieben ist ein wunderbares Abenteuer; es ist, als würde man fliegen lernen. Stellen Sie sich vor, wir alle könnten aus eigener Kraft fliegen. Wäre das nicht aufregend? Fangen wir jetzt damit an, uns selbst zu lieben. Viele von uns leiden darunter, daß es ihnen an Selbstachtung fehlt. Es fällt uns sehr schwer, uns selbst zu lieben, weil wir diese sogenannten Fehler haben, die es uns unmöglich machen, uns so zu akzeptieren, wie wir jetzt sind. Im allgemeinen knüpfen wir unsere Liebe zu uns selbst an Bedingungen. Und was unsere zwischenmenschlichen Beziehungen angeht, knüpfen wir die Liebe zu anderen ebenfalls an Bedingungen. Wir haben alle schon gehört, daß man andere Menschen nicht wirklich lieben kann, wenn man sich selbst nicht liebt. Nachdem wir jetzt also die Hindernisse kennen, die wir uns selbst in den Weg gestellt haben – wie können wir uns auf die nächste Stufe katapultieren?

Zehn Wege, sich selbst zu lieben

1. Der wichtigste Schlüssel besteht vermutlich darin, **daß Sie aufhören, sich selbst zu kritisieren.** Ich habe im 5. Kapitel schon über

Kritik gesprochen. Wenn wir uns selbst sagen, daß wir in Ordnung sind, was auch geschieht, fällt es uns leicht, unser Leben zu ändern. Wir geraten erst in Schwierigkeiten, wenn wir uns selbst *schlechtmachen.* Wir alle verändern uns – jeder einzelne. Jeder Tag ist ein neuer Tag, und wir machen alles ein bißchen anders als am Tag zuvor. Unsere Macht besteht darin, mit dem Prozeß des Lebens zu fließen und uns ständig neu an ihn anzupassen.

Menschen, die aus einem gestörten Elternhaus kommen, legen oft ein übertriebenes Verantwortungsgefühl an den Tag und urteilen unbarmherzig über sich selbst. Sie sind in einem Umfeld voller Spannung und Ängstlichkeit aufgewachsen. Die Botschaft, die ihnen in der Kindheit übermittelt wurde, lautet: »Mit mir stimmt irgend etwas nicht.«

Denken Sie einmal kurz darüber nach, welche Worte Sie benutzen, wenn Sie sich selbst tadeln. Viele Leute verwenden dabei Formulierungen wie: dumm, böser Junge, böses Mädchen, nichtsnutzig, rücksichtslos, dumm, häßlich, wertlos, schlampig, schmutzig und so weiter. Benutzen Sie ebenfalls solche Worte, wenn Sie sich selbst beschreiben sollen?

Es ist außerordentlich wichtig, daß wir Selbstachtung und Selbstwertgefühl entwickeln, denn wenn wir uns nicht *gut genug* fühlen, werden wir immer unbewußt dafür sorgen, daß unsere äußeren Lebensumstände diesem Selbstbild entsprechen; wir zögern es hinaus, Dinge zu tun, die unsere Lage verbessern könnten, wir mißbrauchen unseren Körper durch Überessen, Alkohol und Drogen. Wir sind alle auf irgendeine Weise unsicher, das ist menschlich. Wir sollten nicht so tun, als seien wir perfekt. Wenn wir meinen, perfekt sein zu müssen, setzen wir uns damit einem gewaltigen Druck aus, und außerdem verschließen wir dann die Augen vor Bereichen unseres Lebens, die der Heilung bedürfen. Statt dessen sollten wir unsere kreativen Möglichkeiten und unsere Individualität erforschen und uns für jene Qualitäten preisen, die uns von anderen unterscheiden. Jeder von uns hat auf der Erde eine einzigartige Rolle zu spielen. Wenn wir uns selbst kritisieren, würdigen wir diese Rolle herab.

2. Auch sollten wir damit **aufhören, uns selbst Angst einzujagen.** Viele von uns terrorisieren sich selbst ständig mit angsterfüllten Gedanken und machen Situationen dadurch schlimmer, als sie in Wirklichkeit sind. Wir nehmen ein kleines Problem und machen daraus ein riesiges Ungeheuer. Das Leben ist schrecklich, wenn man bei allem immer mit dem Schlimmsten rechnet.

Wie viele von Ihnen gehen abends ins Bett und malen sich bei einem Problem das schrecklichste denkbare Szenario aus? Sie benehmen sich wie ein kleines Kind, daß sich vorstellt, unter seinem Bett lauerten Monster, und dann Angst bekommt. Kein Wunder, daß Sie nicht einschlafen können. Als Sie ein Kind waren, mußten Ihre Eltern ans Bett kommen und Sie trösten. Jetzt als Erwachsener sind Sie in der Lage, sich selbst zu trösten.

Kranke neigen häufig zu solchen Angstfantasien. Oft malen sie sich das Schlimmste aus oder planen bereits in Gedanken ihre eigene Beerdigung. Sie geben ihre persönliche Macht an die Medien ab und sehen sich nur noch als statistische Größe.

Auch in einer Partnerschaft trifft man dieses Verhalten häufig an. Jemand ruft nicht an, und sofort malen Sie sich aus, daß Sie einfach nicht liebenswert sind und nie wieder eine neue Liebesbeziehung haben werden. Sie fühlen sich einsam und zurückgewiesen. Oder am Arbeitsplatz. Jemand macht eine dumme Bemerkung, und sofort stellen Sie sich vor, daß man Sie entlassen wird. Sie selbst erzeugen diese lähmenden Gedanken. Denken Sie daran, daß diese Angstgedanken negative Affirmationen sind.

Wenn immer wieder ein negativer Gedanke oder eine entsprechende Situation vor Ihrem geistigen Auge auftaucht, sollten Sie ein Bild finden, durch das Sie diesen negativen Gedanken ersetzen möchten. Es könnte eine schöne Landschaft sein, ein Sonnenuntergang, Blumen, ein Sportereignis oder was Sie sonst gern mögen. Verwenden Sie dieses Bild als Umschalt-Bild, das Sie immer dann einblenden, wenn Sie sich wieder einmal ängstigen. Sagen Sie sich: »Nein, ich werde jetzt nicht mehr darüber nachdenken. Ich denke jetzt an Sonnenuntergänge oder an Rosen, an Paris, an Jachten oder Wasserfälle«, je nachdem, welches Bild Sie gerne benutzen. Wenn Sie damit unbeirrt fortfahren, wird die schlechte Gewohnheit schließlich verschwinden. Wie immer ist auch hier eine gewisse Übung nötig.

3. Ein anderer Weg besteht darin, **sanft und liebenswürdig und geduldig mit sich zu sein.** *»Lieber Gott – bitte schenke mir Geduld. Und zwar jetzt sofort!«* schreibt Oren Arnold voller Humor. Geduld ist ein sehr wirksames Hilfsmittel. Die meisten von uns leiden darunter, daß sie immer nach sofortiger Befriedigung verlangen. Wir müssen alles sofort haben. Wir haben nicht die Geduld, auf etwas zu warten. Wir werden ärgerlich, wenn wir irgendwo Schlange stehen müssen oder im Stau stecken. Wir wollen alle Antworten und alle Wohltaten jetzt sofort. Viel zu oft verletzen wir andere Menschen durch unsere Ungeduld. Ungeduld ist mangelnde Lernbereitschaft. Wir wollen die Antwort, ohne die dazugehörige Lektion gelernt und die nötigen Schritte getan zu haben.

Stellen Sie sich Ihr Bewußtsein wie einen Garten vor. Am Anfang ist dieser Garten ganz verwildert und zugewuchert. Möglicherweise finden Sie eine Menge Selbsthaß-Gestrüpp vor, und überall liegen Steine der Verzweiflung, des Zorns und der Sorge herum. Ein alter Baum, Furcht genannt, muß zurechtgestutzt werden. Wenn Sie etwas von dem ganzen Unkraut weggeschafft haben und der Boden gut bereitet ist, können Sie neue Saat ausbringen oder kleine Pflänzchen der Freude und des Wohlstandes einpflanzen. Die Sonne scheint auf die Pflänzchen, Sie gießen und düngen sie und widmen ihnen Ihre liebevolle Aufmerksamkeit.

Anfangs scheint nicht viel zu geschehen. Doch Sie lassen sich nicht beirren und kümmern sich liebevoll um Ihren Garten. Wenn Sie Geduld haben, wird der Garten schließlich blühen und gedeihen. Genauso ist es mit Ihrem Bewußtsein – Sie selbst wählen die Gedanken aus, die Sie gerne nähren möchten. Und wenn Sie Geduld haben, werden sie wachsen, und es wird ein Garten der Erfahrungen entstehen, der Ihren Wünschen entspricht.

Wir alle machen Fehler

Es ist ganz in Ordnung, Fehler zu machen, wenn man lernt. Wie schon gesagt, quälen sich viele von Ihnen damit, perfekt sein zu wollen. Sie geben sich gar nicht die Chance, etwas Neues wirklich zu lernen, weil Sie glauben, nicht gut genug zu sein, wenn Sie es nicht nach den ersten drei Minuten perfekt beherrschen.

Es braucht seine Zeit, bis man etwas Neues gelernt hat. Wenn Sie etwas zum erstenmal tun, fühlen Sie sich dabei zunächst einmal unbehaglich. Damit Sie verstehen, was ich meine, sollten Sie jetzt einmal die Hände falten. Dabei kann man nichts falsch machen. Nun achten Sie darauf, welcher Daumen oben ist. Lösen Sie jetzt die Hände voneinander und falten Sie sie dann erneut, diesmal mit dem anderen Daumen oben. Das fühlt sich vermutlich seltsam an, vielleicht sogar falsch. Nun falten Sie sie wieder auf die erste Weise, auf die zweite, immer abwechselnd. Nun fühlt es sich schon nicht mehr so seltsam an. Sie gewöhnen sich daran. Vielleicht lernen Sie sogar, die Hände auf beide mögliche Arten zu falten.

Wenn wir etwas anderes auf eine neue Art tun, ist es genau dasselbe. Zunächst fühlt es sich anders an, und sofort urteilen wir kritisch. Doch mit ein bißchen Übung kann die neue Art für uns normal und natürlich werden. Wir werden es nicht innerhalb eines Tages schaffen, uns selbst vollkommen zu lieben, aber wir können uns jeden Tag ein kleines bißchen mehr lieben. Jeden Tag geben wir uns ein kleines bißchen mehr Liebe, und nach zwei oder drei Monaten werden wir auf dem Weg zu wahrer Selbstliebe schon ein großes Stück vorangekommen sein.

Fehler sind also einfach nur Schritte zu Ihrem persönlichen Wachstum. Sie sind wertvoll, weil sie Ihre Lehrmeister sind. Bestrafen Sie sich nicht selbst, wenn Sie einen Fehler machen. Wenn Sie bereit sind, zu wachsen und aus dem Fehler zu lernen, dann dient er Ihnen auf Ihrem Weg zu einem erfüllten Leben.

Viele von uns, die schon seit sehr langer Zeit an sich arbeiten, fragen sich, warum sie noch immer mit alten Problemen konfrontiert werden. Wir müssen unser Wissen ständig verbessern und erweitern. Wir sollten keinen Widerstand leisten, die Hände in die Luft werfen und sagen: »Was soll das alles?« Während wir lernen, neue Wege zu gehen, müssen wir sanft und geduldig mit uns sein. Denken Sie an das Bild vom Garten. Wenn negatives Unkraut zu sprießen beginnt, sollten Sie es so rasch wie möglich ausreißen.

4. Wir müssen **behutsam mit unserem Bewußtsein umgehen.** Wir sollten uns nicht dafür hassen, daß wir negative Gedanken haben. Wir können unsere Gedanken als etwas betrachten, das uns *aufbaut,* statt uns *niederzumachen.* Wir brauchen uns wegen negativer Erfahrungen keine Selbstvorwürfe zu machen. Wir können aus diesen Erfahrungen lernen. Liebevoll mit uns selbst umzugehen heißt, daß wir mit Selbstvorwürfen und Selbstbestrafung Schluß machen.
Auch Entspannung kann uns sehr helfen. Entspannung ist absolut unerläßlich, wenn wir unsere innere Kraft anzapfen möchten, denn wenn Sie angespannt und ängstlich sind, blockieren Sie das Fließen Ihrer Energie. Nur ein paar Minuten täglich sind nötig, um dem Körper und dem Geist Gelegenheit zu geben, loszulassen und sich zu entspannen. Jederzeit können Sie ein paar tiefe Atemzüge machen, die Augen schließen und alle inneren Spannungen lösen. Beim Ausatmen sollten Sie sich zentrieren und leise zu sich sagen: *»Ich liebe dich. Alles ist gut.«* Sie werden feststellen, daß Sie sich sofort viel ruhiger fühlen. So erkennen Sie, daß es unnötig ist, ständig angespannt und ängstlich durchs Leben zu gehen.

Meditieren Sie täglich

Ich empfehle Ihnen, Ihren Geist zu beruhigen und auf Ihre innere Weisheit zu lauschen. In unserer Gesellschaft gilt Meditation als etwas Mysteriöses und Schwieriges, und doch ist die Meditation eine der ältesten und einfachsten Techniken. Wir müssen nichts weiter tun, als uns in einen entspannten Zustand begeben und still Worte wie *Liebe* oder *Frieden* oder etwas anderes Sinnvolles wiederholen. *OM* ist ein uralter Laut, den ich in meinen Seminaren verwende und der offenbar sehr wirksam ist. Wir könnten sogar wiederholen: *Ich liebe mich* oder *Ich vergebe mir* oder *Mir wird vergeben.* Lauschen Sie danach eine Weile still in sich hinein.

Manche Menschen glauben, daß sie beim Meditieren völlig zu denken aufhören müßten. Doch es ist uns überhaupt nicht möglich, mit dem Denken aufzuhören. Wir können aber unsere Gedanken verlangsamen und sie einfach durch uns hindurchfließen lassen. Manche Menschen legen sich Papier und Stift zurecht und notieren sich ihre negativen Gedanken, weil sie sich dann leichter auflösen. Wir gebrauchen unsere Kraft weise, wenn es uns gelingt, einen Zustand zu erreichen, wo wir einfach nur zuschauen, wie unsere Gedanken vorbeitreiben – »Oh, da ist ein Angstgedanke und ein bißchen Wut, jetzt kommt ein liebevoller Gedanke, dann ein Unglücksgedanke, dann ein freudiger Gedanke« –, ohne ihnen Bedeutung beizumessen.

Sie können jederzeit und überall mit der Meditation beginnen und sie zur festen Gewohnheit werden lassen. Stellen Sie sich vor, daß Sie bei der Meditation mit Ihrer Höheren Kraft in Kontakt treten. Sie verbinden sich mit Ihrer inneren Weisheit. Dabei können Sie die Methode anwenden, die Ihnen am meisten zusagt. Manche Menschen begeben sich in eine Art Meditation, während sie joggen oder spazierengehen. Auch hier gilt wieder: Haben Sie Mut, Ihren eigenen Weg zu finden. Ich liebe es, mich im Garten hinzuknien und im Dreck zu wühlen. Das ist eine wunderbare Meditation für mich.

Visualisieren Sie positive Resultate

Bildhafte Vorstellungen sind ebenfalls wichtig, und auch hier gibt es viele Methoden. In seinem Buch *Wieder gesund werden* empfiehlt Dr. Carl Simonton zahlreiche Visualisierungstechniken für Menschen, die an Krebs leiden, und es lassen sich damit oft ausgezeichnete Ergebnisse erzielen.

Mit einer Visualisierung erschaffen Sie ein klares, positives Bild, das Ihre Affirmation unterstützt. In Ihren vielen Briefen werde ich immer wieder nach geeigneten Visualisierungen zur Unterstützung von Affirmationen gefragt. Wichtig ist es, bei Visualisierungen stets daran zu denken, daß sie zu Ihrer Persönlichkeit passen müssen. Sonst werden sie nicht funktionieren.
Eine krebskranke Frau visualisierte zum Beispiel, daß die *guten Killerzellen* in ihrem Körper den Krebs angriffen und töteten. Nach der Visualisierung kamen ihr Zweifel, ob sie es richtig gemacht hatte. Sie hatte das Gefühl, daß diese Visualisierung bei ihr nicht funktionierte. Also fragte ich sie: »Haben Sie die Mentalität eines Killers?« Ich persönlich finde die Idee nicht besonders gut, in meinem Körper einen Krieg zu erzeugen. Ich empfahl ihr, ihre Visualisierung sanfter zu gestalten. Ich halte es für besser, sich vorzustellen, wie die Sonne die kranken Zellen wegschmilzt oder daß ein Zauberer sie mit seinem Zauberstab verwandelt. Als ich Krebs hatte, benutze ich eine Visualisierung, in der klares Wasser die kranken Zellen aus meinem Körper wusch. Wir sollten Visualisierungen verwenden, die in unserem Unterbewußtsein nicht übertrieben aggressiv wirken.
Wenn Sie kranke Freunde oder Verwandte haben, tun Sie ihnen nichts Gutes, wenn Sie sie ständig krank vor sich sehen. Stellen Sie sich vor, daß sie bei bester Gesundheit sind. Senden Sie ihnen gute Schwingungen. Doch denken Sie immer daran, daß es an ihnen selbst liegt, gesund zu werden. Es gibt viele gute Videokassetten mit gelenkten Visualisierungen und Meditationen, die Sie ihnen schenken können. Damit helfen Sie ihnen, den Krankheitsprozeß durchzustehen, wenn sie offen für so etwas sind. Wenn nicht, senden Sie ihnen einfach Ihre Liebe.
Jeder Mensch kann visualisieren. Einem anderen das eigene Zuhause beschreiben, eine sexuelle Fantasie, sich ausmalen, was Sie jemandem antun möchten, der Sie verletzt hat – das alles sind Visualisierungen. Es ist erstaunlich, welche Fähigkeiten unser Bewußtsein besitzt.

5. Der nächste Schritt besteht darin, **sich selbst zu loben**. Kritik drückt unseren Geist nach unten, Lob baut ihn auf. Erkennen Sie Ihre Kraft, Ihr Gott-Selbst an. Wir sind alle Ausdruck der Unendlichen Intelligenz. Wenn Sie sich selbst herabsetzen, würdigen Sie damit auch jene Macht herab, die Sie geschaffen hat. Beginnen Sie mit kleinen Dingen. Sagen Sie sich, daß Sie wunderbar sind. Wenn Sie das nur einmal tun und dann wieder aufhören, wirkt es nicht. Bleiben Sie dabei, auch wenn es jeweils nur für eine Minute ist. Mit der Zeit wird es Ihnen leichter fallen. Seien Sie für sich da, wenn Sie das nächste Mal etwas Neues, anderes tun, oder etwas, das Sie gerade erst lernen und noch nicht richtig beherrschen.

Es war sehr aufregend, als ich zum erstenmal in der Kirche der Religiösen Wissenschaft in New York sprach. Ich erinnere mich noch lebhaft daran. Es war auf einer Versammlung am Freitag mittag. Die Leute schrieben Fragen auf kleine Zettel und legten sie für mich, die Sprecherin, in einen Korb. Ich trug den Korb aufs Podium, beantwortete die Fragen und führte für jeden Fragesteller eine kleine Behandlung durch. Als ich fertig war, sagte ich mir: »Louise, du warst fantastisch, wenn man bedenkt, daß das dein erster Auftritt war. Wenn du das sechsmal gemacht hast, bist du ein Profi.« Ich unterließ es, mich zu tadeln, indem ich etwa gesagt hätte: »Oh, du hast dies und das vergessen zu sagen.« Ich wollte nicht, daß mein zweiter Auftritt von Angst begleitet sein würde. Wenn ich mich beim erstenmal selbst fertigmachte, würde das beim zweitenmal ebenso sein, und schließlich würde ich mich davor fürchten, öffentlich zu sprechen. Nach ein paar Stunden überlegte ich dann, was ich verbessern konnte. Ich machte mir niemals Vorwürfe. Ich achtete sorgfältig darauf, daß ich mich genügend lobte und ermutigte. Nachdem ich sechs Versammlungen geleitet hatte, war ich tatsächlich ein Profi. Diese Methode können wir in allen Bereichen unseres Lebens anwenden. Ich sprach noch einige Zeit regelmäßig bei den Versammlungen. Das war ein wunderbares Training, denn ich lernte dabei, selbständig zu denken.

Erlauben Sie sich, *Gutes* anzunehmen, ob Sie es nun verdienen oder nicht. Ich habe schon darüber gesprochen, daß es mangelnde Bereitschaft ist, Gutes anzunehmen, wenn wir glauben, daß uns so etwas nicht zusteht. Das hindert uns daran, zu bekommen, was wir uns wünschen. Wie können wir irgend etwas Gutes über uns sagen, wenn wir glauben, wir verdienten es nicht, gut zu sein.
Denken Sie einmal darüber nach, wie bei Ihnen zu Hause diese Frage gesehen wurde. Fühlten Sie sich gut genug, klug genug, groß genug, hübsch genug und so weiter? Und wozu sind Sie auf der Welt? Sie wissen, daß es einen Grund für Ihr Hiersein gibt, und er besteht gewiß nicht darin, sich alle paar Jahre ein neues Auto zu kaufen. Welche Schritte sind Sie zu tun bereit, um Lebenserfüllung zu finden? Sind Sie bereit zu Affirmationen, Visualisierungen, Behandlungen? Sind Sie bereit zu vergeben? Sind Sie bereit zu meditieren? Wieviel geistige Anstrengung sind Sie bereit aufzuwenden, um Ihr Leben zu ändern und Ihren Wünschen entsprechend zu gestalten?

6. Sich selbst zu lieben heißt, sich selbst zu fördern. Wenden Sie sich Freunden zu und lassen Sie sich von ihnen helfen. Wenn Sie Hilfe brauchen und andere um Hilfe zu bitten, ist das ein Zeichen von Stärke. So viele von Ihnen haben gelernt, sich ganz allein auf sich zu verlassen und alles allein zu regeln. Sie können nicht um Hilfe bitten, weil Ihr Ego das nicht gestattet. Statt alles allein zu versuchen und wütend zu werden, weil Sie es nicht schaffen, sollten Sie beim nächstenmal andere um Hilfe bitten.
In jeder Stadt gibt es Selbsthilfegruppen. Es gibt Zwölf-Stufen-Programme für beinahe jedes Problem, und in manchen Gegenden gibt es Heilungsgruppen und kirchliche Hilfsorganisationen.
Wenn Sie nichts Geeignetes finden, gründen Sie einfach Ihre eigene Gruppe. Das ist gar nicht so schwierig, wie Sie glauben. Treffen Sie sich mit zwei oder drei Freunden, die die gleichen

Probleme haben, und einigen Sie sich auf ein paar Regeln, die Sie einhalten wollen. Wenn das aus einem liebenden Herzen heraus geschieht, wird Ihre kleine Gruppe rasch größer werden. Andere Menschen werden dann magnetisch angezogen. Machen Sie sich keine Sorgen, wenn der Raum, wo Sie sich treffen, zu klein für die Gruppe wird. Das Universum sorgt stets für uns. Wenn Sie nicht wissen, was Sie tun sollen, schreiben Sie an mein Büro (die Adresse finden Sie am Ende des Buches). Wir schicken Ihnen Richtlinien, nach denen Sie eine Gruppe leiten können. Sie können wirklich füreinander dasein.

1985 begann ich in Los Angeles *The Hayride* mit sechs Aids-kranken Männern in meinem Wohnzimmer. Wir wußten nicht, wie wir mit dieser schlimmen Notlage umgehen sollten. Ich sagte ihnen, daß wir auf keinen Fall einfach nur dasitzen und jammern würden, wie schrecklich das alles doch ist.

Wir taten, was wir konnten, um uns auf einer positiven Ebene gegenseitig zu unterstützen. Wir treffen uns heute immer noch. Über 200 Menschen kommen an jedem Mittwochabend in den West Hollywood Park.

Es ist eine außergewöhnliche Gruppe für Menschen mit Aids, und jeder ist willkommen. Die Menschen kommen aus der ganzen Welt her, um zu sehen, wie diese Gruppe arbeitet, und weil sie hier große Unterstützung spüren. Das liegt nicht nur an mir, sondern an der ganzen Gruppe. Alle tragen dazu bei. Wir meditieren und machen Visualisierungen. Wir tauschen Informationen über alternative Therapien und die neuesten medizinischen Methoden aus. An einem Ende des Raumes gibt es Energietische, auf die die Leute sich legen können. Die anderen verbinden dann ihre Heilenergien und legen ihre Hände auf die Kranken oder beten für sie. Angehörige der Kirche der Geistigen Wissenschaft stehen für Gespräche zur Verfügung. Am Schluß singen wir gemeinsam und umarmen uns gegenseitig. Wir möchten, daß die Leute sich besser fühlen, wenn sie nach Hause gehen, und manchmal erhalten sie so einen positiven Schub, der für ein paar Tage anhält.

Selbsthilfegruppen sind zu einem festen Teil der Gesellschaft geworden, und sie sind ein wirkungsvolles Hilfsmittel in dieser komplexen Zeit. Viele Kirchen des ›neuen Denkens‹ wie Unity oder die Religiöse Wissenschaft veranstalten wöchentliche Selbsthilfe-Treffen. Viele dieser Gruppen werden in neuen Zeitschriften angekündigt. Sich mit Gleichgesinnten zusammenzutun ist wirklich wichtig. Das inspiriert dich und läßt dich weiter vorangehen. Ich empfehle allen, die ähnliche Ideen haben, sich regelmäßig zusammenzufinden.
Wenn Menschen miteinander für ein gemeinsames Ziel arbeiten, bringen sie ihren Schmerz, ihre Verwirrung, ihre Wut oder was auch immer ein und kommen zusammen, nicht um zu jammern, sondern um Wege zu finden, sich über ihre Schwierigkeiten zu erheben und erwachsen zu werden.
Wenn Sie über große Hingabe, Selbstdisziplin und Spiritualität verfügen, können Sie allein auf sich gestellt eine Menge Arbeit an sich tun. Wenn Sie jedoch in der Gruppe gemeinsam mit anderen diese Arbeit tun, können Sie wahre Quantensprünge machen, weil Sie dann voneinander lernen. Jeder Mensch in dieser Gruppe ist ein Lehrer. Wenn Sie also Probleme haben, an denen Sie arbeiten müssen, empfehle ich Ihnen, wenn möglich, in eine entsprechende Gruppe zu gehen, wo Sie dies gemeinsam mit anderen Menschen tun können.

7. Lieben Sie Ihre Schwächen. Sie haben sie alle selbst geschaffen, so wie wir alle von Gott geschaffen wurden. Die Intelligenz, die uns erschuf, haßt uns nicht, wenn wir Fehler machen oder ungeduldig mit unseren Kindern sind. Diese Intelligenz weiß, daß wir stets unser Bestes geben, und liebt alles von ihr Geschaffene, so wie wir alles lieben sollten, was wir erschaffen haben. Wir alle haben schon negative Entscheidungen getroffen, und wenn wir uns deswegen selbst bestrafen, wird das zu einer Gewohnheit, von der wir nur schwer lassen können; dann wird es schwierig für uns, positive Entscheidungen zu treffen.

Wenn Sie ständig wiederholen: »Ich hasse meine Arbeit. Ich hasse mein Haus. Ich hasse meine Krankheit. Ich hasse diese Beziehung. Ich hasse dies. Ich hasse das«, kann dabei nicht viel Gutes in Ihr Leben kommen.

Wie negativ die Situation auch sein mag, in der Sie sich gerade befinden, sie hat ihren Grund; sonst wäre sie nicht Teil Ihres Lebens. Dr. John Harrison, der Autor von *Liebe deine Krankheit* (Love Your Disease), sagt, daß man Patienten niemals verurteilen soll, weil sie immer wieder krank werden oder sich ständig Operationen unterziehen müssen. Ja, die Patienten können sich sogar beglückwünschen, daß sie einen sicheren Weg gefunden haben, ihre Bedürfnisse zu befriedigen. Wir müssen begreifen, daß wir bei jedem Problem zu seiner Entstehung beigetragen haben, weil es uns hilft, mit bestimmten Situationen zurechtzukommen. Wenn wir das einmal erkannt haben, können wir statt dessen positive Wege finden, unsere Bedürfnisse zu befriedigen.

Menschen, die an Krebs oder einer anderen tödlichen Krankheit leiden, fällt es oft so schwer, zu einer Autoritätsperson in ihrem Leben ›nein‹ zu sagen, daß sie unbewußt eine schwere Krankheit erzeugen, die dann für sie das Neinsagen übernimmt. Ich kenne eine Frau, die sich endlich dazu entschloß, ein eigenständiges Leben zu führen, als ihr klarwurde, daß die Krankheit, die sie bei sich erzeugt hatte, nur als Vorwand diente, die Ansprüche ihres Vaters zurückzuweisen. Sie fing an, ›nein‹ zu ihm zu sagen. Zuerst fiel ihr das schwer, aber als sie damit fortfuhr, ihren eigenen Standpunkt zu behaupten, besserte sich ihr Gesundheitszustand.

Wie unsere negativen Muster auch aussehen mögen, wir können lernen, diese Bedürfnisse auf eine positivere Weise zu befriedigen. Darum ist es so wichtig, daß Sie sich fragen: »Wie macht sich diese Erfahrung bezahlt? Welche Vorteile habe ich davon?« Diese Fragen beantworten wir uns nicht gerne. Wenn wir jedoch wirklich nach innen blicken und ehrlich mit uns selbst sind, wird die Antwort kommen.

Vielleicht lautet Ihre Antwort: »Weil ich nur so liebevolle Aufmerksamkeit von meinem Partner bekomme.« Wenn Ihnen das einmal klargeworden ist, können Sie nach positiveren Wegen suchen, dieses zu erreichen.

Humor ist ebenfalls ein wertvolles Hilfsmittel – er hilft uns loszulassen und hebt unsere Stimmung, wenn wir unter Streß stehen. Im *Hayride* nehmen wir uns regelmäßig Zeit für ein paar Scherze. Manchmal haben wir eine Rednerin zu Gast, die wir die ›lachende Lady‹ nennen. Sie hat ein ansteckendes Lachen und sorgt stets für allgemeine Heiterkeit. Wir sollten uns selbst nicht ständig übertrieben ernst nehmen, und Lachen ist sehr heilsam. Wenn Sie sich müde oder niedergedrückt fühlen, empfehle ich Ihnen, sich alte Lustspielfilme, zum Beispiel die von Laurel und Hardy, anzusehen.

Als ich noch persönliche Beratungen durchführte, bemühte ich mich stets, die Leute so weit zu bringen, daß sie über ihre Probleme lachen konnten. Wenn wir unser Leben als Bühnenstück betrachten können, in dem es Elemente aus Seifenopern, aus Dramen und Komödien gibt, gewinnen wir eine bessere Perspektive und sind auf dem Weg der Heilung. Humor befähigt uns, uns von der jeweiligen Erfahrung zu lösen und sie von einer höheren Warte aus zu betrachten.

8. Geben Sie acht auf Ihren Körper. Betrachten Sie ihn als ein wunderbares Haus, in dem Sie für eine Weile wohnen. Ein schönes Haus würden Sie doch lieben und es sorgsam in Ordnung halten, nicht wahr? Achten Sie also darauf, was Sie Ihrem Körper zuführen. Drogen- und Alkoholmißbrauch sind so verbreitet, weil sie zwei der populärsten Fluchtwege sind. Wenn Sie drogenabhängig sind, bedeutet das nicht, daß Sie ein schlechter Mensch sind; es bedeutet, daß Sie keinen positiveren Weg gefunden haben, Ihre Bedürfnisse zu befriedigen.

Drogen verführen uns: »Komm und spiel mit mir. Wir werden eine schöne Zeit zusammen haben.« Das stimmt. Drogen können bewirken, daß Sie sich wunderbar fühlen. Doch sie verändern Ihre Wirklichkeit erheblich. Und, auch wenn es zunächst anders scheint, am Ende werden Sie einen furchtbaren Preis zahlen müssen. Wenn Sie über einen gewissen Zeitraum Drogen genommen haben, verschlechtert sich Ihre Gesundheit dramatisch, und Sie werden sich die meiste Zeit sehr schlecht fühlen. Drogen beeinträchtigen Ihr Immunsystem, was zu zahlreichen körperlichen Leiden führen kann. Außerdem werden Sie nach wiederholtem Gebrauch abhängig, und Sie werden sich schließlich fragen, warum Sie überhaupt mit den Drogen angefangen haben. Vielleicht wurden Sie durch Gruppendruck veranlaßt, sie zum erstenmal zu probieren, doch wiederholter, ständiger Gebrauch ist eine andere Geschichte.

Ich habe noch keinen Drogenabhängigen getroffen, der sich selbst wirklich liebt. Wir benutzen Drogen und Alkohol, um den Gefühlen unserer Kindheit zu entfliehen, als wir uns nicht gut genug fühlten; und wenn die Wirkung der Drogen nachläßt, fühlen wir uns noch schlechter als zuvor. Zudem sind wir dann auch noch voller Schuldgefühle. Wir müssen lernen, daß es ungefährlich ist, unsere Gefühle zuzulassen und anzuerkennen. Gefühle kommen und gehen, sie sind nicht von Dauer.

Ein anderer Weg, unsere Liebe zu verstecken, besteht darin, unseren Körper mit Essen vollzustopfen. Wir können ohne Nahrung nicht leben, weil sie unseren Körper mit Brennstoff versorgt und hilft, neue Zellen zu produzieren. Selbst wenn wir die Grundlagen einer guten Ernährung kennen, bestrafen wir uns dennoch oft durch Essen selbst und erzeugen Übergewicht.

Wir sind eine Nation von Junk-food-Süchtigen geworden. (Junk food = minderwertige und ungesunde industriell hergestellte Lebensmittel; Anm. d. Übers.) Seit Jahrzehnten ernähren wir uns von dem, was ich die *Große Amerikanische Diät* nenne, und füllen unsere Bäuche mit allen Arten von chemisch veränderten Nahrungsmitteln. Wir haben zugelassen, daß die Lebensmittelkonzerne und ihre Reklametricks unsere Ernährungsgewohnheiten beeinflussen. Noch nicht einmal die Ärzte werden während des Studiums in Ernährungslehre ausgebildet, wenn sie sich in diesem Bereich nicht freiwillig zusätzlich fortbilden. Der größte Teil unserer konventionellen Medizin ist voll auf Medikamente und chirurgische Eingriffe konzentriert. Wenn wir also etwas über Ernährung lernen möchten, müssen wir die Sache in die eigene Hand nehmen. Es ist ein Akt der Selbstliebe, wenn wir bewußt werden dafür, wie sich das, was wir in den Mund schieben, auf unser Wohlbefinden auswirkt.

Wenn Sie zu Mittag essen und sich dann eine Stunde später schläfrig fühlen, könnten Sie sich ja einmal fragen: »Was habe ich gegessen?« Vielleicht haben Sie etwas verzehrt, was zu dieser Tageszeit nicht gut für Ihren Körper ist. Achten Sie darauf, was Sie mit Energie versorgt und was Sie müde und lustlos macht. Das können Sie herausfinden, indem Sie bewußt mit Ihrer Ernährung experimentieren. Oder Sie gehen zu einem guten Ernährungsberater, der Ihnen einige Ihrer Fragen beantworten kann.

Denken Sie daran, daß das, was gut für den einen ist, nicht auch notwendigerweise für einen anderen gut sein muß – unsere Körper sind verschieden. Für viele Leute ist eine makrobiotische Ernährung wunderbar geeignet. Bei anderen ist es die ›*Fit fürs Leben*‹-Methode von Harvey und Marilyn Diamond. Es handelt sich jeweils um völlig unterschiedliche Konzepte, und doch funktionieren beide. Die Körper der Menschen sind verschieden, und darum können wir nicht sagen, daß nur eine einzige Ernährungsmethode funktioniert. Sie müssen selbst herausfinden, welche Art der Ernährung für Sie am geeignetsten ist.

Finden Sie eine Form des Körpertrainings, die Ihnen Freude macht. Entwickeln Sie eine positive geistige Haltung zu Ihrem Training. Oft erzeugen Sie in Ihrem Körper Blockaden, die lediglich durch die Meinungsäußerungen anderer Leute verursacht werden. Auch hier kommt es wieder darauf an, daß Sie sich vergeben und damit aufhören, Wut und Groll in Ihrem Körper zu speichern. Wenn Sie Affirmationen mit Ihrem Körpertraining verbinden, können Sie negative Vorstellungen über Ihren Körper und sein Aussehen durch positive ersetzen.

Wir leben in einer Zeit, in der eine Fülle von neuen Techniken im Gesundheitsbereich angewendet werden, und wir sind dabei zu lernen, alte Heilmethoden, wie beispielsweise die Ayurvedische Medizin, mit modernen Techniken der Schallerzeugung zu kombinieren. Ich habe mich damit beschäftigt, wie Schall unsere Hirnwellen stimulieren und Lern- und Heilprozesse beschleunigen kann. Neue Forschungen zeigen, daß wir Krankheiten heilen können, indem wir auf geistigem Wege unsere DNA-Struktur verändern. Ich denke, daß sich bis zum Ende des Jahrzehnts im gesundheitlichen Bereich neue Wege auftun werden, von denen ein großer Teil der Bevölkerung enorm profitieren wird.

9. Immer wieder betone ich, wie wichtig **Spiegelarbeit** ist, wenn wir die Ursache für mangelnde Selbstliebe herausfinden möchten. Es gibt verschiedene Arten, wie Sie Spiegelarbeit praktizieren können. Ich schaue am Morgen als erstes in den Spiegel und sage: *»Ich liebe dich. Was kann ich heute für dich tun? Wie kann ich dich glücklich machen?«* Hören Sie auf Ihre innere Stimme und befolgen Sie, was sie Ihnen sagt. Anfangs werden möglicherweise keine Botschaften durchkommen, weil Sie so daran gewöhnt sind, sich selbst zu kritisieren, daß Sie gar nicht wissen, wie Sie auf einen freundlichen, liebevollen Gedanken reagieren sollen.
Wenn während des Tages etwas Unerfreuliches geschieht, gehen Sie zum Spiegel und sagen Sie: *»Ich liebe dich trotzdem.«* Ereignisse kommen und gehen, aber Ihre Liebe zu sich selbst ist etwas Beständiges und vielleicht die wichtigste Qualität in Ihrem Leben. Wenn etwas Schönes geschieht, gehen Sie zum Spiegel und sagen:

»Ich danke dir.« Zollen Sie sich Anerkennung dafür, daß Sie diese wundervolle Erfahrung erzeugt haben.

Sie können sich auch vor dem Spiegel vergeben. Vergeben Sie sich selbst und anderen. Sie können vor dem Spiegel mit anderen Menschen sprechen, besonders wenn Sie Angst davor haben, mit der Person direkt zu sprechen. Sie können alte Probleme mit anderen Menschen bereinigen – mit Eltern, Vorgesetzten, Ärzten, Kindern, Liebespartnern. Sie können alles sagen, was Sie sich sonst nicht trauen, und vergessen Sie nicht, zum Schluß die andere Person um ihre Liebe und Anerkennung zu bitten, weil es das ist, was Sie sich wirklich wünschen.

Menschen, denen es schwerfällt, sich zu lieben, sind fast immer Menschen, die nicht bereit sind zu vergeben, weil mangelnde Bereitschaft zur Vergebung die Tür zur Selbstliebe verschließt. Wenn wir vergeben und loslassen, befreien wir uns von einer großen Last, und das Tor zu unserer Selbstliebe öffnet sich. Die Leute sagen dann: »Oh, ich fühle mich so erleichtert!« Sie haben sich von einer Last befreit, die sie seit einer Ewigkeit mit sich herumgeschleppt haben. Dr. John Harrison sagt, daß die Bereitschaft, sich selbst und den Eltern zu vergeben, mehr Krankheiten heilt als alle Antibiotika.

Eltern müssen Kindern schon eine Menge antun, damit diese aufhören, sie zu lieben. Doch wenn es erst einmal so weit gekommen ist, fällt es den Kindern ungeheuer schwer, ihren Eltern zu vergeben. Wenn wir nicht vergeben, nicht loslassen, binden wir uns an die Vergangenheit. Das hindert uns daran, in der Gegenwart zu leben. Doch wie sollen wir uns eine wunderschöne Zukunft erschaffen, wenn wir nicht in der Gegenwart leben? Müll aus der Vergangenheit wird in der Zukunft nur neuen Müll erzeugen.

Wenn Sie Ihre Affirmationen vor dem Spiegel anwenden, ist das vorteilhaft, denn Sie lernen dann die Wahrheit Ihres Seins kennen. Wenn Sie eine Affirmation sprechen und sich sofort eine negative Reaktion einstellt, zum Beispiel: »Was soll der Quatsch. Das kann unmöglich wahr sein. Das verdienst du nicht«, dann ist das ein Geschenk, mit dem Sie arbeiten können. Sie können die gewünschten Veränderungen erst erreichen, wenn Sie erkennen, was Sie behindert. Die negative Reaktion, die Sie gerade entdeckt haben, ist wie ein Geschenk, das für Sie der Schlüssel zur Freiheit werden kann. Verwandeln Sie diese negative Reaktion in eine positive Affirmation. Zum Beispiel: *»Ich verdiene jetzt alles Gute. Ich lasse zu, daß mein Leben von guten Erfahrungen erfüllt ist.«* Wiederholen Sie die neue Affirmation, bis sie zu einem festen Bestandteil Ihres Lebens geworden ist. Ich habe es erlebt, daß Familien sich enorm verändern, wenn nur ein Mitglied Affirmationen anwendet. Viele Leute im *Hayride* kommen aus kaputten Familien. Ihre Eltern reden überhaupt nicht mehr mit ihnen. Ich ließ sie die Affirmation wiederholen: *»Ich habe eine wunderbare, liebevolle, herzliche, offene Kommunikation mit jedem Mitglied meiner Familie, einschließlich meiner Mutter«*, oder wer die jeweilige Problemperson war. Ich empfehle ihnen, jedesmal, wenn ihnen diese Person oder die Familie in den Sinn kommt, zum Spiegel zu gehen und diese Affirmation immer wieder zu sprechen. Es ist erstaunlich, daß die Eltern schließlich drei, sechs oder neun Monate später tatsächlich zu unseren Treffen kommen.

10. Zu guter Letzt: **Lieben Sie sich** *jetzt* – warten Sie nicht, bis Sie es richtig können. Mit sich selbst unzufrieden zu sein ist nur eine Gewohnheit. Wenn Sie jetzt mit sich zufrieden sein können, wenn Sie sich jetzt lieben und akzeptieren können, dann werden Sie fähig sein, es zu genießen, wenn Gutes in Ihr Leben tritt. Wenn Sie lernen, sich selbst zu lieben, werden Sie auch fähig sein, andere zu lieben und zu akzeptieren.

Wir können andere Menschen nicht ändern, versuchen Sie es also gar nicht erst. Wir vergeuden eine Menge Energie mit dem Versuch, andere Menschen zu ändern. Wenn wir auch nur die Hälfte dieser Energie für uns selbst verwenden, können wir uns selbst ändern, und wenn *wir* anders sind, werden unsere Mitmenschen auch anders auf uns reagieren.

Jeder Mensch muß seine Lebenslektionen selbst lernen, das kann ihm niemand abnehmen. Alles, was Sie tun können, ist, Ihre eigenen Lektionen zu lernen. Die Liebe zu sich selbst ist der erste Schritt auf diesem Weg, denn dann kann das destruktive Verhalten anderer Menschen Sie nicht mehr aus der Bahn werfen. Wenn Sie sich in Gesellschaft einer wirklich negativen Person befinden, die sich nicht verändern möchte, müssen Sie sich selbst genug lieben, um diese Situation zu verlassen.

Bei einem meiner Vorträge erzählte mir eine Frau, daß ihr Mann sehr negativ eingestellt sei und daß sie nicht wollte, daß er einen schlechten Einfluß auf ihre beiden Kinder hatte. Ich schlug ihr vor, daß sie bejahen sollte, ihr Mann sei ein wunderbarer, liebevoller Ehepartner, der ehrlich an sich arbeite und seine besten Eigenschaften zum Vorschein bringe. Ich riet ihr zu bejahen, was sie sich wünschte, und immer dann, wenn er sich negativ benahm, gedanklich diese Affirmation zu bekräftigen. Doch wenn die Beziehung weiterhin negativ verlaufe, ganz gleich welche Affirmationen sie anwende, dann sei das eine deutliche Antwort – sie solle sich dann von ihrem Mann trennen.

Angesichts der wachsenden Scheidungsrate in unserer Gesellschaft sollten sich viele Frauen, ehe sie Kinder bekommen, die folgende Frage stellen: »Bin ich wirklich bereit, diese Kinder auch auf mich allein gestellt großzuziehen?« Alleinerziehende werden immer mehr zur Norm, und es ist fast immer die Frau, die die zusätzliche Verantwortung übernimmt, die Kinder allein aufzuziehen. Es gab einmal eine Zeit, in der Ehen ein ganzes Leben dauerten, doch die Zeiten haben sich geändert, man muß es also in Betracht ziehen, mit den Kindern allein dazustehen.

Viel zu oft bleiben wir in einer Beziehung, in der der Partner uns mißbraucht und herabwürdigt. Was wir damit sagen, ist: »Ich bin es nicht wert, geliebt zu werden. Deshalb bleibe ich und akzeptiere es, so behandelt zu werden, weil ich es nicht anders verdiene. Und einen anderen Partner finde ich sowieso nicht.«
Ich weiß, daß es sehr simpel klingt und ich mich zudem ständig wiederhole, aber ich glaube wirklich, daß der schnellste Weg zur Lösung jedes Problems darin besteht, daß wir uns selbst so lieben, wie wir sind. Durch die liebevollen Schwingungen, die wir aussenden, werden sich auf verblüffende Weise liebevolle Menschen zu uns hingezogen fühlen.

Bedingungslose Liebe ist meines Erachtens das Ziel, für das wir in diese Welt gekommen sind. Sie beginnt mit Selbst-Annahme und Selbst-Liebe.
Sie sind nicht hier, um anderen Menschen zu gefallen und Ihr Leben nach deren Vorstellungen zu leben. Sie können nur nach Ihren eigenen Vorstellungen leben und Ihren eigenen Weg gehen. Sie sind hergekommen, um Selbsterfüllung zu finden und der Liebe in ihrer ganzen Tiefe Ausdruck zu geben. Sie sind hier, um zu lernen und zu wachsen, um Mitgefühl und Verständnis zu absorbieren und auszustrahlen. Wenn Sie den Planeten verlassen, können Sie Ihren Partner, Ihr Auto, Ihr Bankkonto oder Ihren Job nicht mitnehmen. Das einzige, was Sie mitnehmen können, ist Ihre Liebesfähigkeit!

Sechs Affirmationen für ein besseres Leben

AFFIRMATION 1

Jeden Tag liebe
ich mich ein bißchen
mehr.

AFFIRMATION 2

Ich gebe dem Leben
genau das,
was ich auch mir
selbst gebe.

AFFIRMATION 3

Ab jetzt entscheide
ich mich bewußt dafür,
nur noch gut
von mir zu denken.

AFFIRMATION 4

Alle Menschen
in meiner Umgebung
spiegeln wider,
wie sehr ich mich
selbst liebe.

AFFIRMATION 5

Ich vertraue auf mich
und stelle mich
meiner Verantwortung.

AFFIRMATION 6

Ich liebe mich
genau so,
wie ich bin

Kapitel 9

DAS INNERE KIND LIEBEN

Wenn Sie keine Nähe zu anderen Menschen
herstellen können, liegt das daran, daß Sie nicht wissen,
wie Sie Ihrem eigenen inneren Kind nahe sein können.
Das Kind in Ihnen ist verängstigt und verletzt.
Seien Sie für Ihr Kind da.

Eines der wichtigsten Themen, mit denen wir uns beschäftigen wollen, ist die Heilung des vergessenen inneren Kindes. Die meisten von uns haben ihr inneres Kind viel zu lange ignoriert.

Es spielt keine Rolle, wie alt Sie sind. In Ihnen ist ein kleines Kind, das Liebe und Anerkennung braucht. Wenn Sie eine Frau sind, wie selbstsicher Sie auch sein mögen, dann haben Sie in sich ein kleines Mädchen, das sehr empfindsam ist und Hilfe braucht; und wenn Sie ein Mann sind, können Sie ein noch so großer Macho sein, trotzdem haben Sie noch immer einen kleinen Jungen in sich, der sich nach Wärme und Zuneigung sehnt.

Jedes Alter, das Sie durchlebt haben, ist in Ihnen – in Ihrem Bewußtsein und Gedächtnis. Wenn in Ihrer Kindheit etwas schiefging, glaubten Sie, daß mit Ihnen selbst etwas nicht stimmte. Kinder entwickeln die Vorstellung, daß sie von ihren Eltern geliebt und nicht mehr geschlagen und bestraft werden würden, wenn es ihnen nur gelänge, alles richtig zu machen.

Deshalb glaubt ein Kind, wenn es sich etwas wünscht und es nicht bekommt: »Ich bin nicht gut genug. Mit mir stimmt etwas nicht.« Wenn wir älter werden, lehnen wir dann bestimmte Teile von uns selbst ab.

Dort, wo wir jetzt in diesem Augenblick in unserem Leben stehen, müssen wir damit beginnen, uns selbst zu heilen und jeden Teil unseres Seins zu akzeptieren – den Teil, der all diese Dummheiten gemacht hat, den Teil, der komisch aussah, den Teil, der ängstlich war, den Teil, der sehr dumm und albern war, den Teil, der sich beim Essen das Gesicht beschmierte. Jeden einzelnen Teil unseres Selbst.

Oft geschieht es so um das fünfte Lebensjahr herum, daß wir uns gewissermaßen ausblenden. Wir treffen diese Entscheidung, weil wir glauben, daß etwas mit uns nicht stimmt, und weil wir mit dem Kind, das wir vorher waren, nichts mehr zu tun haben wollen.

In uns ist auch ein Vater oder eine Mutter. Sie haben ein inneres Kind und eine innere Mutter und einen inneren Vater. Und die meiste Zeit schimpfen diese inneren Eltern mit dem Kind, beinahe ununterbrochen. Wenn Sie Ihrem inneren Dialog lauschen, können Sie dieses Schimpfen hören. Sie hören, wie die inneren Eltern Ihnen sagen, was Sie falsch machen oder warum Sie nicht gut genug sind.

Das führt dazu, daß wir einen ständigen Krieg gegen uns selbst führen. Wir kritisieren uns auf die gleiche Art, wie wir früher von unseren Eltern kritisiert wurden. »Du bist dumm. Du bist nicht gut genug. Du machst alles falsch. Du hast es schon wieder vermasselt!« Das wird zu einer festen Gewohnheit. Wenn wir erwachsen werden, ignorieren viele von uns das innere Kind völlig, oder wir kritisieren es auf die gleiche Art, wie wir selbst kritisiert wurden. So setzen wir dieses negative Muster unaufhörlich fort.

John Bradshaw, der Autor mehrerer großartiger Bücher über die Heilung des inneren Kindes, sagte einmal, daß jeder von uns, wenn er erwachsen ist, 25 000 Stunden ›Eltern-Tonbänder‹ in seinem Gedächtnis gespeichert hat. Was glauben Sie, wie viele Stunden dieser ›Tonbänder‹ werden Ihnen wohl sagen, wie wundervoll Sie sind? Auf wie vielen wird Ihnen wohl gesagt, daß Sie aufgeweckt und intelligent sind? Oder daß Sie alles schaffen können, was Sie sich vornehmen, und von Erfolg zu Erfolg gehen können? Ist es nicht so, daß auf dem größten Teil dieser ›Erinnerungs-

Tonbänder‹ in Wirklichkeit immer nur ›Nein, nein, nein‹ in allen möglichen Formen zu hören ist?
Da ist es kein Wunder, daß wir zu uns selbst ständig *nein* oder *das darfst du nicht* sagen. Wir reagieren auf diese alten Tonbänder in uns. Doch es sind nur Erinnerungen und nicht die Wirklichkeit unseres Seins. Man kann sie löschen oder verändern.
Immer wenn Sie sagen, daß Sie sich fürchten, sollten Sie sich klarmachen, daß es das Kind in Ihnen ist, das sich fürchtet. Der erwachsene Mensch hat in Wirklichkeit gar keine Angst, aber er ist nicht für das Kind da. Der Erwachsene und das innere Kind müssen eine Beziehung zueinander entwickeln. Sprechen Sie miteinander über alles, was Sie tun. Ich weiß, daß das albern klingt, aber es funktioniert. Lassen Sie das Kind wissen, daß Sie es niemals im Stich lassen, was auch geschieht. Sagen Sie ihm, daß Sie es lieben und immer für es dasein werden.
Es könnte zum Beispiel sein, daß Sie als Kind ein schlimmes Erlebnis mit einem Hund hatten; vielleicht hat er Sie erschreckt oder gar gebissen. Dann kann es sein, daß sich das kleine Kind in Ihnen immer noch vor Hunden fürchtet, obwohl Sie inzwischen ein großer, starker Erwachsener sind. Jetzt sehen Sie auf der Straße einen harmlosen, kleinen Hund. Trotzdem gerät das kleine Kind in Ihnen in Panik. Es sagt: »Ein HUND! Er wird mir weh tun!« Das ist eine wundervolle Gelegenheit, bei der der Vater oder die Mutter in Ihnen zum Kind sagen kann: »Keine Sorge, ich bin jetzt erwachsen. Ich werde dich beschützen. Ich lasse nicht zu, daß der Hund dir etwas tut. Du brauchst keine Angst mehr zu haben.« Beginnen Sie damit, sich in dieser Art und Weise um Ihr inneres Kind zu kümmern.

Heilung für die Wunden der Vergangenheit

Ich habe festgestellt, daß die Arbeit mit dem inneren Kind sehr dazu beiträgt, alte Wunden zu heilen. Wir sind nicht immer in Kontakt mit den Gefühlen des verängstigten kleinen Kindes in uns. Wenn Ihre Kindheit voller Furcht und Aggression war und Sie sich nun selbst ständig Gewalt antun, dann behandeln Sie Ihr inneres Kind weiterhin so, wie es früher in Ihrer Familie geschah. Das innere Kind kann aber nirgendwohin entfliehen. Sie müssen die Begrenztheit Ihrer Eltern überwinden. Sie müssen den Kontakt zu dem allein gelassenen Kind in Ihnen wiederfinden. Es muß spüren, daß Sie für es da sind.

Nehmen Sie sich jetzt einen Moment Zeit, und sagen Sie Ihrem Kind, daß Sie für es sorgen: »Ich kümmere mich um dich. Ich liebe dich. Ich liebe dich wirklich.« Vielleicht haben Sie das schon zu der erwachsenen Person in Ihnen gesagt. Reden Sie also jetzt auch mit dem kleinen Kind. Visualisieren Sie, daß Sie es bei der Hand nehmen und für ein paar Tage eine wunderbare Zeit voller schöner Erlebnisse haben.

Sie müssen mit diesem Teil von Ihnen kommunizieren. Welche Botschaften möchten Sie gerne hören? Setzen Sie sich still hin, schließen Sie die Augen, und reden Sie mit dem Kind. Wenn Sie schon 62 Jahre nicht mehr mit ihm gesprochen haben, kann es ein Weilchen dauern, bis das Kind wirklich glaubt, daß Sie mit ihm sprechen möchten. Seien Sie beharrlich: *»Ich möchte mit dir reden. Ich möchte dich sehen. Ich möchte dir Liebe schenken.«* Schließlich wird ein Kontakt zustande kommen. Dann werden Sie Ihr inneres Kind sehen, es spüren oder es vielleicht hören.

Wenn Sie zum erstenmal mit Ihrem Kind reden, sollten Sie sich vor allem entschuldigen. Sagen Sie, daß es Ihnen leid tut, daß Sie in all den Jahren nicht mit ihm gesprochen haben oder daß Sie es so lange beschimpft und gescholten haben. Sagen Sie dem Kind, daß Sie die lange Zeit der Trennung wiedergutmachen möchten. Fragen Sie, wie Sie es glücklich machen können. Fragen Sie das Kind, wovor es sich ängstigt. Fragen Sie, wie Sie ihm helfen können und was es sich von Ihnen wünscht.

Beginnen Sie mit einfachen Fragen; Sie werden Antwort erhalten. *»Was kann ich tun, um dich glücklich zu machen? Was möchtest du heute gerne unternehmen?«* Zum Beispiel könnten Sie zu dem Kind sagen: »Ich möchte heute gern joggen, was möchtest du tun?« Das Kind antwortet dann vielleicht: »An den Strand gehen.« Die Kommunikation hat begonnen. Seien Sie beharrlich. Auch wenn Sie täglich nur ein paar Minuten einbringen können, um sich der kleinen Person in Ihnen zu widmen, wird Ihr Leben sich dadurch beträchtlich verbessern.

Die Kommunikation mit Ihrem inneren Kind

Vielleicht arbeiten einige von Ihnen bereits mit dem inneren Kind. Es gibt viele Bücher zu diesem Thema, und viele Seminare und Vorträge darüber werden angeboten.

Self-Parenting von John Pollard III ist ausgezeichnet. Es enthält eine Fülle von Übungen und Aktivitäten, die Sie zusammen mit Ihrem inneren Kind machen können. Wenn Sie ernsthaft mit Ihrem inneren Kind arbeiten möchten, rate ich Ihnen, sich dieses Buch zu besorgen. Wie schon gesagt, wird in diesem Bereich eine Menge Hilfe angeboten. Sie sind nicht allein und hilflos. Sie können andere um Rat und Unterstützung bitten.

Auch möchte ich Ihnen vorschlagen, sich ein Foto von sich aus Ihrer Kindheit zu besorgen. Betrachten Sie das Foto aufmerksam. Sehen Sie ein kleines Kind, das unglücklich ist? Was Sie auch sehen, stellen Sie eine Verbindung zu diesen Gefühlen her. Wenn Sie ein verängstigtes Kind sehen, fragen Sie es, wovor es Angst hat, und tun Sie etwas, damit es sich besser fühlt. Finden Sie mehrere Fotos von sich aus der Kindheit, und sprechen Sie zu dem Kind, das Sie jeweils auf den Fotos sehen.

Es hilft auch, vor dem Spiegel mit dem inneren Kind zu reden. Wenn Sie als Kind einen Spitznamen hatten, benutzen Sie diesen Namen. Halten Sie ein paar Papiertaschentücher bereit. Am besten setzen Sie sich vor den Spiegel, damit Sie nicht so rasch davonlaufen, wenn es schwierig wird. Setzen Sie sich hin, halten Sie die Papiertaschentücher griffbereit, und fangen Sie an, mit dem Kind zu sprechen.

Eine andere Übung besteht darin, schriftlich zu kommunizieren. Auch dabei werden viele Informationen zum Vorschein kommen. Benutzen Sie zwei verschiedenfarbige Stifte. Notieren Sie nun mit Ihrer Schreibhand eine Frage. Nehmen Sie dann den andersfarbigen Stift in Ihre nicht-dominante Hand, und lassen Sie das Kind antworten. Das ist eine sehr faszinierende Übung. Wenn Sie die Frage notieren, glaubt der Erwachsene in Ihnen die Antwort zu kennen. Doch wenn Sie dann den anderen Stift in die Hand nehmen, mit der Sie normalerweise nicht schreiben, fällt die Antwort oft ganz anders aus als erwartet.
Sie können auch mit Ihrem Kind malen. Viele von Ihnen malten und zeichneten als Kinder vermutlich sehr gern, bis man Ihnen sagte, Sie sollten sauber und ordentlich zeichnen und sich an die Vorgaben halten. Fangen Sie also wieder an zu malen. Malen Sie mit Ihrer nicht-dominanten Hand ein Bild eines Ereignisses, das Sie gerade erlebt haben. Achten Sie darauf, wie Sie sich dabei fühlen. Stellen Sie dem Kind eine Frage und lassen Sie es dann einfach mit der nicht-dominanten Hand malen. Betrachten Sie das Bild aufmerksam.
Wenn Sie sich mit anderen in einer Gruppe zusammenfinden, können Sie gemeinsam an diesen Dingen arbeiten. Sie können gemeinsam Ihre inneren Kinder Bilder malen lassen und anschließend diskutieren, was sie bedeuten. Die Informationen können Ihnen überraschende Einsichten vermitteln.

Spielen Sie mit Ihrem inneren Kind. Tun Sie Dinge, die Ihrem Kind gefallen. Was haben Sie wirklich gerne getan, als Sie klein waren? Wann haben Sie das zum letztenmal gemacht? Viel zu oft hindert der Erwachsene in uns uns daran, Spaß zu haben, weil Erwachsene so etwas eben nicht tun. Nehmen Sie sich also die Zeit, zu spielen und Spaß zu haben. Tun Sie all die albernen Dinge, mit denen Sie sich vergnügten, als Sie Kind waren. Springen Sie in einen Laubhaufen, oder lassen Sie sich mit dem Gartenschlauch naßspritzen. Sehen Sie Kindern beim Spielen zu. Das wird Erinnerungen an die Spiele auslösen, bei denen Sie früher Spaß hatten. Wenn Sie mehr Freude in Ihrem Leben haben möchten, stellen Sie die Verbindung zu Ihrem inneren Kind her, und gewinnen Sie dadurch Spontaneität und Spaß. Ich verspreche Ihnen, daß dann in Ihrem Leben Freude einziehen wird.

Waren Sie als Kind willkommen? Waren Ihre Eltern wirklich froh, als Sie geboren wurden? Hätten sie lieber ein Mädchen bzw. einen Jungen gehabt? Haben Sie *gespürt,* daß Sie als Kind erwünscht waren? Wurde Ihre Geburt gefeiert? Wie die Antworten auf diese Fragen auch lauten mögen, heißen wenigstens Sie Ihr inneres Kind willkommen. Geben Sie ein Fest für es. Sagen Sie ihm all die wunderbaren Sachen, die Sie einem Baby erzählen würden, das in seinem neuen Leben herzlich willkommen ist.

Was hätten Sie gerne von Ihren Eltern gesagt bekommen, als Sie ein Kind waren? Was haben sie nie zu Ihnen gesagt, obwohl Sie es doch so gerne gehört hätten? Sagen Sie genau das jetzt zu dem Kind in Ihnen. Sagen Sie es einen Monat lang jeden Tag zu Ihrem Kind, wenn Sie in den Spiegel schauen. Beobachten Sie, was geschieht.

Wenn Sie alkoholabhängige oder gewalttätige Eltern hatten, können Sie Ihre Eltern in der Meditation als nüchtern und liebevoll visualisieren. Geben Sie Ihrem Kind alles, was es sich wünscht. Es hat das alles wahrscheinlich schon viel zu lange entbehren müssen. Visualisieren Sie, welches Leben Sie mit diesem Kind führen möchten. Wenn das Kind sich geborgen und glücklich fühlt, kann es Ihnen vertrauen. Fragen Sie es: *»Was kann ich tun, damit du mir*

vertraust?« Auch hier gilt wieder, daß einige Antworten Sie verblüffen werden.
Wenn Sie Eltern hatten, die in keiner Weise liebenswert waren, und wenn es Ihnen wirklich schwerfällt, eine positive Beziehung zu ihnen zu finden, nehmen Sie die Fotografie eines Menschen, der so ist, wie ein liebevoller Vater oder eine liebevolle Mutter Ihrer Meinung nach sein sollte. Legen Sie die Fotos dieser liebevollen Eltern um Ihr eigenes Kindheitsfoto. Denken Sie sich neue Bilder aus. Schreiben Sie Ihre Kindheit um, wenn Ihnen das nötig erscheint.

Die Glaubenssätze, die Sie als Kind gelernt haben, tragen Sie immer noch in sich. Wenn Ihre Eltern sehr streng waren und Sie selbst dazu neigen, hart mit sich ins Gericht zu gehen und Mauern um sich zu errichten, dann folgt das Kind in Ihnen wahrscheinlich noch immer den Geboten der Eltern. Wenn Sie sich selbst noch immer jeden kleinen Fehler vorhalten, dann ist Ihr Kind wahrscheinlich schon ängstlich, wenn Sie morgens aufwachen. »Weswegen wird er oder sie mich heute wohl ausschimpfen?«
Was unsere Eltern uns in der Vergangenheit antaten, resultierte aus ihrer mangelnden Bewußtheit. Doch jetzt sind wir die Eltern. Wir sind selbst für unsere Bewußtheit verantwortlich. Wenn Sie sich immer noch weigern, sich um Ihr inneres Kind zu kümmern, dann verharren Sie in selbstgerechter Verbitterung. Das bedeutet stets, daß es noch jemanden gibt, dem Sie vergeben müssen. Was also haben Sie sich noch nicht vergeben? Was sollten Sie loslassen? Nun, was es auch sein mag, lösen Sie sich davon.
Wenn wir heute dem Kind in uns keine Zuwendung schenken, können wir dafür nicht unsere Eltern verantwortlich machen. Sie taten, was sie zum damaligen Zeitpunkt für richtig hielten. Doch wir wissen heute, was wir tun können, damit sich unser inneres Kind geborgen fühlt.

Diejenigen unter Ihnen, die ein Haustier halten, wissen, wie schön es ist, wenn dieses Tier Sie freudig begrüßt, wenn Sie nach Hause kommen. Es ist ihm egal, wie Sie angezogen sind. Es ist ihm egal, wie alt Sie sind, wieviel Falten Sie haben oder wieviel Geld Sie heute verdient haben. Dem Tier ist es nur wichtig, daß Sie da sind. Es liebt Sie bedingungslos. Verhalten Sie sich Ihnen selbst gegenüber ebenso. Seien Sie begeistert, daß Sie leben und daß Sie hier sind. Sie sind der Mensch, mit dem Sie auf ewig zusammenleben werden. Solange Sie das Kind in Ihnen nicht lieben, ist es für andere Menschen sehr schwer, Sie zu lieben. Akzeptieren Sie sich mit offenem Herzen und bedingungslos.

Oft ist es sehr hilfreich, sich eine Meditation auszudenken, die dem inneren Kind Geborgenheit vermittelt. Da ich als Kind von meinem Vater sexuell mißbraucht wurde, erfand ich eine wunderbare Visualisierung für mein kleines Mädchen.

Zunächst einmal ist ihre Großmutter eine Fee, die genau wie Billie Burke im *Wizard of Oz* aussieht, weil ihm das sehr gefällt. Ich weiß, daß es, wenn ich mich nicht um es kümmern kann, bei seiner Feen-Großmutter ist, wo ihm niemals Gefahr droht. Auch wohnt es hoch oben in einem Penthouse, das von einem Diener und zwei großen Hunden bewacht wird, so daß ihm nie mehr jemand etwas antun kann. Wenn ich dem Kind in mir ein Gefühl völliger Geborgenheit geben kann, helfe ich ihm so, sich von den schmerzhaften Erfahrungen zu lösen.

Vor kurzem passierte es mir, daß ich aus der Fassung geriet und zwei Stunden lang weinte. Ich erkannte, daß das Kind in mir sich plötzlich sehr verletzt und schutzlos fühlte. Ich mußte ihm sagen, daß es auf keinen Fall böse oder schlecht ist, sondern daß es nur auf ein Erlebnis reagierte. So rasch es ging, sprach ich also ein paar Affirmationen und meditierte, denn ich wußte, daß es eine unendliche Macht gibt, die mich immer beschützt und liebt. Danach fühlte sich das Mädchen nicht mehr so ängstlich und allein.

Ich bin auch ein großer Freund von Teddybären. Als Sie noch sehr klein waren, war Ihr Teddybär oft Ihr erster richtiger Freund. Er genoß Ihr volles Vertrauen, weil Sie ihm all Ihre Probleme und Geheimnisse anvertrauen konnten und er niemals petzte. Er war immer für Sie da. Holen Sie jetzt Ihren Teddybären aus dem Schrank und gönnen Sie dem Kind in Ihnen wieder einmal seine Gesellschaft.

Es wäre eine tolle Sache, wenn es in jedem Krankenhaus für alle Betten einen Teddybären gäbe. Dann wäre für das innere Kind jedes Patienten ein Teddybär da, den es an sich drücken könnte, wenn es sich nachts allein und ängstlich fühlt.

Die vielen Teile Ihrer Persönlichkeit

Freundschaften sind wunderschön, Ehen sind wunderschön, aber sie sind immer nur etwas Vorübergehendes. Ihre Freundschaft zu *sich selbst* ist jedoch ewig. Sie endet nie. Lieben Sie die Familie in Ihnen – das Kind, den Vater und die Mutter und den Jugendlichen.

Denken Sie daran, daß es auch einen Teenager in Ihnen gibt. Heißen Sie auch ihn willkommen. Arbeiten Sie mit ihm genauso, wie Sie mit dem kleinen Kind arbeiten. Welche Schwierigkeiten machten Sie als Teenager durch? Stellen Sie ihm die gleichen Fragen, die Sie auch dem Kind stellten. Helfen Sie Ihrem Teenager durch die schwierigen Phasen der Pubertät. Versöhnen Sie sich mit dieser Zeit Ihres Lebens. Lernen Sie, den Teenager in Ihnen zu lieben, so wie Sie lernen, das Kind in Ihnen zu lieben.

Wir können einander nicht lieben und annehmen, solange wir dieses allein gelassene Kind in uns nicht lieben und annehmen. Wie alt ist das kleine, allein gelassene Kind in Ihnen? Drei, vier, fünf?

Meistens ist dieses Kind weniger als fünf Jahre alt, denn zu diesem Zeitpunkt zieht sich das Kind in der Regel in sich selbst zurück, weil es glaubt, sonst nicht überleben zu können.
Nehmen Sie Ihr Kind bei der Hand und lieben Sie es. Erschaffen Sie für sich und das Kind ein wunderbares Leben. Sagen Sie sich: *»Ich bin bereit zu lernen, wie ich das Kind in mir lieben kann. Ich bin dazu bereit.«* Das Universum wird darauf reagieren. Sie werden einen Weg finden, Ihr Kind zu heilen. Wenn wir heil werden wollen, müssen wir bereit sein, unsere Gefühle zu spüren und durch sie hindurchzugehen, um Heilung zu erreichen. Denken Sie daran, daß unsere Höhere Kraft stets verfügbar ist, um uns in unseren Bemühungen zu unterstützen.
Wie schön oder wie schrecklich Ihre Kindheit auch gewesen sein mag, heute sind Sie und nur Sie allein verantwortlich für Ihr Leben. Sie können Ihre Zeit damit verbringen, Ihren Eltern oder dem sozialen Umfeld Ihrer Kindheit die Schuld zu geben, doch das führt nur dazu, daß Sie in der Rolle des Opfers steckenbleiben. Das hilft Ihnen niemals dabei, das Gute zu erlangen, das Sie sich wünschen.
Liebe ist der größte Auslöscher, den ich kenne. Liebe löscht sogar die tiefstsitzenden und schmerzhaftesten Erinnerungen aus, denn Liebe geht tiefer als alles andere. Wenn Ihre geistigen Bilder der Vergangenheit sehr stark sind und Sie sich ständig einreden, daß die anderen an allem schuld sind, dann ändert sich nichts. Wünschen Sie sich ein Leben voller Schmerzen oder eines voller Freude? Die Entscheidung und die Macht liegen stets bei Ihnen. Schauen Sie sich in die Augen, und lieben Sie sich und das kleine Kind in Ihnen.

Sechs Affirmationen für ein besseres Leben

Affirmation 1

Liebevoll
umarme ich mein
inneres Kind.

Affirmation 2

Ich entscheide mich jetzt
dafür, mir selbst
ein guter, liebevoller
Freund zu sein.

AFFIRMATION 3

Gutes strömt jetzt
auf bekannten
und auf neuen Wegen
in mein Leben.

AFFIRMATION 4

Ich danke dem Leben
für seine
Großzügigkeit. Ich bin
gesegnet.

AFFIRMATION 5

Ich weiß, daß ich
ein glückliches, erfülltes
Leben verdiene.

AFFIRMATION 6

Ich akzeptiere meine
Einzigartigkeit.

Kapitel 10

Erwachsenwerden und Altern

Schenken Sie Ihren Eltern so viel Verständnis, wie Sie es von ihnen erwarten.

Die Kommunikation mit den Eltern

Meine Teenager-Zeit war die schwierigste überhaupt. Ich hatte so viele Fragen, aber ich wollte nicht auf die hören, die glaubten, im Besitz der Antworten zu sein, besonders nicht auf die Erwachsenen. Ich wollte alles selbst kennenlernen, denn ich traute dem Wissen nicht, das die Erwachsenen an mich weitergaben.

Gegenüber meinen Eltern empfand ich eine besondere Feindseligkeit, weil ich als Kind mißhandelt worden war. Ich begriff nicht, wie mein Stiefvater mich so hatte behandeln können. Und ich verstand nicht, daß meine Mutter einfach ignoriert hatte, was er mir antat. Ich fühlte mich betrogen und mißverstanden, und ich war sicher, daß meine Familie im besonderen und die Welt im allgemeinen gegen mich waren.

In den vielen Jahren, in denen ich jetzt andere Menschen berate, besonders junge Menschen, habe ich herausgefunden, daß viele Menschen gegenüber ihren Eltern ähnliche Gefühle hegen, wie ich sie hatte. Einige Worte, mit denen Teenager häufig ihre Lage beschreiben, lauten: *eingeengt, verurteilt, beobachtet* und *mißverstanden.*

Natürlich wäre es wunderbar, wenn wir alle Eltern hätten, die sich in jeder Situation richtig verhielten; doch in den meisten Fällen ist das nicht möglich. Obgleich unsere Eltern nur normale menschliche Wesen sind wie wir alle, haben wir oft das Gefühl, daß sie sich uns gegenüber unfair und uneinsichtig verhalten und kein Verständnis haben für das, was wir durchmachen.

Ein junger Mann, der sich von mir beraten ließ, hatte ein sehr schwieriges Verhältnis zu seinem Vater. Er glaubte, daß sie nichts gemeinsam hatten, und wenn sein Vater mit ihm sprach, dann nur, um eine negative oder abfällige Bemerkung zu machen. Ich fragte den jungen Mann, ob er wisse, wie sein Großvater seinen Vater behandelt habe, und er gestand ein, es nicht zu wissen. Sein Großvater war schon vor seiner Geburt gestorben.

Ich schlug ihm vor, er solle seinen Vater einmal nach seiner eigenen Kindheit fragen. Zunächst zögerte der junge Mann, weil er stets das Gefühl hatte, lächerlich gemacht und kritisiert zu werden, wenn er sich mit seinem Vater unterhielt. Doch schließlich gab er sich einen Ruck und sprach seinen Vater darauf an.

Als ich ihn das nächste Mal sah, schien der junge Mann sich sichtlich wohler zu fühlen. »Puh!« rief er aus. »Mir war gar nicht klar, was für eine Kindheit mein Vater hatte.« Sein Großvater hatte darauf bestanden, von allen seinen Kindern mit *Sir* angeredet zu werden, und sie hatten nach der alten Regel zu leben, daß man Kinder sah, aber nicht hörte. Wenn sie es wagten, Widerworte zu äußern, wurden sie heftig geprügelt. Kein Wunder, daß sein Vater ihm gegenüber so kritisch eingestellt war.

Wenn wir erwachsen werden, haben viele von uns die gute Absicht, ihre Kinder anders zu behandeln, als sie selbst behandelt wurden. Doch wir lernen von unserer Umgebung, und früher oder später fangen wir an, genau wie unsere Eltern zu reden und uns genau wie sie zu benehmen.

Im Falle dieses jungen Mannes überhäufte sein Vater ihn mit den gleichen negativen Äußerungen, die er selbst von seinem Vater zu hören bekommen hatte. Vermutlich war das ursprünglich gar nicht seine Absicht gewesen; er verhielt sich lediglich so, wie es seiner Erziehung entsprach.

Doch der junge Mann verstand seinen Vater jetzt etwas besser, und ihre Kommunikation verlief freier und offener. Natürlich waren noch einige Anstrengungen auf beiden Seiten nötig, um ihr Verhältnis weiter zu verbessern, aber sie befanden sich nun auf dem richtigen Weg.

Ich bin der festen Überzeugung, daß es für uns alle sehr wichtig ist, mehr über die Kindheit unserer Eltern in Erfahrung zu bringen. Wenn Ihre Eltern noch leben, können Sie sie fragen: *»Wie war es, als du erwachsen wurdest? Wie sah es in deiner Familie mit der Liebe aus? Wie bestraften dich deine Eltern? Welchem Gruppendruck seitens deiner Alterskameraden warst du ausgesetzt? Mochten deine Eltern die Mädchen bzw. Jungen, mit denen du dich verabredetest? Hast du als Jugendlicher selbst Geld verdienen müssen?«*

Indem Sie mehr über Ihre Eltern erfahren, erkennen Sie die Muster, die sie zu dem werden ließen, was sie heute sind; und Sie verstehen, warum sie Sie so behandeln, wie sie es tun. Wenn wir Verständnis für unsere Eltern entwickeln, sehen wir sie in einem neuen, liebevolleren Licht. So gelingt es Ihnen vielleicht, die Tür für eine kommunikativere, liebevollere Beziehung zu öffnen – eine Beziehung, die auf gegenseitigem Respekt und Vertrauen basiert.

Wenn es Ihnen schwerfällt, überhaupt mit Ihren Eltern zu sprechen, üben Sie es erst in Gedanken oder vor dem Spiegel. Stellen Sie sich vor, daß Sie zu ihnen sagen: »Da ist etwas, worüber ich mit euch reden möchte.« Üben Sie das mehrere Tage hintereinander. Es wird Ihnen helfen zu entscheiden, was Sie Ihren Eltern sagen wollen und wie Sie es sagen wollen.

Oder machen Sie eine Meditation, in der Sie mit Ihrem Vater und Ihrer Mutter sprechen und alte Konflikte bereinigen. Vergeben Sie ihnen, und vergeben Sie sich selbst. Sagen Sie ihnen, daß Sie sie lieben. Bereiten Sie sich dann darauf vor, ihnen dasselbe von Angesicht zu Angesicht zu sagen.

Ein junger Mann, der in einer meiner Gruppen mitmachte, erzählte mir, daß er ständig wütend war und anderen nicht vertraute. Sein Ärger war zu einem festen Muster in allen seinen zwischenmenschlichen Beziehungen geworden. Als wir dem Kern des Problems auf den Grund gingen, sagte er mir, daß er große Wut auf seinen Vater hatte, weil der nicht der Mensch war, den sein Sohn gern in ihm gesehen hätte.

Wie schon gesagt: Wenn wir uns auf einem spirituellen Weg befinden, erkennen wir, daß der Versuch, andere Menschen zu ändern, sinnlos ist.

Zuerst müssen wir all die negativen Gefühle loslassen, die wir heimlich gegen unsere Eltern hegen, und dann müssen wir ihnen vergeben, daß sie nicht so sind, wie wir es gerne hätten. Wir wollen immer, daß alle anderen wie wir selbst sind, wie wir selbst denken, sich kleiden wie wir, sich verhalten wie wir. Doch wie Sie wissen, sind wir alle verschieden.

Um selbst den Freiraum zu haben, wir selbst zu sein, müssen wir diesen Freiraum auch anderen Menschen einräumen. Indem wir unsere Eltern zwingen, etwas zu sein, das sie in Wirklichkeit nicht sind, schneiden wir sie von unserer Liebe ab. Wir verurteilen unsere Eltern, so wie sie uns verurteilen. Wenn wir uns unseren Eltern öffnen möchten, müssen wir zunächst unsere vorgefaßten Ansichten über sie aufgeben.

Viele von Ihnen fahren auch als Erwachsene fort, Machtspiele mit Ihren Eltern auszufechten. Eltern ziehen dabei gern alle Register. Wenn Sie also mit diesen Spielen aufhören wollen, sollten Sie einfach nicht mehr mitmachen. Es ist Zeit, daß Sie erwachsen werden und selbst entscheiden, was Sie wollen. Sie können damit anfangen, daß Sie Ihre Eltern beim Vornamen nennen. Wenn Sie sie mit vierzig immer noch Mama und Papa nennen, bleiben Sie damit nur in der Rolle des kleinen Kindes stecken. Spielen Sie nicht mehr die Rolle des Kindes, sondern begegnen Sie Ihren Eltern als erwachsener Mensch.

Auch können Sie sich eine Affirmation zurechtlegen, die in allen Einzelheiten die Beziehung beschreibt, die Sie sich zu Ihren El-

tern wünschen. Sagen Sie diese Worte anfangs nur sich selbst vor. Später können Sie es dann Ihren Eltern von Angesicht zu Angesicht sagen.
Wenn Ihre Mutter oder Ihr Vater immer noch versuchen, Sie zu manipulieren, dann haben Sie ihnen Ihren Standpunkt nicht genügend klargemacht. Sie haben das Recht, Ihr eigenes Leben nach Ihren eigenen Wünschen zu leben. Sie haben das Recht, erwachsen zu sein. Das ist oft nicht leicht, ich weiß. Werden Sie sich darüber klar, was Sie wollen, und sagen Sie es dann Ihren Eltern, ohne sie anzugreifen. Fragen Sie: »Wie können wir das gemeinsam in den Griff bekommen?«
Denken Sie daran: Aus Verständnis erwächst Vergebung, und aus Vergebung erwächst Liebe. Wenn wir den Punkt erreichen, wo wir unseren Eltern vergeben und sie lieben können, sind wir auf dem besten Wege dazu, allgemein reiche und schöne Beziehungen zu unseren Mitmenschen zu entwickeln.

Teenager brauchen Selbstachtung

Ich finde es alarmierend, daß die Selbstmordrate unter unseren Teenagern derartig zunimmt. Wie es scheint, fühlen sich immer mehr junge Menschen überfordert von der Verantwortung, die das Leben mit sich bringt; sie sind eher bereit aufzugeben, als durchzuhalten und sich auf das Abenteuer des Lebens in seiner ganzen Vielfalt einzulassen.
Dies hängt zu einem großen Teil damit zusammen, welche Erwartungen wir, die Erwachsenen, an sie stellen. Wollen wir, daß sie sich im Leben so verhalten, wie wir es an ihrer Stelle täten? Bombardieren wir sie mit Negativität?
Die Phase zwischen dem zehnten und fünfzehnten Lebensjahr kann eine sehr kritische Zeit sein. Kinder dieser Altersgruppe neigen dazu, sich anzupassen, und sie tun alles, um von ihren Altersgenossen akzeptiert zu werden. In ihrem Bedürfnis nach Anerkennung verbergen sie oft ihre wahren Gefühle aus Furcht, nicht

akzeptiert und geliebt zu werden, wenn sie sich so geben, wie sie wirklich sind.

Der Gruppendruck und der soziale Streß, denen ich ausgesetzt war, als ich in diesem Alter war, verblassen neben dem, was heutige Jugendliche erdulden müssen. Und doch verließ ich mit fünfzehn Schule und Elternhaus, um meinen eigenen Weg zu gehen, weil man mich körperlich und seelisch mißhandelt hatte. Bedenken Sie, womit die Kinder heute alles konfrontiert sind: Drogenmißbrauch, Gewalt, durch Geschlechtsverkehr übertragbare Krankheiten, Straßenbanden, Familienprobleme; und auf einer globalen Ebene Atomkrieg, Umweltzerstörung, Kriminalität und so vieles mehr.

Als Eltern können Sie mit Ihren Kindern über die Unterschiede zwischen negativem und positivem Gruppendruck sprechen. Gruppendruck sind wir vom Moment unserer Geburt an ausgesetzt bis zu dem Tag, an dem wir den Planeten verlassen. Wir müssen lernen, damit umzugehen, ohne uns von diesem Druck beherrschen zu lassen.

Ebenso wichtig ist es für uns, zu erkennen und zu verstehen, warum unsere Kinder scheu, boshaft, traurig, schlecht in der Schule, destruktiv und so weiter sind. Kinder werden sehr stark durch die in ihrem Elternhaus vorherrschenden Denk- und Gefühlsmuster beeinflußt. Sie treffen ihre täglichen Entscheidungen auf der Grundlage dieses Glaubenssystems. Wenn die Kinder zu Hause keine Liebe und kein Vertrauen finden, werden sie anderswo Vertrauen und Mitgefühl suchen. Viele Straßenbanden bieten den Kindern ein Gefühl der Geborgenheit. Sie bilden eine Art Familie, wie gestört eine solche Gruppe auch sein mag.

Ich glaube, daß sich eine Menge Schwierigkeiten vermeiden ließen, wenn wir junge Menschen lehren könnten, sich, bevor sie etwas tun, stets eine wichtige Frage zu stellen: *» Werde ich mich dadurch besser fühlen?«* Wir können unseren Teenagern dabei helfen, in jeder Situation alle möglichen Alternativen zu sehen. Wenn sie sich ihrer Wahlmöglichkeiten und ihrer Verantwortung bewußt werden, gewinnen sie dadurch die Macht über ihr Leben

zurück. Das versetzt sie in die Lage, zu handeln und sich nicht länger als Opfer des Systems zu fühlen.
Wenn wir Kinder lehren können, daß sie nie Opfer sind und es ihnen möglich ist, ihre Erfahrungen zu verändern, indem sie die Verantwortung für ihr Leben übernehmen, wird sich vieles zum Besseren verändern.

Es ist lebenswichtig, die Kommunikationskanäle zu unseren Kindern stets offenzuhalten, besonders während ihrer Teenagerzeit. Wenn Kinder anfangen, über ihre Vorlieben und Abneigungen zu reden, bekommen sie meistens nur zu hören: »Sag das nicht. Tu das nicht. Fühle nicht so. Verhalte dich nicht so. Sei nicht so.« Schließlich brechen die Kinder die Kommunikation ganz ab und laufen manchmal sogar von zu Hause fort. Wenn Sie möchten, daß Sie auch im Alter noch einen guten Kontakt zu Ihren Kindern haben, sollten Sie sich beizeiten um eine gute Verständigung mit Ihren Kindern bemühen.
Preisen Sie die Einzigartigkeit Ihres Kindes. Gestatten Sie es Ihrem Teenager, seinen eigenen Stil zu finden, auch wenn es sich dabei in Ihren Augen nur um eine Modetorheit handelt. Machen Sie Ihren Kindern keine Vorwürfe und kritisieren Sie nicht an ihnen herum. Ich habe in meinem Leben, weiß Gott, schon viele Modetorheiten mitgemacht, und das dürfte auch für Sie selbst und Ihre Kinder gelten.

Kinder lernen von unserem Verhalten

Kinder tun niemals das, was sie von uns gesagt bekommen; sie tun das, was wir selbst *tun.* Wir können ihnen nicht sagen: »Rauche nicht« oder »Trinke nicht« oder »Nimm keine Drogen«, wenn wir *selbst* uns nicht dementsprechend verhalten. Wir müssen ihnen als

Vorbilder dienen und selbst das Verhalten zeigen, das wir bei unseren Kindern gerne sehen möchten. Wenn Eltern bereit sind, an ihrer Selbst-Liebe zu arbeiten, entsteht dadurch in ihren Familien eine erstaunliche Harmonie. Kinder reagieren darauf mit einem neuen Gefühl der Selbstachtung und fangen an, sich selbst zu mögen und zu respektieren.

Eine die Selbstachtung fördernde Übung, die Sie mit Ihren Kindern gemeinsam machen können, besteht darin, eine Liste mit einigen Zielen aufzustellen, die Sie gern erreichen möchten. Bitten Sie Ihre Kinder aufzuschreiben, wie sie sich selbst in zehn Jahren, in einem Jahr, in drei Monaten sehen. Welche Art zu leben wünschen sie sich? Welche Freunde hätten sie gern? Bitten Sie sie, ihre Ziele jeweils mit einer kurzen Beschreibung aufzuschreiben und auch zu überlegen, wie sie ihre Träume verwirklichen können. Tun Sie das gleiche.

Sie sollten die Listen aufheben, damit Sie Ihre Ziele nicht vergessen. Nach drei Monaten können Sie die Listen gemeinsam durchgehen. Haben die Ziele sich verändert? Achten Sie darauf, daß Ihre Kinder sich keine Selbstvorwürfe machen, wenn sie nicht alles Gewünschte erreicht haben. Sie können ihre Listen jederzeit abändern. Das Wichtige dabei ist, jungen Menschen eine positive Zukunftsperspektive zu vermitteln!

Trennung und Scheidung

Wenn es zu einer Trennung und/oder Scheidung kommt, ist es wichtig, daß beide Eltern den Kindern helfen. Es ist eine große Belastung für ein Kind, wenn ihm gesagt wird, daß der jeweils andere Elternteil ein schlechter Mensch sei.

Als Mutter oder Vater müssen Sie sich selbst trotz aller Angst und aller Wut, die Sie in einer solchen Situation durchleben, so viel Liebe wie möglich schenken. Das Kind wird Ihre Gefühle spüren. Wenn Sie eine Menge Schmerz und Verwirrung durchmachen, wird es das auf jeden Fall mitbekommen. Erklären Sie Ihren Kin-

dern, daß Ihre seelischen Probleme nichts mit ihnen und ihrem inneren Wert zu tun haben.
Vermeiden Sie, daß in den Kindern die Vorstellung entsteht, was geschehen ist, sei ihre Schuld, denn das glauben Kinder meistens. Lassen Sie sie spüren, daß Sie sie lieben und immer für sie dasein werden.
Machen Sie jeden Morgen Spiegelarbeit mit Ihren Kindern. Wenden Sie Affirmationen an, die Ihnen helfen, die schweren Zeiten leicht und mühelos durchzustehen, damit niemand in Ihrer Familie Schaden nimmt. Lassen Sie Ihre schmerzhaften Erfahrungen liebevoll los, und bejahen Sie Glück für alle Beteiligten.

Es gibt eine wunderbare Gruppe, die sich *Vereinigung zur Förderung von Selbstachtung und persönlicher und sozialer Verantwortung im Staat Kalifornien* nennt. Sie wurde 1987 vom Abgeordneten John Vasconcellos gegründet. Zu den Mitgliedern gehören Jack Canfield und Dr. Emmett Miller. Ich unterstütze das Engagement dieser Vereinigung, die sich bei der Regierung dafür einsetzt, in den Schulen Programme zur Förderung der Selbstachtung der Schüler durchzuführen. Auch in anderen Bundesstaaten wird inzwischen das Erlernen von Selbstachtung in die Lehrpläne aufgenommen.
Ich glaube, daß wir kurz vor großen Veränderungen in unserer Gesellschaft stehen, besonders was die Anerkennung unseres eigenen Selbst-Wertes betrifft. Wenn es vor allem den Lehrern gelingt, ihr eigenes Selbstwertgefühl richtig zu entwickeln, werden sie für unsere Kinder eine enorme Hilfe sein. In den Kindern spiegeln sich die sozialen und ökonomischen Spannungen unserer Gesellschaft wider. Jedes Programm zur Steigerung des Selbstwertgefühls wird Schüler, Eltern, Lehrer und alle gesellschaftlichen Institutionen einbeziehen müssen.

In Würde älter werden

So viele von uns fürchten sich davor, alt zu werden und alt auszusehen. Alt zu werden ist für uns etwas Erschreckendes und Unattraktives. Und doch handelt es sich dabei um einen normalen und natürlichen Lebensvorgang. Wenn wir unser inneres Kind nicht akzeptieren können, uns nicht wohl fühlen mit dem, was wir waren und was wir sind, wie sollen wir dann das nächste Stadium akzeptieren?

Welche Alternative gibt es dazu, alt zu werden? Vorher den Planeten zu verlassen. Als Kultur haben wir etwas entwickelt, was ich Jugendkult nenne. Es ist schön und gut, wenn wir uns in der Jugend lieben, aber warum fällt uns das so schwer, wenn wir älter werden? Schließlich müssen wir alle Phasen des Lebens durchlaufen.

Bei vielen Frauen löst der Gedanke ans Altwerden Besorgnis und Furcht aus. Auch in der Homosexuellenszene spielen jugendliches Aussehen und die Angst vor dem Verlust der Schönheit eine große Rolle. Altwerden kann bedeuten, Falten, graue Haare und schlaffe Haut zu bekommen; ja, und trotzdem möchte ich alt werden. Denn das gehört ganz einfach zu unserem Sein dazu. Wir sind auf diesem Planeten, um alle Lebensabschnitte zu erfahren.

Ich kann verstehen, daß wir nicht alt *und* krank werden möchten. Trennen wir also diese beiden Vorstellungen voneinander. Wir sollten uns nicht ausmalen, daß Krankheit und Alter zusammengehören. Ich persönlich glaube nicht, daß wir krank sterben müssen.

Wenn es Zeit für uns ist zu gehen, wenn unsere Aufgabe in diesem Leben erfüllt ist, dann können wir einfach friedlich einschlafen. Wir müssen vorher nicht todkrank werden. Wir müssen unser Lebensende nicht angeschlossen an irgendwelche Maschinen verbringen. Es ist nicht nötig, daß wir in einem Pflegeheim dahinvegetieren, ehe wir den Planeten verlassen. Es gibt heute viele Möglichkeiten, sich darüber zu informieren, wie man gesund bleibt. Schieben Sie das nicht hinaus, kümmern Sie sich jetzt um

Ihre Gesundheit. Wenn wir älter werden, möchten wir uns wunderbar fühlen, damit wir damit fortfahren können, neue Abenteuer zu erleben.

Vor einiger Zeit las ich etwas, das mich faszinierte. Es war ein Artikel über ein medizinisches Institut in San Francisco. Dort hat man herausgefunden, daß die Art und Weise, wie wir altern, nicht durch unsere Gene bestimmt wird, sondern durch den sogenannten *Alters-Sollwert* – eine biologische Uhr, die in unserem Bewußtsein existiert. Dieser Mechanismus regelt, wann und wie wir zu altern beginnen. Dieser Sollwert, oder Altersuhr, wird zum großen Teil durch einen wichtigen Faktor bestimmt: unsere Einstellung zum Altwerden.

Wenn Sie zum Beispiel glauben, daß Sie mit 35 bereits im mittleren Alter sind, dann löst dieser Glaube biologische Veränderungen in Ihrem Körper aus, die den Alterungsprozeß beschleunigen, sobald Sie die 35 erreichen. Ist das nicht faszinierend? Auf irgendeine Weise entscheiden wir selbst, wann wir alt sind. Wo setzen Sie bei sich diesen *Alters-Sollwert* an? Ich habe das geistige Bild vor Augen, daß ich 96 werde und dann immer noch aktiv bin. Es ist also sehr wichtig, daß ich auf meine Gesundheit achte.

Denken Sie auch immer daran, daß wir stets zurückbekommen, was wir selbst geben. Achten Sie darauf, wie Sie alte Menschen behandeln, denn wenn Sie alt sind, werden Sie ebenso behandelt werden. Wenn Sie eine bestimmte Vorstellung von alten Menschen haben, wird Ihr Unterbewußtsein auf diese Vorstellung reagieren. Unsere Glaubenssätze, unsere Vorstellungen über das Leben und uns selbst werden für uns stets Wirklichkeit.

Wie Sie bereits wissen, glaube ich, daß Sie sich Ihre Eltern vor Ihrer Geburt ausgesucht haben, um durch sie wertvolle Lektionen zu lernen. Ihr Höheres Selbst weiß, welche Erfahrungen für Sie auf Ihrem spirituellen Entwicklungsweg notwendig sind. Was immer Sie also mit Ihren Eltern durchzuarbeiten haben, stellen Sie sich dieser Aufgabe. Was sie auch sagen und tun oder sagten und taten, letztendlich sind Sie hier, um sich selbst zu lieben.

Wenn Sie selbst Kinder haben, sollten Sie ihnen erlauben, sich selbst zu lieben, indem Sie ihnen eine Geborgenheit und Sicherheit schenken, in der sie sich auf positive, harmlose Weise ausdrücken können. Denken Sie auch daran, daß, so wie wir uns unsere Eltern aussuchten, wir ebenso von unseren Kindern ausgesucht wurden. Wir alle haben hierbei also wichtige Lektionen zu lernen.

Eltern, die sich selbst lieben, wird es leichter fallen, ihren Kindern Selbst-Liebe zu lehren. Wenn wir ein gutes Selbstwertgefühl haben, können wir unseren Kindern als Vorbilder in Sachen Selbstachtung dienen. Je mehr wir selbst bestrebt sind, uns zu lieben, desto mehr werden unsere Kinder erkennen, daß ein solches Verhalten okay ist.

Sechs Affirmationen für ein besseres Leben

AFFIRMATION 1

Ich bin im Frieden mit
meiner Welt.
Ich bin im Frieden mit
mir selbst.

AFFIRMATION 2

Ich gestatte es anderen
Menschen, ihren
eigenen Weg zu gehen.

AFFIRMATION 3

Andere zu lieben
ist leicht,
wenn ich mich selbst liebe
und akzeptiere.

AFFIRMATION 4

Ich schlafe immer gut
und wache
ausgeruht auf.

AFFIRMATION 5

Ich achte sorgfältig
darauf, welche
Nahrung ich meinem
Körper zuführe.

AFFIRMATION 6

Ich bin immer
zufrieden mit meinem
Alter.

Kapitel 11

Wie man Wohlstand erreicht

Wenn wir Angst haben, wollen wir alles kontrollieren. Dadurch verhindern wir, daß uns das Gute zufließt. Vertrauen Sie dem Leben. Alles, was wir benötigen, steht uns jederzeit zur Verfügung.

Die Kraft in uns ist bereit, uns unsere schönsten Träume zu erfüllen und uns augenblicklich Fülle zu schenken. Das Problem besteht darin, daß wir nicht offen dafür sind, diese Fülle zu empfangen. Wenn wir uns etwas wünschen, sagt unsere Höhere Kraft nicht: »Ich werde darüber nachdenken.« Sie antwortet bereitwillig und verwirklicht unsere Wünsche, wir müssen nur bereit dafür sein. Wenn nicht, wandert die Gabe zurück ins Lagerhaus der unerfüllten Wünsche.

Bei meinen Vorträgen sitzen viele Menschen mit vor der Brust verschränkten Armen da. Ich frage mich, wie sie in dieser Haltung etwas zu sich heranlassen wollen. Es ist eine wunderbare symbolische Geste, unsere Arme weit auszubreiten, damit das Universum es bemerkt und darauf reagiert. Viele Leute haben Angst davor, sich zu öffnen, weil sie befürchten, daß ihnen dann schlimme Dinge passieren; und das kann durchaus sein, solange sie nicht ihre negativen Glaubenssätze ändern, die Pech und Unheil anziehen.

Wenn wir den Ausdruck *Wohlstand* benutzen, denken viele Leute sofort an Geld. Doch Wohlstand hat auch noch andere Aspekte, beispielsweise: Zeit, Liebe, Erfolg, Wärme, Schönheit, Wissen, Freundschaften und Gesundheit.

Wenn Sie sich ständig gehetzt fühlen, weil Sie nicht genug Zeit für die Dinge haben, die Sie gerne tun möchten, dann mangelt es Ihnen an Zeit. Wenn Sie das Gefühl haben, daß Erfolg für Sie unerreichbar ist, dann werden Sie nie erfolgreich sein. Wenn Sie das

Gefühl haben, daß das Leben eine anstrengende Bürde ist, dann werden Sie sich nie wohl fühlen. Wenn Sie von sich glauben, nicht viel zu wissen und zu dumm zu sein, um zu verstehen, was um Sie herum vorgeht, werden Sie nie das Gefühl haben, mit der Weisheit des Universums in Verbindung zu stehen. Wenn es Ihnen an Liebe mangelt und Ihre Beziehungen zu anderen Menschen unbefriedigend sind, dann werden Sie es schwer haben, in Ihrem Leben Liebe zu erfahren.

Wie ist es mit der Schönheit? Wir sind von Schönheit umgeben. Nehmen Sie die Schönheit dieses Planeten in ihrer ganzen Fülle wahr, oder sehen Sie alles nur als häßlich, sinnlos und schmutzig an? Wie steht es um Ihre Gesundheit? Sind Sie ständig krank? Erkälten Sie sich leicht? Sind Sie oft schmerzgeplagt? Geld kommt erst ganz zuletzt. Viele beklagen sich darüber, daß sie nie genug Geld haben. Wieviel finanziellen Wohlstand gestatten Sie sich? Oder glauben Sie, daß Ihr Einkommen feststeht? Wer hat es festgesetzt?

Nichts von dem oben Genannten hat irgend etwas mit Empfangen zu tun. Die Leute meinen immer: »Oh, ich möchte dies, und ich möchte das.« Doch Fülle und Wohlstand können Sie nur erlangen, wenn Sie auch bereit sind, sie anzunehmen. Wenn Sie *nicht bekommen,* was Sie sich wünschen, bedeutet das, daß Sie auf irgendeiner Ebene die Erfüllung Ihrer Wünsche blockieren. Wenn wir dem Leben gegenüber geizig sind, wird das Leben uns gegenüber geizig sein. Wenn wir das Leben bestehlen, wird es uns bestehlen.

Seien Sie ehrlich mit sich

Das Wort Ehrlichkeit führen wir oft im Munde, ohne immer zu verstehen, was Ehrlichkeit wirklich bedeutet. Es hat nichts mit Moral oder Tugendhaftigkeit zu tun. Ehrlichkeit hat nichts damit zu tun, daß man erwischt wird und im Gefängnis landet. Ehrlichkeit ist ein Ausdruck von Selbst-Liebe.

Ehrlichkeit bedeutet, daß wir vom Leben stets bekommen, was

wir selbst geben. Das Gesetz von Ursache und Wirkung ist auf allen Ebenen wirksam. Wenn wir andere herabsetzen oder verurteilen, dann werden auch wir verurteilt werden. Wenn wir ständig ärgerlich sind, werden wir auf Schritt und Tritt dem Ärger der anderen begegnen. Die Liebe, die wir für uns selbst spüren, stimmt uns auf die Liebe ein, die das Leben für uns bereithält.

Stellen Sie sich beispielsweise vor, in Ihre Wohnung sei eingebrochen worden. Sehen Sie sich dann sofort als Opfer? »Meine Wohnung wurde ausgeraubt! Wer hat mir das angetan?« Es ist ein schlimmes Gefühl, wenn einem etwas Derartiges passiert; doch denken Sie dann auch darüber nach, wie Sie eine solche Erfahrung auf sich gezogen haben?

Die Vorstellung, daß wir selbst die Verantwortung für alle unsere Erfahrungen tragen, können viele von uns nur schwer akzeptieren, jedenfalls nicht zu jeder Zeit. Es ist schließlich viel einfacher, irgend etwas außerhalb von uns selbst die Schuld zu geben. Doch spirituelles Wachstum wird erst möglich, wenn wir erkennen, daß alles aus unserem Inneren kommt. Wenn ich höre, daß jemand ausgeraubt wurde oder auf andere Weise einen Verlust erlitt, frage ich als erstes: »Wem hast du in letzter Zeit etwas gestohlen?« Wenn der Betreffende mich dann seltsam anschaut, weiß ich, daß ich einen wunden Punkt berührt habe. Haben Sie schon einmal jemandem etwas weggenommen und kurz darauf selbst etwas verloren? Wenn Sie eine Verbindung zwischen diesen beiden Erfahrungen herstellen, kann Ihnen das die Augen öffnen.

Wenn wir uns etwas nehmen, das uns nicht gehört, verlieren wir fast immer anschließend etwas, das wertvoller ist. Ob es sich nun um Geld oder einen Gegenstand handelt, oder um einen Menschen. Wenn wir einem anderen Menschen den Partner wegnehmen, kann es sein, daß wir zum Beispiel kurz darauf unseren Arbeitsplatz verlieren. Wenn wir im Büro Briefmarken und Kugelschreiber mitgehen lassen, verpassen wir vielleicht den Zug oder kommen zu spät zu einer Verabredung. Meistens handelt es sich um einen Verlust, der in einem wichtigen Bereich unseres Lebens schmerzlich für uns ist.

Es ist ein schwerer Fehler, daß viele Leute in großen Firmen, Warenhäusern, Restaurants und Hotels stehlen, weil sie glauben, das werde einem so großen Unternehmen schon nicht schaden. Eine solche Rationalisierung funktioniert nicht; das Gesetz von Ursache und Wirkung trifft jeden von uns. Wenn wir anderen etwas wegnehmen, erleiden wir selbst einen Verlust. Wenn wir geben, wird uns gegeben. Anders kann es nicht sein.

Wenn Sie in Ihrem Leben viele Verluste erleiden und viele Dinge schiefgehen, sollten Sie überprüfen, auf welche Weise Sie nehmen. Manche Menschen, denen es nicht im Traum einfiele, anderen etwas Materielles wegzunehmen, stehlen ihren Mitmenschen doch ihre Zeit oder berauben sie ihrer Selbstachtung. Jedesmal wenn wir einen anderen Menschen dazu bringen, sich schuldig zu fühlen, stehlen wir ihm ein Stück Selbstwertgefühl. Auf allen Ebenen wirklich ehrlich zu sein erfordert eine Menge Selbst-Prüfung und Selbst-Bewußtheit.

Wenn wir uns etwas nehmen, das uns nicht gehört, signalisieren wir damit dem Universum, daß wir uns nicht für wert halten, auf ehrliche Weise zu empfangen; wir halten uns nicht für gut genug; wir wollen, daß man uns bestiehlt; wir glauben, daß nicht genug für alle da ist. Wir glauben, daß wir unser Gutes nur mit Hinterlist erlangen können. Solche Glaubenssätze umgeben uns mit dicken Mauern, die uns daran hindern, in unserem Leben Fülle und Freude zu erfahren.

Diese negativen Glaubenssätze besitzen in unserem Dasein aber keine eigentliche Realität. Wir sind großartig und verdienen das Allerbeste. Dieser Planet hat Ihnen überreichliche Fülle zu bieten. Gutes steht uns allen zu, entsprechend unserer Bewußtheit. Unsere Bewußtseinsarbeit besteht stets darin, das, was wir sagen, denken und tun, unablässig zu verbessern. Wenn wir klar erkennen, daß unser Denken unsere Wirklichkeit erzeugt, dann können wir diese Wirklichkeit als Spiegel betrachten, der uns zeigt, was

wir bei uns als nächstes verändern müssen. Wir können uns bewußt dafür entscheiden, aus Liebe zu uns selbst absolut ehrlich zu sein. Ehrlichkeit bewirkt, daß unser Leben leichter und reibungsloser verläuft.
Wenn Ihnen die Kassiererin beim Einkaufen versehentlich zuwenig berechnet und Sie bemerken es, dann ist es Ihre spirituelle Pflicht, sie darauf aufmerksam zu machen. Wenn Sie selbst es nicht bemerken oder es Ihnen erst zu Hause auffällt oder zwei Tage später, ist es etwas anderes.
Wenn Unehrlichkeit in unserem Leben Disharmonie erzeugt, sollten Sie sich einmal vorstellen, was Liebe und Ehrlichkeit bewirken können. Auch das Gute in unserem Leben, all die wunderbaren Überraschungen, die wir erleben, haben wir selbst erzeugt. Wenn wir mit Ehrlichkeit und bedingungsloser Liebe den Blick nach innen richten, werden wir viel über unsere Kraft herausfinden. Wenn wir lernen, unser Leben bewußt zu gestalten, ist das mehr wert als alles Geld, das wir je stehlen könnten.

Ihr Zuhause ist Ihr Heiligtum

In allem spiegelt sich wider, was Sie über sich glauben. Schauen Sie sich Ihr Zuhause an. Ist es ein Ort, an dem Sie sich wirklich gerne aufhalten? Ist es gemütlich und freundlich oder unwirtlich, schmutzig und immer unaufgeräumt? Das gleiche gilt für Ihr Auto – gefällt es Ihnen? Spiegelt es die Liebe wider, die Sie für sich selbst empfinden?
Haben Sie ständig Probleme und Ärger mit Ihrer Kleidung? Auch Ihre Kleidung verrät, wie Sie über sich denken. Doch unsere Gedanken über uns selbst lassen sich verändern.

Wenn Sie sich ein neues Zuhause wünschen, sollten Sie zunächst offen dafür sein, den richtigen Ort zu finden. Bejahen Sie, daß Ihr

neues Heim auf Sie wartet. Als ich in Los Angeles eine neue Wohnung suchte, konnte ich einfach nicht glauben, daß es hier nur häßliche Häuser geben sollte. Ich stellte mir beharrlich vor, daß Los Angeles voll von wunderbaren Apartments ist und ich schon das richtige finden würde.
Ich brauchte sechs Monate, bis ich eines fand, das mir zusagte, und es war großartig. Während ich gesucht hatte, war das Haus neu gebaut worden, und als ich mit meiner Suche fertig war, wartete es auf mich. Wenn Sie nach etwas suchen und es nicht finden, gibt es dafür höchstwahrscheinlich einen Grund.
Wenn Sie Ihr gegenwärtiges Zuhause aufgeben möchten, weil es Ihnen nicht mehr zusagt, danken Sie ihm dafür, daß es da ist. Loben Sie es dafür, daß es Sie vor dem Wetter schützt. Wenn es Ihnen schwerfällt, es zu mögen, beginnen Sie mit einem bestimmten Teil des Hauses, der Ihnen gefällt – vielleicht eine bestimmte Ecke in Ihrem Schlafzimmer. Sagen Sie nicht: »Ich hasse dieses alte Haus«, weil Sie dann kein neues finden werden, das Ihnen gefällt.
Lieben Sie das Heim, in dem Sie jetzt leben, dann sind Sie offen dafür, ein wunderbares neues Haus in Empfang zu nehmen. Wenn Ihr jetziges Haus unordentlich und ungepflegt ist, schaffen Sie Ordnung. Ihr Haus ist ein Spiegelbild Ihrer Persönlichkeit.

Liebevolle Beziehungen

Ich bin eine große Bewunderin von Dr. Bernie Siegel, dem Krebsspezialisten aus Connecticut, der *Prinzip Hoffnung* schrieb. Dr. Siegel hat viel von seinen Krebspatienten gelernt, und ich möchte gerne zitieren, was er über bedingungslose Liebe schreibt:
»Viele Menschen, besonders Krebspatienten, wachsen in dem Glauben auf, daß es im Zentrum ihres Seins irgendeinen schrecklichen Makel gibt. Die Folge davon ist, daß sie meinen, von anderen nur geliebt zu werden, wenn sie diesen Makel verbergen. Sie halten sich für ungeliebt und nicht liebenswert und fürchten, zur Einsamkeit

verdammt zu sein, wenn ihr wahres Selbst entdeckt wird. Solche Individuen wehren sich dagegen, ihre innersten Gefühle mit anderen zu teilen. Da diese Menschen eine tiefe Leere in sich spüren, dienen ihnen alle zwischenmenschlichen Kontakte und alles, was sie tun, dazu, irgendwie diese nur vage verstandene Leere zu füllen. Sie geben Liebe nur unter der Bedingung, daß sie etwas dafür erhalten. Und das führt zu einem immer größeren Gefühl der Leere. So befinden sie sich in einem wahren Teufelskreis.«

Wenn ich bei meinen Vorträgen den Zuhörern Gelegenheit gebe, Fragen zu stellen, kann ich mich stets darauf verlassen, daß man mich vor allem eines fragt: Wie kann ich es erreichen, eine gesunde, dauerhafte Liebesbeziehung zu haben?

Alle zwischenmenschlichen Beziehungen sind wichtig, denn sie reflektieren, wie Sie über sich denken. Wenn Sie sich ständig selbst bestrafen und sich wegen allem, was schiefgeht, Vorwürfe machen, dann werden Sie Menschen anziehen, die Sie in diesem Glaubenssatz bestärken.

Eine Frau erzählte mir, daß sie eine Beziehung zu einem sehr fürsorglichen und liebevollen Mann hatte, doch ständig den Drang verspürte, diese Beziehung auf die Probe zu stellen. Also fragte ich sie: »Warum stellen Sie seine Liebe auf die Probe?« Sie sagte, daß sie das Gefühl hätte, seine Liebe nicht zu verdienen, weil sie sich selbst nicht genügend liebte. Ich schlug ihr vor, sich dreimal täglich mit weit ausgebreiteten Armen hinzustellen und zu sagen: »Ich bin bereit, Liebe in mich hineinzulassen. Ich fühle mich in der Liebe sicher und geborgen.« Dann sollte sie sich in die Augen schauen und sagen: »Ich verdiene es, geliebt zu werden. Ich bin *bereit* für die Liebe, auch wenn ich sie nicht *verdiene.«*

Viel zu oft lehnen Sie Ihr Gutes ab, weil Sie nicht glauben, daß es Ihnen wirklich zusteht. Sie möchten beispielsweise heiraten und eine dauerhafte Ehe führen. Der Mensch, mit dem Sie regelmäßig ausgehen, hat vier der Qualitäten, die Sie sich bei einem Partner wünschen. Dann wissen Sie, daß Sie auf dem richtigen Weg sind. Sie haben jedoch noch etwas größere Erwartungen und wollen noch etwas Neues zu Ihrer Liste hinzufügen. Je nachdem, wie sehr Sie glauben, es zu verdienen, geliebt zu werden, kann es sein, daß Sie ein Dutzend verschiedener Menschen kennenlernen, bis Sie wirklich bekommen, was Sie sich wünschen.

Wenn Sie glauben, daß Ihre Höhere Kraft Sie mit wirklich liebenden Menschen umgibt oder daß jeder Mensch, dem Sie begegnen, nur Gutes in Ihr Leben bringt, dann werden Sie auch dementsprechende Menschen anziehen.

Abhängigkeit von anderen Menschen

Unsere Liebesbeziehungen scheinen für die meisten von uns oberste Priorität zu besitzen. Vielleicht suchen Sie ständig nach Liebe. Die Jagd nach Liebe wird Ihnen nicht zum richtigen Partner verhelfen, weil wir uns über unsere Bedürfnisse im unklaren sind. Wir denken: »Oh, wenn ich erst einmal jemanden habe, der mich liebt, wird es mir viel besser gehen.« Doch so funktioniert das nicht.

Eine Übung, die ich besonders empfehlen möchte, besteht darin aufzuschreiben, was Sie sich von einer Partnerschaft versprechen – zum Beispiel Spaß, Nähe, offene und positive Kommunikation und so weiter. Schauen Sie sich Ihre Liste an. Ist es unmöglich, diese Bedürfnisse zu erfüllen? Welche davon könnten Sie sich selbst erfüllen?

Es besteht ein großer Unterschied zwischen dem *Bedürfnis nach Liebe* und der *Abhängigkeit von der Liebe anderer.* Wenn Sie von der Liebe anderer Menschen *abhängig* sind, bedeutet das ganz einfach, daß es Ihnen an Liebe und Anerkennung von der wichtigsten Person in Ihrem Leben mangelt – von Ihnen selbst. Dann geraten Sie in Beziehungen hinein, in der die Partner voneinander abhängig sind und sich gegenseitig behindern.

Wenn wir für unsere Selbsterfüllung einen anderen Menschen brauchen, sind wir abhängig. Wenn wir uns darauf verlassen, daß ein anderer für uns sorgt, damit wir es nicht selbst zu tun brauchen, sind wir abhängig. Wenn Sie aus einer gestörten Familie kommen, haben Sie wahrscheinlich schon im Elternhaus solche Muster der Abhängigkeit erlernt. Ich glaubte jahrelang, nicht gut genug zu sein, und suchte überall nach Liebe und Anerkennung.

Wenn Sie Ihrem Partner bzw. Ihrer Partnerin ständig sagen, was er oder sie tun soll, dann versuchen Sie wahrscheinlich, Ihre Beziehung zu manipulieren. Wenn Sie dagegen daran arbeiten, Ihre eigenen inneren Muster zu verändern, dann gestatten Sie es den Dingen, sich in die richtige Richtung zu entwickeln.

Nehmen Sie sich einen Augenblick Zeit, und stellen Sie sich vor einen Spiegel. Überlegen Sie, welche Ihrer eigenen negativen Glaubenssätze aus der Kindheit Ihre Liebesbeziehungen beeinträchtigt haben. Erkennen Sie, wie Sie sich noch immer nach denselben Glaubenssätzen richten? Welche positiven Glaubenssätze aus Ihrer Kindheit fallen Ihnen ein? Sind sie in Ihrem Leben genauso wirksam wie die negativen?

Erklären Sie, daß die negativen Glaubenssätze nicht länger von Nutzen sind, und ersetzen Sie sie durch positive Affirmationen. Sie können die neuen Glaubenssätze aufschreiben und sie an einer Stelle plazieren, wo Sie sie täglich sehen. Haben Sie Geduld mit sich. Halten Sie an Ihren neuen Glaubenssätzen so unbeirrt fest wie zuvor an Ihren alten. Ich selbst fiel anfangs auch oft in alte Verhaltensmuster zurück, ehe meine neuen Glaubenssätze sich gefestigt hatten.

Wenn Sie in größerem Maße selbst fähig werden, Ihre Bedürfnisse zu erfüllen, dann sind Sie nicht mehr so abhängig von anderen Menschen. Es beginnt alles mit der Liebe zu sich selbst. Wenn Sie sich wirklich lieben, bleiben Sie zentriert, ruhig und sicher, und Ihre zwischenmenschlichen Beziehungen sind wunderbar, zu Hause und am Arbeitsplatz. Sie werden dann auf die verschiedenen Situationen und Menschen anders reagieren. Dinge, die bislang ungeheuer wichtig waren, werden Ihnen dann nicht mehr ganz so wichtig sein. Andere Menschen werden in Ihr Leben treten und einige bisherige Bekannte aus ihm verschwinden, was zuerst vielleicht ein bißchen beunruhigend ist, doch auch wundervoll, erfrischend und aufregend.

Wenn Sie wissen, was Sie von einer Beziehung erwarten, sollten Sie unter Menschen gehen. Niemand wird plötzlich vor Ihrer Tür stehen. Selbsthilfegruppen sind eine gute Möglichkeit, Menschen kennenzulernen. Sie ermöglichen es Ihnen, mit Gleichgesinnten in Kontakt zu kommen, die ähnliche Interessen haben. Es ist wirklich verblüffend, wie rasch man neue Freunde gewinnen kann. Überall auf der Welt gibt es in den Städten viele Gruppen und Seminare. Finden Sie die für Sie richtige Gruppe heraus. Es hilft, wenn Sie sich mit Menschen zusammentun, die sich auf einem ähnlichen Weg befinden. Ich schlage Ihnen folgende Affirmation vor: *»Ich bin offen und aufnahmebereit für wunderbare, gute Erfahrungen.«* Das ist besser als: »Ich suche jetzt nach einem neuen Liebespartner.« Seien Sie offen und empfangsbereit, dann wird das Universum Ihr höchstes Gutes verwirklichen.

Mit Ihrer Selbst-Liebe wird auch Ihre Selbstachtung wachsen, und die Veränderungen, die Sie als nötig erachten, werden sich leichter realisieren lassen, wenn Sie wissen, daß sie für Sie richtig sind. Die Liebe ist nie außen – sie ist immer in Ihnen. Je mehr Sie lieben, desto liebenswerter werden Sie.

Glaubenssätze zum Thema Geld

Ängste im Zusammenhang mit Geld stammen aus unserer frühkindlichen Programmierung. Eine meiner Seminarteilnehmerinnen erzählte, daß ihr wohlhabender Vater ständig fürchtete, arm zu werden, und daß er diese Furcht, man könnte ihm sein Geld wegnehmen, auf seine Kinder übertrug. So wuchs die Frau in der Angst auf, daß plötzlich nicht mehr für sie gesorgt sein könnte. Die Frau war im Umgang mit Geld unfrei, weil ihr Vater seine

Familie mit Schuldgefühlen manipuliert hatte. Sie besaß ihr ganzes Leben viel Geld, und ihre Lektion bestand darin, sich von der Angst zu befreien, daß sie nicht für sich selbst sorgen könnte.
Viele unserer Eltern wuchsen in der Zeit der Wirtschaftskrise auf, und viele von uns haben von ihnen Glaubenssätze geerbt, wie zum Beispiel: »Wir werden hungern« oder: »Wir finden vielleicht nie Arbeit« oder: »Wir werden unser Haus, unser Auto verlieren.«
Nur sehr wenige Kinder sagen dazu: »Das ist Unsinn.« Kinder akzeptieren solche Äußerungen und sagen: »Ja, das stimmt.«
Listen Sie auf, was Ihre Eltern über Geld glauben. Wenn Sie Ihren Eltern immer noch glauben, fragen Sie sie. Schließlich möchten Sie über die Begrenztheit und Angst Ihrer Eltern hinausgehen, weil Ihr Leben jetzt ein anderes ist. Hören Sie damit auf, sich diese negativen Glaubenssätze ständig vorzusagen. Gestalten Sie die Bilder in Ihrem Kopf neu. Wenn sich Ihnen eine neue Gelegenheit auftut, sollten Sie sich nicht an die Mangelsituation Ihrer Vergangenheit klammern. Proklamieren Sie eine neue Losung für einen neuen Tag. Sie können jetzt sofort bejahen, daß es in Ordnung ist, Geld zu haben und Reichtümer zu besitzen, und daß Sie Ihr Geld weise einsetzen werden.
Es ist für uns auch ganz normal und natürlich, zu manchen Zeiten mehr Geld zu haben als zu anderen. Wenn wir darauf vertrauen, daß unsere innere Kraft stets für uns sorgt, fällt es uns leicht, auch magere Zeiten zu überstehen. Denn dann wissen wir, daß wir in der Zukunft mehr haben werden.
Geld ist nicht die Antwort auf alle Probleme, obgleich viele von uns glauben, alles sei in Ordnung, wenn wir nur genug Geld haben. Aber es kommt wirklich nicht allein aufs Geld an. Manche von uns haben Geld im Überfluß und sind trotzdem nicht glücklich.

Seien Sie dankbar für das, was Sie haben

Ein mir bekannter Herr gestand mir, daß er sich schuldig fühlte, weil er all die Hilfsbereitschaft und Aufmerksamkeit, die ihm seine Freunde geschenkt hatten, als es ihm einmal schlechtging, gar nicht wiedergutmachen konnte. Ich sagte ihm, daß es Zeiten gibt, in denen wir vom Universum beschenkt werden, ohne selbst etwas geben zu können.

In welcher Weise das Universum auch auf Ihre Bedürfnisse reagieren mag, seien Sie dankbar. Es *wird* eine Zeit kommen, wo auch Sie einem anderen Menschen helfen werden. Vielleicht nicht mit Geld, sondern indem Sie ihm Ihre Zeit oder Ihr Mitgefühl schenken. Manchmal erkennen wir nicht, daß diese Dinge wertvoller als Geld sein können.

Ich kann mich an viele Menschen erinnern, die mir in meiner Jugend enorm geholfen haben, ohne daß ich ihnen damals etwas geben konnte. Jetzt, Jahre später, habe ich dafür die Gelegenheit, anderen Menschen zu helfen. Viel zu oft glauben wir, wir müßten uns sofort bei demjenigen revanchieren, der uns etwas schenkt. Wenn uns jemand zum Essen einlädt, erhält er prompt eine Gegeneinladung; oder jemand schenkt uns etwas, und sofort kaufen wir ein Geschenk für ihn.

Lernen Sie, Geschenke mit Dankbarkeit anzunehmen. Lernen Sie, etwas anzunehmen, denn das Universum möchte, daß wir bereit sind zu empfangen, nicht bloß Tauschgeschäfte zu machen. Viele unserer Probleme rühren von unserer Unfähigkeit her, zu empfangen. Wir können geben, aber es fällt uns schwer, Gutes anzunehmen.

Wenn jemand Ihnen etwas schenkt, sollten Sie lächeln und sich bedanken. Wenn Sie zu dem Betreffenden sagen: »Oh, es hat die falsche Farbe oder die falsche Größe«, garantiere ich Ihnen, daß Sie von diesem Menschen nie wieder etwas geschenkt bekommen. Nehmen Sie das Geschenk dankbar an, und wenn es wirklich nicht das richtige für Sie ist, können Sie es an jemanden weiterschenken, der etwas damit anfangen kann.

Wenn wir dankbar sind für das, was wir haben, ziehen wir damit noch mehr Gutes in unser Leben. Wenn wir uns auf Mangel konzentrieren, werden wir Mangel anziehen. Wenn wir Schulden haben, sollten wir uns keine Selbstvorwürfe machen, sondern uns

vergeben. Wir sollten uns darauf konzentrieren, die Schulden abzuzahlen, indem wir entsprechende Affirmationen und Visualisierungen anwenden.
Menschen mit Geldproblemen erweisen wir den besten Dienst, wenn wir ihnen zeigen, wie sie sich Wohlstand auf geistigem Wege erschaffen können, denn dieser Wohlstand ist dauerhaft. Das hilft ihnen auf lange Sicht viel besser, als ihnen etwas Geld zu geben. Damit will ich nicht sagen, daß Sie anderen kein Geld geben sollen, aber Sie sollten Ihr Geld nicht weggeben, weil Sie sich schuldig fühlen. Manche Leute sagen: »Aber man muß anderen Menschen doch helfen.« Sie selbst sind *auch* ein Mensch. Sie sind jemand, und Sie verdienen es, wohlhabend zu sein. Ihr Bewußtsein ist das beste Bankkonto, das Sie besitzen können. Wenn Sie auf diesem Konto wertvolle Gedanken ansammeln, wird Ihnen das reiche Zinsen einbringen.

Den Zehnten zu geben ist ein allgemeingültiges Prinzip

Eine Methode, Geld in Ihr Leben zu ziehen, besteht darin, den Zehnten zu geben. Zehn Prozent seines Einkommens zu spenden ist ein seit langem verbreitetes Prinzip. Ich nenne es gern: *dem Leben zurückgeben*. Wenn wir das tun, scheint das unseren Wohlstand zu fördern. Die Kirchen haben immer schon von den Gläubigen gefordert, ihnen den zehnten Teil des Einkommens zu geben. Das ist für sie eine Möglichkeit, ihren Unterhalt zu bestreiten. Neuerdings gehen die Menschen dazu über, ihren Zehnten dorthin zu geben, wo sie spirituelle Hilfe erhalten. Wer oder was hat Ihnen dabei geholfen, Ihre Lebensqualität zu verbessern? Es wäre vermutlich eine gute Sache, wenn Sie Ihren Zehnten dorthin spenden. Wenn Sie nicht an eine Kirche oder eine Einzelperson spenden möchten, gibt es eine Fülle von gemeinnützigen Organisationen, die Sie mit Ihrer Spende unterstützen können. Finden Sie selbst heraus, welche Organisation die richtige für Sie ist.

Die Leute sagen oft: »Ich werde damit anfangen, meinen Zehnten zu geben, wenn ich mehr Geld habe.« Natürlich tun sie es dann doch nicht. Wenn Sie bereit sind, den Zehnten zu geben, fangen Sie jetzt gleich damit an, und reichliche Segnungen werden Ihnen zufließen. Wenn Sie jedoch nur spenden, *damit Sie selbst mehr bekommen,* haben Sie den Sinn des Ganzen nicht begriffen. Sie müssen hergeben, ohne Bedingungen zu stellen, sonst funktioniert es nicht. Ich habe das Gefühl, daß das Leben es gut mit mir meint, und darum bin ich dem Leben gegenüber freigiebig.

Die ganze Fülle dieser Welt wartet nur darauf, daß Sie sich für sie öffnen. Wenn Sie sich bewußt werden, daß es mehr Geld gibt, als Sie je ausgeben können, und mehr Menschen, als Sie je kennenlernen können, und mehr Freuden, als Sie es sich je ausmalen können, dann haben Sie alles, was Sie brauchen und ersehnen.

Wenn Sie um Ihr Höchstes Gutes bitten, sollten Sie auch darauf vertrauen, daß Ihre innere Kraft es Ihnen zugänglich macht. Seien Sie ehrlich mit sich und anderen. Wenn Sie betrügen, auch nur ein kleines bißchen, wird dieser Betrug auf Sie zurückfallen.

Die Unendliche Intelligenz, die allgegenwärtig ist, sagt ›Ja!‹ zu Ihnen. Wenn etwas in Ihr Leben tritt, stoßen Sie es nicht weg, sondern sagen Sie ›Ja!‹ dazu. Öffnen Sie sich dafür, Gutes zu empfangen. Sagen Sie ›Ja!‹ zu Ihrer Welt. Dann stehen ungeahnte Möglichkeiten und Reichtümer zu Ihrer Verfügung.

Sechs Affirmationen für ein besseres Leben

AFFIRMATION 1

Es gibt genug
für alle,
auch für mich.

AFFIRMATION 2

Das Leben unterstützt
jeden meiner Schritte. Ich
erhalte Nahrung,
Kleidung, Obdach und
Liebe auf Wegen, die
mich mit Freude
und Frieden erfüllen.

AFFIRMATION 3

Für alle meine
Bedürfnisse und Wünsche
ist bestens gesorgt,
noch ehe ich darum bitte.
Alles ist gut in meiner Welt.

AFFIRMATION 4

Ich akzeptiere, daß ich
in finanzieller
Hinsicht stets gut
versorgt bin.

AFFIRMATION 5

Ich akzeptiere
alles Gute, das mir vom
Universum
geschenkt wird.

AFFIRMATION 6

Ich bin immer dankbar
für die ganze
Fülle des Lebens.

Kapitel 12

KREATIVER SELBSTAUSDRUCK

Wenn wir unseren Blick
nach innen richten,
erweitert sich unser Horizont.

Unsere Arbeit ist Ausdruck des Göttlichen

Wenn die Leute mich nach dem Sinn meines Lebens fragen, antworte ich, daß meine Arbeit der Sinn meines Lebens ist. Es ist traurig, daß die meisten Menschen ihre Arbeit hassen oder, schlimmer noch, nicht wissen, welche Arbeit die richtige für sie ist. Wenn Sie sich lieben, sollten Sie herausfinden, wozu Sie hier sind, und sich eine Aufgabe suchen, die Sie wirklich lieben.

Ihre Arbeit ist Ausdruck Ihrer Kreativität. Überwinden Sie das Gefühl, nicht gut genug zu sein oder zuwenig zu wissen. Lassen Sie sich von der kreativen Energie des Universums durchströmen, damit Sie ein erfülltes Leben haben. Es spielt keine Rolle, was Sie tun, solange es Ihnen Befriedigung und Erfüllung schenkt.

Wenn Sie Ihre Arbeit oder Ihre Arbeitsstelle hassen, wird das ewig so weitergehen, wenn Sie nicht Ihre innere Einstellung ändern. Wenn Sie den Arbeitsplatz wechseln, aber Ihre die Arbeit betreffenden Glaubenssätze beibehalten, werden sich die alten Probleme bald wieder einstellen.

Ein Teil des Problems besteht darin, daß die Leute ihre Wünsche in negativer Weise formulieren. Einer Frau fiel es sehr schwer, auf positive Art auszudrücken, was sie wollte. Sie wiederholte ständig: »Ich will nicht, daß mir diese Dinge bei der Arbeit passieren« oder: »Ich will diese negative Energie nicht spüren.« Fällt Ihnen auf, daß sie nicht sagte, was sie statt dessen wollte?

Wir müssen klar und unmißverständlich erklären, was wir uns wünschen!
Manchmal ist das gar nicht so einfach. Es fällt uns viel leichter zu sagen, was wir nicht wollen. Bekräftigen Sie jetzt, was für eine Arbeit Sie wollen: *»Meine Arbeit ist für mich eine tiefe Erfüllung. Ich helfe anderen Menschen. Ich erkenne ihre Bedürfnisse. Ich arbeite mit Menschen, die mich lieben. Ich fühle mich jederzeit geborgen.«* Oder vielleicht: *»Meine Arbeit ermöglicht es mir, meiner Kreativität vollen Ausdruck zu geben. Ich tue Dinge, die ich liebe, und verdiene damit gutes Geld.«* Oder: *»Ich bin bei meiner Arbeit immer glücklich. Mein beruflicher Werdegang ist reich an Freude, Lachen und Wohlstand.«*
Formulieren Sie Ihre Affirmationen immer in der Gegenwart. Was Sie bejahen, bekommen Sie! Wenn nicht, dann gibt es in Ihnen Glaubenssätze, die Sie daran hindern, Ihr Gutes anzunehmen. Stellen Sie eine Liste auf: *Was ich über die Arbeit glaube.* Sie werden erstaunt sein, welche negativen Glaubenssätze dabei zutage treten. Erfolg kann sich erst einstellen, wenn Sie diese Glaubenssätze ändern.
Wenn Sie eine Arbeit tun, die Sie hassen, hindern Sie Ihre innere Kraft daran, sich auszudrücken. Überlegen Sie, welche Qualitäten Ihre gewünschte Arbeit haben soll – wie würde der ideale Job für Sie aussehen? Es ist von entscheidender Bedeutung, daß Sie sich klar darüber werden, was Sie wollen. Ihr Höheres Selbst wird einen Beruf finden, der genau richtig für Sie ist. Wenn Sie noch nicht wissen, welchen, dann vertrauen Sie darauf, daß es Ihnen noch enthüllt wird. Öffnen Sie sich für Ihre innere Weisheit.
Durch die Geistige Wissenschaft lernte ich schon früh, daß meine Arbeit darin besteht, dem Leben Ausdruck zu geben. Immer wenn ich mit einem Problem konfrontiert wurde, wußte ich, daß es eine Gelegenheit war zu wachsen. Die Kraft, die mich erschaffen hatte, hatte mir alles mitgegeben, das ich für die Lösung dieses Problems benötigte. Auch wenn ich zunächst in Panik geriet, gelang es mir doch immer, ruhig zu werden und mich nach innen zu

wenden. Ich dankte stets der Macht der Göttlichen Intelligenz dafür, daß sie durch mich ihre Kraft demonstrierte.
Eine meiner Seminarteilnehmerinnen wollte gerne Schauspielerin werden. Ihre Eltern überredeten sie, Jura zu studieren, und die Menschen in ihrer Umgebung bedrängten sie sehr, Juristin zu werden. Doch sie brach das Studium nach einem Monat ab. Sie entschied sich dafür, Schauspielunterricht zu nehmen, weil sie das immer schon hatte tun wollen.
Bald darauf bekam sie Alpträume, in denen sie sich als völlige Versagerin enden sah, und sie wurde deprimiert und fühlte sich elend. Es fiel ihr schwer, ihre Zweifel loszulassen, und sie befürchtete, den größten Fehler ihres Lebens gemacht zu haben, der sich anscheinend nicht mehr rückgängig machen ließ.
Ich fragte sie: »Wessen Worte sind es, die Sie da hören?« Sie sagte, ihr Vater hätte ihr das mehrfach gesagt.
Viele Menschen erkennen sich in der Geschichte dieser jungen Frau wieder. Sie wollte Schauspielerin werden, und ihre Eltern wollten, daß sie Anwältin wurde. Sie geriet in Verwirrung und wußte nicht, was sie tun sollte. Sie mußte begreifen, daß ihr Vater ihr auf diese Weise sagte: »Ich liebe dich.« Er glaubte, daß sie als Anwältin wirtschaftlich und sozial abgesichert sein würde. Das wünschte er sich für sie. Doch *sie* wünschte sich etwas anderes.
Sie mußte tun, was für sie richtig war, auch wenn es nicht den Erwartungen ihres Vaters entsprach. Ich riet ihr, sich vor den Spiegel zu setzen, sich fest in die Augen zu schauen und zu sagen: *»Ich liebe dich, und ich unterstütze dich dabei, daß du bekommst, was du dir wirklich wünschst. Ich werde dich auf jede erdenkliche Weise unterstützen.«*
Ich sagte ihr, sie solle sich Zeit nehmen, in sich hineinzulauschen. Sie mußte Kontakt zu ihrer inneren Weisheit herstellen und sich klarmachen, daß es nicht darauf ankam, daß die anderen mit ihr zufrieden waren, sondern daß sie selbst zufrieden war. Sie konnte ihren Vater lieben und trotzdem ihren eigenen Weg gehen. Sie hatte das Recht, sich wertvoll und begabt zu fühlen. Und sie konn-

te ihrem Vater sagen: »Ich liebe dich, doch ich möchte keine Anwältin werden – ich möchte Schauspielerin werden.« Eine unserer größten Herausforderungen besteht darin zu tun, was richtig für uns ist, auch wenn dies nicht den Vorstellungen der Menschen entspricht, die uns nahestehen. Wir sind nicht hier, um die Erwartungen anderer Leute zu erfüllen.

Wenn wir unbewußt glauben, keinen Erfolg zu verdienen, fällt es uns schwer zu tun, was wir gerne tun möchten. Wenn andere Leute Ihnen sagen, daß Ihnen etwas nicht zusteht, und Sie sich daraufhin selbst verleugnen, glaubt das Kind in Ihnen, daß es nichts Gutes verdient. Auch hier kommt es letztlich wieder darauf an, sich selbst immer mehr lieben zu lernen.

Wie schon gesagt, notieren Sie alles, was Sie über Arbeit, Erfolg und Mißerfolg glauben. Schauen Sie sich all diese negativen Glaubenssätze an, und erkennen Sie, daß diese Glaubenssätze das freie Fließen Ihrer Energie in diesem Bereich blockieren. Möglicherweise finden Sie heraus, daß viele Ihrer Glaubenssätze besagen, daß Sie es verdienen zu versagen. Ersetzen Sie jede negative Aussage durch eine positive. Erschaffen Sie sich eine bildhafte Vorstellung von der Arbeit, die Sie sich wünschen.

Ihr Einkommen kann sich aus vielen Quellen speisen

Wie viele von uns glauben, hart arbeiten zu müssen, um sich ihren Lebensunterhalt zu verdienen? Besonders in den Vereinigten Staaten gibt es eine Arbeitsethik, die besagt, daß nur der, der hart arbeitet, ein guter Mensch ist, und darüber hinaus, daß Arbeit stets eine mühselige Plackerei ist.

Wenn Sie eine Arbeit tun, die Sie lieben, können Sie sich damit normalerweise auch ein gutes Einkommen erwirtschaften. Wenn Sie ständig sagen: »Ich hasse diesen Job«, führt Sie das nirgendwohin. Was Sie auch tun, tun Sie es mit Liebe und einer positiven Einstellung. Wenn Sie sich in einer unerfreulichen Situation befin-

den, sollten Sie nach innen blicken und herausfinden, welche Lektion Sie daraus lernen sollen.
Eine junge Frau erzählte mir, daß ihre Glaubenssätze es erlaubten, daß ihr aus allen möglichen Quellen unerwartet Geld zufloß. Ihre Freunde kritisierten ihre Fähigkeit, auf diese einzigartige Weise Reichtum anzuziehen, und bestanden darauf, daß sie ihr Geld durch harte Arbeit verdienen solle. So entwickelte sie die Angst, daß sie das Geld, das sie besaß, nicht verdiente, wenn sie nicht hart dafür arbeitete.
Ihr Bewußtsein befand sich ursprünglich auf dem richtigen Weg. Sie mußte sich selbst dankbar sein, statt ängstlich zu werden. Sie verstand es, Fülle zu manifestieren, und ihr Leben funktionierte in diesem Bereich reibungslos. Doch ihre Freunde versuchten, sie herabzuziehen, weil sie alle hart arbeiteten und trotzdem nicht soviel Geld besaßen wie die junge Frau.
Viele Male strecke ich meine Hände anderen Menschen entgegen, und wenn sie sie ergreifen und Neues kennenlernen möchten, ist das wundervoll. Wenn sie jedoch versuchen, mich herunterzuziehen, sage ich ihnen auf Wiedersehen und arbeite lieber mit jemandem, der sich wirklich aus dem Sumpf befreien möchte. Wenn Ihr Leben von Liebe und Freude erfüllt ist, hören Sie nicht hin, wenn Ihnen irgendein elender, einsamer Mensch kluge Ratschläge gibt. Wenn Ihr Leben reich und erfüllt ist, hören Sie nicht hin, wenn jemand, der arm und verschuldet ist, Ihnen sagt, wie Sie Ihr Leben zu führen hätten. Sehr oft sind es die Eltern, die uns sagen, wie wir uns zu verhalten haben. Sie selbst führen ein Leben voller Mühsal und Leiden und wollen uns sagen, wie wir unser Leben zu führen hätten!

Viele Leute machen sich Sorgen über die wirtschaftliche Lage und glauben, daß ihr Einkommen von der jeweiligen Konjunktur abhängt. Doch mit der Konjunktur geht es ständig auf und ab. Es spielt also keine Rolle, was dort draußen geschieht oder welchen Einfluß andere auf die Wirtschaft nehmen. Wir befinden uns nicht in Schwierigkeiten, weil die wirtschaftliche Lage schlecht ist. Ganz gleich, was ›dort draußen‹ in der Welt passiert, es kommt ausschließlich darauf an, was Sie über sich selbst glauben.

Wenn Sie Angst davor haben, obdachlos zu werden, sollten Sie sich fragen: »Warum fühle ich mich in mir selbst nicht zu Hause? Habe ich Angst davor, allein gelassen zu werden? Was muß ich tun, um inneren Frieden zu erfahren?« Alle äußeren Erfahrungen spiegeln innere Glaubensüberzeugungen wider.

Ich habe immer folgende Affirmation benutzt: *»Mein Einkommen wächst ständig.«* Eine andere Affirmation, die mir gut gefällt, lautet: *»Ich überschreite die Einkommensgrenze meiner Eltern.«* Sie haben das Recht, mehr zu verdienen als Ihre Eltern. Das ist beinahe eine Notwendigkeit, denn die Lebenshaltungskosten sind heute höher. Besonders Frauen haben damit oft große Probleme. Es fällt ihnen oft schwer, mehr zu verdienen als ihre Väter. Sie müssen ihren Mangel an Selbstwertgefühl überwinden und wirtschaftlichen Wohlstand, der ihr göttliches Recht ist, akzeptieren.

Ihr Beruf ist nur eine von vielen unerschöpflichen Einkommensquellen. Geld ist nicht etwas, das Sie sich sauer verdienen müssen. Geld kann auf vielen Wegen zu Ihnen kommen. Egal, wie es zu Ihnen kommt, nehmen Sie es freudig als Geschenk des Universums an.

Eine junge Dame beklagte sich darüber, daß ihre Schwiegereltern ihrem Baby viele schöne Sachen kauften, sie selbst es sich jedoch nicht leisten konnte, etwas zu kaufen. Ich erinnerte sie daran, daß das Universum wollte, daß ihr Baby bestens mit allem Guten versorgt ist, und dafür ihre Schwiegereltern als Kanal benutzte. Das ermöglichte es ihr, dankbar zu sein und sich darüber zu freuen, wie gut das Universum für ihr Baby sorgte.

Zwischenmenschliche Beziehungen am Arbeitsplatz

Die Beziehungen, die wir am Arbeitsplatz haben, ähneln denen in der Familie. Sie können heil oder gestört sein.

Eine Frau fragte mich einmal: »Wie kann ich als überwiegend positiv eingestellter Mensch mit Arbeitskollegen zurechtkommen, die ständig negativ sind?«

Zunächst einmal fand ich es interessant, daß sie als angeblich positiver Mensch einen Arbeitsplatz hatte, wo alle anderen negativ eingestellt waren. Ich fragte mich, warum sie diese Negativität anzog. Vielleicht gab es in ihr selbst Negativität, über die sie sich nicht im klaren war. Ich schlug ihr vor, daß sie sich den Glaubenssatz zu eigen machen sollte, stets in einer Umgebung zu arbeiten, die friedlich und freudvoll war, wo die Menschen einander und das Leben im allgemeinen zu schätzen wußten. Wo man sich gegenseitig respektierte. Statt sich darüber zu beklagen, was die anderen alles falsch machten, konnte sie für sich selbst bejahen, daß sie stets in der für sie idealen Umgebung arbeitete.

Indem sie sich diese Philosophie zu eigen machte, konnte sie entweder in ihren Kollegen die besten Eigenschaften zum Vorschein bringen, weil sie dann anders auf sie reagieren würden. Oder aber sie würde bald eine bessere Arbeitsstelle finden, wo die Bedingungen so waren, wie sie es für sich bejahte.

Ein Mann erzählte mir einmal, daß er, als er seine neue Arbeit antrat, alles wunderbar fand und sich immer richtig verhielt, so daß alles reibungslos lief. Er war präzise, direkt und zufrieden. Plötzlich fing er an, Tag für Tag Fehler zu machen. Ich fragte ihn, wovor er Angst hatte. Konnte es sich um eine alte Furcht aus der Kindheit handeln, die jetzt an die Oberfläche kam? Gab es an seinem Arbeitsplatz jemanden, auf den er wütend war oder dem er etwas heimzahlen wollte? Erinnerte dieser Jemand ihn an seinen Vater oder seine Mutter? War ihm so etwas auch schon an anderen Arbeitsstellen passiert? Es schien mir, daß er aufgrund irgendeines alten Glaubenssatzes ein solches Chaos an seinem Arbeitsplatz inszenierte. Er erkannte, daß es sich um ein altes Muster aus seiner Kindheit handelte. Damals war er ständig verspottet worden, wenn er einen Fehler machte. Ich riet ihm, seiner Familie zu vergeben und zu bekräftigen, daß er jetzt wunderbare, harmonische Beziehungen zu seinen Kollegen hatte und von ihnen respektiert und geschätzt wurde.

Wenn Sie an Ihre Kollegen denken, denken Sie nicht: »Sie sind ja so negativ.« Jeder Mensch hat sämtliche Qualitäten in sich, reagieren Sie also bei anderen Menschen stets auf ihre guten Eigenschaften und vertrauen Sie auf ihre Friedfertigkeit. Wenn Sie sich auf diese Eigenschaften konzentrieren, werden sie bei den anderen auch zum Vorschein kommen. Wenn andere ständig negative Dinge sagen, sollten Sie dem keine Beachtung schenken. Sie wollen schließlich *Ihr eigenes* Bewußtsein verändern, nicht das der anderen. Da die anderen lediglich etwas Negatives in Ihrem Bewußtsein widerspiegeln, werden Sie nur noch selten auf negative Menschen treffen, wenn sich Ihr eigenes Bewußtsein wirklich verändert. Auch wenn Sie sich frustriert fühlen, sollten Sie sich daran machen, mittels Affirmationen zu bejahen, was Sie sich an Ihrem Arbeitsplatz wünschen. Akzeptieren Sie es dann mit Freude und Dankbarkeit.

Eine Frau hatte die Chance, an ihrer Arbeitsstelle etwas zu tun, was ihr wirklich gefiel, und an dieser Erfahrung zu wachsen. Doch statt dessen wurde sie immer wieder krank und legte sich selbst Stolpersteine in den Weg. Sie erinnerte sich daran, daß sie als Kind oft krank geworden war, weil sie so Liebe und Zuneigung erhielt. Dieses Muster des ständigen Krankwerdens behielt sie auch als Erwachsene bei.

Sie mußte lernen, Liebe und Zuneigung auf eine positivere Weise zu erhalten. Wenn bei der Arbeit etwas schiefging, benahm sie sich sofort wieder wie ein fünfjähriges Mädchen. Als sie anfing, sich um ihr inneres Kind zu kümmern, lernte sie, sich geborgen zu fühlen und ihre innere Kraft zu akzeptieren.

Konkurrenzdenken und das ständige Vergleichen mit anderen sind große Stolpersteine, die Ihre Kreativität blockieren. Sie sind einzigartig und unterscheiden sich von allen anderen Menschen. Nie zuvor hat es einen Menschen wie Sie gegeben, mit wem wollen Sie sich also vergleichen oder konkurrieren? Wenn Sie sich mit anderen vergleichen, fühlen Sie sich entweder überlegen oder unterlegen, was Ausdruck Ihres Ego und Mangel an Bewußtheit ist. Wenn Sie sich mit anderen vergleichen, um sich selbst ein bißchen besser zu fühlen, sagen Sie damit, daß jemand anderes nicht gut genug ist. Sie glauben, sich selbst aufzuwerten, indem Sie andere herabsetzen. Doch in Wahrheit ziehen Sie so nur die Kritik der anderen auf sich. Wir alle tun das auf die eine oder andere Weise, und es ist gut, wenn wir es schaffen, dieses Verhalten abzulegen. Erleuchtung bedeutet, sich nach innen zu wenden und Ihr inneres Licht erstrahlen zu lassen, damit es alle Dunkelheit in Ihnen auflöst.

Alles verändert sich ständig. Was früher einmal richtig für Sie war, ist es vielleicht längst nicht mehr. Damit Sie Ihr Wachstum nicht blockieren, müssen Sie immer wieder in sich hineinhorchen, was im Hier und Jetzt richtig für Sie ist.

Unser Geschäftsgebaren verändern

Seit einigen Jahren besitze ich meine eigene Firma. Mein Motto war dabei stets, daß wir die Post öffnen, die Anrufe beantworten und die Arbeit tun, die gerade ansteht. Und an Arbeit herrschte wahrlich kein Mangel. Während wir so Tag für Tag arbeiteten, wuchs unsere Firma von einigen wenigen Mitarbeitern auf inzwischen über zwanzig.

Wir gründeten unsere Firma auf spirituellen Prinzipien. Jede Besprechung eröffneten und schlossen wir mit positiven Affirmationen. Wir erkannten, daß viele andere Firmen sich voll dem Konkurrenzdenken verschrieben hatten und ihre Mitbewerber verachteten. Doch eine solche Energie wollten wir nicht ausstrahlen, denn wir wußten, daß sie auf uns selbst zurückfallen würde.

Wir wußten, daß wir, wenn wir dieser Philosophie folgten, keine Geschäfte auf die bisher übliche Weise machen konnten. Wenn Probleme auftauchten, setzten wir Affirmationen ein, um Veränderungen zu bewirken.

Auch hatten wir einen schalldichten *›Schrei-Raum‹*, wo Mitarbeiter Dampf ablassen konnten, ohne daß andere mithörten und sie deswegen verurteilten. In diesem Raum konnte man auch meditieren und sich entspannen, und es gab dort viele Kassetten, die die Leute sich anhören konnten. Wenn es Probleme gab, war das für alle ein Ort der Zuflucht.

Ich weiß noch, daß wir einmal andauernd Probleme mit unserem Computersystem hatten. Jeden Tag gab es irgendeine Panne. Da Maschinen unseren eigenen Bewußtheitszustand reflektieren, wurde mir klar, daß viele von uns negative Energie auf die Computer ausstrahlten und *damit rechneten,* daß diese ständig ausfielen. Ich ließ eine Affirmation in den Computer einprogrammieren: »Guten Morgen, wie geht es dir heute? Ich funktioniere bestens, wenn ich geliebt werde. Ich liebe dich.« Jeden Morgen, wenn die Leute ihre Computer einschalteten, erschien diese Botschaft auf den Schirmen. Erstaunlicherweise hatten wir seither nie wieder Probleme mit unseren Computern.

Manchmal empfinden wir es gleich als ›Katastrophe‹, wenn etwas schiefgeht, besonders bei der Arbeit. Aber wir sollten solche Pannen als das betrachten, was sie wirklich sind – einfach nur Lebenserfahrungen, aus denen wir immer etwas lernen können. Ich habe noch nie eine ›Katastrophe‹ erlebt, die sich nicht zu guter Letzt als wertvolle Lernerfahrung entpuppte und mich im Leben oft gehörig voranbrachte.

Beispielsweise ging es meiner Firma, Hay House, kürzlich nicht besonders gut. Entsprechend der allgemeinen Konjunktur ging es auch mit unserem Verkauf auf und ab. Doch diesmal wollte es gar nicht wieder aufwärtsgehen. Es gelang uns jedoch nicht, uns an diese Situation anzupassen, und Monat für Monat gaben wir mehr aus, als wir einnahmen. Jeder, der schon einmal ein Geschäft hatte, weiß, daß das auf die Dauer nicht gutgeht. Schließlich blieb mir nichts anderes übrig, als ›drastische Maßnahmen‹ zu ergreifen, wollte ich nicht ganz aufgeben.

Zu diesen ›drastischen Maßnahmen‹ gehörte, daß ich über die Hälfte meiner Angestellten entlassen mußte. Sie können sich vorstellen, wie schwierig das für mich war. Ich weiß noch, wie ich in den Konferenzraum ging, wo alle Mitarbeiter versammelt waren, und ihnen die Sache mitteilte. Ich war in Tränen aufgelöst, aber ich wußte, daß es notwendig war. So schwierig es auch für uns alle war, ich vertraute darauf, daß meine geliebten Angestellten schon bald neue und bessere Anstellungen finden würden. Und so kam es tatsächlich! Einige von ihnen haben sogar eigene Unternehmen gegründet und sind sehr erfolgreich. In diesen schweren Zeiten hielt ich beharrlich an meinem Glauben fest, daß diese Erfahrung schließlich doch dem höchsten Guten aller Beteiligten dienen würde.

Natürlich rechneten alle anderen mit dem Schlimmsten. Es kursierten wilde Gerüchte, daß Hay House restlos pleite sei. Nicht nur in meinem Bekanntenkreis, sondern überall im Land! Unsere Verkäufer waren überrascht, daß überhaupt so viele Geschäftsleute unsere Firma *kannten,* geschweige denn über ihre finanzielle Lage Bescheid wußten. Ich muß zugeben, daß es uns großes Vergnügen bereitete, diese düsteren Prognosen zu widerlegen. Indem wir den Gürtel beträchtlich enger schnallten, gelang es uns, eine Pleite zu verhindern. Da wir alle fest entschlossen waren, es zu schaffen, gelang es uns mit der verkleinerten Belegschaft, die Sache sehr gut zu überstehen. Und das wichtigste dabei ist: *Wir haben eine Menge gelernt.*

Inzwischen geht es Hay House besser als je zuvor. Meine Mitarbeiter haben Freude an ihrer Arbeit, und ich habe Freude an meinen Mitarbeitern. Obwohl wir alle härter arbeiten, fühlt sich interessanterweise niemand überfordert. Wir bringen mehr Bücher auf den Markt als je zuvor, und in allen Bereichen unseres Lebens ziehen wir immer mehr Wohlstand zu uns heran.

Ich glaube, daß sich letzten Endes stets alles zum Guten wendet, aber wenn man mitten in einer unerfreulichen Erfahrung steckt, ist es manchmal schwer, sich das klarzumachen. Denken Sie einmal über negative Erfahrungen nach, die Sie in der Vergangenheit gemacht haben. Vielleicht wurden Sie gefeuert, oder Ihr Ehepartner verließ Sie. Betrachten Sie die ganze Sache jetzt einmal von einer höheren Warte her. Resultierten nicht letztlich viele gute Sachen aus dieser Erfahrung? Ich habe schon oft gehört: »Ja, mir ist damals wirklich etwas Schlimmes passiert, aber wäre es nicht geschehen, hätte ich niemals diesen oder jenen Menschen getroffen ... oder mein eigenes Geschäft gegründet ... oder mir eingestanden, daß ich suchtkrank war ... oder gelernt, mich selbst zu lieben.«
Indem wir darauf vertrauen, daß die Göttliche Intelligenz uns das Leben auf die für uns beste Weise erleben läßt, ermöglichen wir es uns, *alles* zu genießen, was das Leben zu bieten hat; das Gute ebenso wie das sogenannte Schlechte. Versuchen Sie, das auf Ihre Arbeit anzuwenden, und achten Sie darauf, welche Veränderungen sich dadurch einstellen.

Diejenigen, die eine Firma besitzen oder leiten, können bewußt als Ausdruck der Göttlichen Intelligenz arbeiten. Es ist wichtig, einen guten Kontakt zu den Mitarbeitern zu haben und ihnen zu ermöglichen, offen auszudrücken, was sie über ihre Arbeit denken. Sorgen Sie dafür, daß die Büros sauber und gepflegt sind. Unordnung in einem Büro deutet auf eine entsprechende geistige Verfassung der Leute hin, die dort arbeiten. Wie sollen in so einer materiellen Unordnung die mentalen oder intellektuellen Aufgaben gut und rechtzeitig erledigt werden? Sie können sich ein Geschäftsmotto wählen, in dem sich die Philosophie Ihres Unternehmens ausdrückt. Unser Motto bei Hay House lautet: »Wir schaffen eine Welt, in der wir einander gefahrlos lieben können.« Wenn Sie in allen geschäftlichen Dingen die Göttliche Intelligenz

wirken lassen, dann entwickeln sich die Dinge wunschgemäß und nach einem göttlichen Plan. Die wunderbarsten Chancen und Möglichkeiten werden Ihnen förmlich in den Schoß fallen.
Es ist offensichtlich, daß es in vielen Bereichen der Wirtschaft Veränderungen gibt. Es wird eine Zeit kommen, in der Unternehmen, die noch die alten Methoden der Konkurrenz und des aggressiven Wettbewerbs anwenden, nicht überleben werden. Eines Tages werden wir alle wissen, daß genug für jeden da ist. Dann werden wir einander segnen und gegenseitig unser Wohlergehen fördern. Firmen können ihre Prioritäten ändern und dafür sorgen, daß die Arbeit ihren Angestellten zu wahrem Selbstausdruck verhilft und daß ihre Produkte und Dienstleistungen dem Wohl des ganzen Planeten dienen.
Die Menschen erwarten mehr von ihrer Arbeit als bloß die monatliche Gehaltsabrechnung. Sie möchten etwas für die Welt tun und eine Aufgabe haben, die sie ausfüllt. In Zukunft wird die Fähigkeit, auf globaler Ebene Gutes zu tun, einen höheren Stellenwert haben als der Materialismus.

Sechs Affirmationen für ein besseres Leben

AFFIRMATION 1

Ich feiere das Besondere
an mir.

AFFIRMATION 2

Voller Begeisterung
mache ich Gebrauch von
meinen Talenten
und bin in Harmonie mit
allem Lebendigen.

AFFIRMATION 3

Ich arbeite
in einem Beruf, der
mir wirklich
Freude macht.

AFFIRMATION 4

Ich bin ein entscheidungs-
freudiger Mensch.
Ich verfolge meine Ziele
beharrlich. Meine
Liebe verleiht mir Kraft
und Ausdauer.

AFFIRMATION 5

Jede meiner
Entscheidungen dient
meinem Wohl
und dem Wohl aller
Beteiligten.

AFFIRMATION 6

Ich feiere meine
Einzigartigkeit und weiß,
daß ich geliebt werdc.

Kapitel 13

DIE GESAMTHEIT ALLER MÖGLICHKEITEN

Jeder einzelne von uns ist mit dem Universum und dem Leben insgesamt verbunden. Wir besitzen die innere Kraft, den Horizont unseres Bewußtseins zu erweitern.

Jetzt möchte ich Ihren Blick noch mehr weiten. Wenn Sie bereits seit einiger Zeit an sich selbst arbeiten, bedeutet das, daß Sie bereits fast am Ziel sind? Werden Sie es sich nun bequem machen und auf Ihren Lorbeeren ausruhen? Oder ist Ihnen bewußt, daß diese innere Arbeit eine lebenslange Aufgabe ist, die kein Ende nimmt, wenn Sie einmal damit angefangen haben? Vielleicht fragen Sie sich, auf welchen Gebieten Sie noch arbeiten müssen und welche Bedürfnisse noch nicht befriedigt sind. Sind Sie gesund? Sind Sie glücklich? Sind Sie wohlhabend? Geben Sie Ihrer Kreativität genügend Ausdruck? Fühlen Sie sich geborgen? Fühlen Sie sich sicher?

In der Vergangenheit erlernte Beschränkungen

Es gibt einen Ausdruck, den ich gerne benutze – *die Gesamtheit der Möglichkeiten.* Er stammt von einem meiner ersten Lehrer – Eric Pace. Dieser Ausdruck beflügelte meinen Geist stets, über das hinauszugehen, was mein Verstand für möglich hielt; jene einengenden Glaubenssätze zu überschreiten, mit denen ich aufgewachsen war. Als Kind verstand ich nicht, daß die kritischen Bemerkungen der Erwachsenen nur das Ergebnis eines schlechten

Tages oder irgendeiner kleinen Enttäuschung waren und nichts mit der Wahrheit zu tun hatten. Ich akzeptierte diese Meinungen über mich bereitwillig, und so wurden sie Teil meiner Selbstbeschränkung. Ich wirkte vielleicht überhaupt nicht unbeholfen, dumm oder albern, aber ich fühlte mich eindeutig so.

Die meisten von uns erzeugen ihre Vorstellungen über das Leben bereits im Alter von fünf Jahren. Als Teenager fügen wir noch ein wenig hinzu und noch ein kleines bißchen, wenn wir älter sind, aber nur sehr wenig. Wenn ich die Leute danach frage, warum sie bestimmte Vorstellungen haben, stellt sich, wenn sie die Sache zurückverfolgen, meistens heraus, daß sie diese Vorstellungen schon als Kinder entwickelt haben.

Wir leben also mit der begrenzten Bewußtheit von Fünfjährigen. Diese Bewußtheit übernahmen wir von unseren Eltern, also leben wir immer noch in dem begrenzten Bewußtheitszustand unserer Eltern. Selbst die wunderbarsten Eltern der Welt waren nicht allwissend und hatten ihre Grenzen. Wir sagen, was sie sagten, und tun, was sie taten: »Das tut man nicht« oder: »Das funktioniert nicht.« Doch wir brauchen keine Grenzen, so wichtig sie uns auch erscheinen mögen.

Einige unserer Glaubenssätze sind vielleicht positiv und aufbauend. Diese Gedanken haben uns unser ganzes Leben gute Dienste geleistet, zum Beispiel: »Schau nach links und nach rechts, ehe du über die Straße gehst« oder: »Frisches Obst und Gemüse sind gut für deinen Körper.« Andere Gedanken sind vielleicht in der Kindheit nützlich, jedoch, wenn wir älter werden, nicht länger angemessen. »Traue fremden Leuten nicht« kann zum Beispiel für ein kleines Kind ein guter Rat sein. Wenn man diesen Glaubenssatz jedoch als Erwachsener beibehält, erzeugt man damit Isolation und Einsamkeit. Das Erfreuliche dabei ist, daß wir jederzeit Änderungen an unseren Glaubenssätzen vornehmen können.

In dem Moment, wenn wir sagen: »Ich kann nicht« oder: »Es funktioniert nicht« oder: »Es ist nicht genug Geld da« oder: »Was werden die Nachbarn dazu sagen?«, begrenzen wir uns selbst. Die zuletzt genannte Redewendung ist ein großes Hindernis für uns. »Was werden meine Nachbarn oder meine Freunde oder meine Kollegen oder wer auch immer dazu sagen?« Das ist eine gute Entschuldigung – wir brauchen dann etwas nicht zu tun, weil *sie* es auch nicht tun würden oder weil *sie* es nicht billigen würden. Doch so, wie die Gesellschaft sich ständig verändert, verändern sich auch unsere Nachbarn, es hat also keinen Sinn, an dieser Vorstellung festzuhalten.

Wenn jemand zu Ihnen sagt: »So hat das noch niemand gemacht«, antworten Sie ihm: »Na und?« Es gibt Hunderte von Möglichkeiten, eine Sache zu tun, machen Sie es also so, wie es für Sie richtig ist. Wir suggerieren uns auch andere absurde Ideen ein, zum Beispiel: »Ich bin nicht stark genug« oder: »Ich bin nicht jung genug« oder: »Ich bin nicht alt genug« oder: »Ich bin nicht groß genug« oder: »So etwas tut eine Frau bzw. ein Mann nicht.«

Wie oft haben Sie den letzten Satz schon gebraucht? »Weil ich eine Frau bin, kann ich dies nicht« oder: »Weil ich ein Mann bin, kann ich das nicht.« Ihre Seele ist geschlechtslos. Ich glaube, daß Sie sich Ihr Geschlecht vor der Geburt ausgesucht haben, um eine spirituelle Lektion zu lernen. Sich wegen seines Geschlechts unterlegen zu fühlen ist nicht nur eine schlechte Ausrede, sondern auch nur wieder ein Weg, Ihre eigene Macht zu leugnen.

Unsere selbst auferlegten Begrenzungen hindern uns oft daran, die Gesamtheit aller Möglichkeiten auszudrücken und zu erfahren. »Dazu fehlt mir die entsprechende Schulbildung.« Wie viele von uns haben sich schon von dieser Vorstellung bremsen lassen? Wir müssen erkennen, daß Ausbildungsnormen etwas sind, was von einer Gruppe von Menschen willkürlich festgelegt wurde, die sagen: »Du darfst etwas nur dann tun, wenn du es so machst, wie wir wollen.« Wir können diese Begrenzung akzeptieren oder sie überwinden. Ich akzeptierte sie viele, viele Jahre, weil ich keinen High-School-Abschluß hatte. Ich sagte ständig: »Oh, ich habe ja keine richtige Ausbildung. Ich kann nicht denken. Ich bekomme keinen guten Job. Ich kann nichts richtig machen.«

Dann erkannte ich eines Tages, daß diese Begrenzung nur in meinem Kopf existierte und nichts mit der Wirklichkeit zu tun hatte. Als ich diese einengenden Glaubenssätze aufgab, ermöglichte ich mir damit, die Gesamtheit aller Möglichkeiten zu erfahren, und ich entdeckte, daß ich selbständig denken konnte. Ich merkte, daß ich sehr intelligent war und mich gut ausdrücken konnte. Ich entdeckte eine Vielfalt von Chancen, die ich früher nicht im Traum für möglich gehalten hätte.

Wie wir unser inneres Potential begrenzen

Dann gibt es unter Ihnen Leute, die meinen, alles zu wissen. Das Problem, wenn man alles weiß, ist, daß man dann nicht mehr offen für Neues ist. Akzeptieren Sie, daß es eine Macht und Intelligenz gibt, die größer ist als Sie, oder glauben Sie, daß Sie selbst ›alles‹ sind – Sie in Ihrem physischen Körper? Wenn Sie glauben, daß Sie ganz auf sich gestellt sind, wird Ihnen Ihr begrenztes Bewußtsein angst machen. Wenn Sie jedoch erkennen, daß es eine Macht in diesem Universum gibt, die viel größer und weiser ist als Sie, können Sie jenen Freiraum betreten, in dem die Gesamtheit aller Möglichkeiten auf Sie wartet.
Wie oft erlauben Sie sich, es sich in der Begrenztheit Ihres gegenwärtigen Bewußtseins bequem zu machen? Immer wenn Sie sagen: »Ich kann nicht«, stellen Sie sich ein Stoppschild in den Weg. Sie versperren die Tür zu Ihrer inneren Weisheit und blockieren den Fluß Ihrer spirituellen Energie. Sind Sie bereit, über das hinauszugehen, was Sie heute glauben? Sie sind heute morgen mit bestimmten Gedanken und Ideen aufgewacht. Sie besitzen die Fähigkeit, über einige dieser Ideen hinauszugehen, um eine weit größere Realität zu erfahren. Das nennt man Lernen – Sie nehmen etwas Neues in sich auf. Vielleicht paßt es zu dem, was bereits da ist, oder aber es ist noch viel besser.
Geht es Ihnen auch so, daß Sie gelegentlich den Kleiderschrank ausmisten und sich von allerlei alten Sachen trennen, die Sie nicht länger brauchen? Sie legen die Sachen, die Sie verschenken möch-

ten, auf einen Haufen und werfen das weg, was nicht mehr brauchbar ist. Dann räumen Sie alles wieder ein, und zwar ganz anders als vorher. So finden Sie sich leichter zurecht, wenn Sie etwas suchen, und schaffen Platz für neue Kleider. Bevor Sie Ordnung geschaffen hatten, mußten Sie ein neues Kleid zwischen den alten Plunder stopfen. Nachdem der Kleiderschrank ausgemistet und neu eingeräumt ist, haben Sie wieder genug Platz für Neues.
Genauso müssen wir es auch mit unserem Bewußtsein halten. Wir müssen uns von Bewußtseinsinhalten trennen, die uns nicht länger dienlich sind, damit Raum für neue Möglichkeiten entsteht. Wo Gott ist, sind alle Dinge möglich, und Gott ist in jedem von uns. Wenn wir uns an unsere alten Vorstellungen klammern, sind wir blockiert. Wenn jemand krank ist, sagen Sie dann: »Oh, der Ärmste, wie er leidet!« Oder sehen Sie in diesem Menschen die absolute Wahrheit des Seins und bejahen Sie für ihn die Gesundheit Gottes, die in ihm ist? Sehen Sie die Gesamtheit aller Möglichkeiten und vertrauen darauf, daß Wunder möglich sind?
Ich traf einmal einen Mann, der mir nachdrücklich versicherte, einem erwachsenen Menschen sei es völlig unmöglich, sich zu ändern. Er lebte in der Wüste, litt unter allen möglichen Krankheiten und wollte sein Anwesen verkaufen. Er weigerte sich, sein Denken zu ändern, und deshalb war er ziemlich starrsinnig, als es zur Verhandlung mit einem Kaufinteressenten kam. Alles mußte nach seinem Willen gehen. Es war offensichtlich, daß es sehr schwierig für ihn werden würde, einen Käufer zu finden, weil er ja glaubte, unabänderlich an seinen Ansichten festhalten zu müssen. Dabei hätte er lediglich sein Bewußtsein für eine neue Art des Denkens öffnen müssen.

Wie wir unseren Horizont erweitern

Wie hindern wir uns selbst daran, diese Gesamtheit aller Möglichkeiten zu erfahren? Was begrenzt uns noch? Alle Ängste sind Begrenzungen. Wenn Sie ängstlich sind und sagen: »Das kann ich nicht; es wird nicht klappen«, was wird geschehen? Es werden sich Erfahrungen einstellen, die Ihre Ängste bestätigen. Urteile sind Begrenzungen. Niemand von uns wird gern verurteilt, und doch urteilen wir selbst allzuoft. Durch unsere Beurteilungen rufen wir Begrenzungen herbei. Jedesmal wenn Sie sich oder andere verurteilen oder kritisieren, sollten Sie daran denken, daß stets das zu Ihnen zurückkommt, was Sie selbst geben. Hören Sie also auf, Ihre Möglichkeiten zu begrenzen, und bewirken Sie durch eine Veränderung Ihres Denkens Wunder in Ihrem Leben.

Es ist ein Unterschied, ob Sie andere verurteilen oder Ihre eigene Meinung vertreten. Viele von Ihnen werden immer wieder nach Ihrem Urteil über etwas gefragt. Doch in Wirklichkeit äußern Sie dann lediglich Ihre Meinung. Eine Meinung beschreibt, was Sie bei einer bestimmten Sache empfinden, beispielsweise: »Ich ziehe es vor, das nicht zu tun. Ich trage lieber Rot als Blau.« Ein Urteil fällen Sie erst, wenn Sie sagen, daß jemand im Unrecht ist, der gern Blau trägt. Wir müssen zwischen diesen beiden Verhaltensweisen unterscheiden. Kritik bedeutet immer, daß Sie Ihr eigenes Verhalten oder das eines anderen als falsch hinstellen. Wenn Sie jemand nach Ihrer Meinung fragt oder danach, was Sie bevorzugen, sollte Ihre Antwort keine Kritik oder Verurteilung enthalten.

Auch wenn Sie sich in Schuldgefühlen ergehen, begrenzen Sie sich damit selbst. Wenn Sie jemand verletzt haben, sagen Sie dem Betreffenden, daß es Ihnen leid tut, und verletzen Sie ihn nicht wieder. Laufen Sie nicht herum und fühlen sich schuldig, da Sie damit nur verhindern, daß Ihr eigenes Gutes zu Ihnen kommen kann, und Sie damit Ihr wahres Sein verleugnen.

Wenn Sie nicht bereit sind zu vergeben, behindern Sie damit Ihr Wachstum. Vergebung erlaubt es Ihnen, einen Fehler in Ihrem spirituellen Selbst zu bereinigen, Verständnis anstatt Verbitterung zu fühlen und Mitgefühl anstelle von Haß.

Betrachten Sie Ihre Probleme als Chancen für persönliches Wachstum. Wenn Sie Probleme haben, sehen Sie dann nur die Beschränkungen Ihres begrenzten Denkens? Denken Sie: »Oh, ich armer Tropf, warum passiert so etwas ausgerechnet mir?« Es ist nicht nötig, immer zu wissen, wie sich ein Problem lösen läßt. Sie müssen der Macht und Allgegenwart in Ihnen vertrauen, die viel größer ist als Sie. Sie müssen bejahen, daß alles gut ist, daß alles, was geschieht, Ihrem höchsten Guten dient. Wenn Sie sich für Ihre Möglichkeiten öffnen, sind immer Veränderungen möglich, wenn Probleme auftauchen. Solche Veränderungen können auf verschiedenste Art geschehen, manchmal auf Wegen, die Sie sich nie hätten träumen lassen.

Wir alle waren schon in Situationen, wo wir sagten: »Ich weiß nicht mehr ein noch aus.« Wir hatten keine Idee mehr, wie es weitergehen sollte, und doch sind wir alle noch hier und haben die Schwierigkeiten irgendwie durchgestanden. Vielleicht wissen wir nicht, wie wir es schafften, aber es gelang. Je mehr wir uns mit der kosmischen Energie, der Einen Intelligenz, der Wahrheit und Macht in uns verbünden, desto rascher lassen sich all diese wunderbaren Möglichkeiten realisieren.

Gruppenbewußtsein

Es ist von entscheidender Bedeutung, daß wir unser begrenztes Denken hinter uns lassen und zu einer kosmischeren Sicht des Lebens erwachen. Die Entwicklung höheren Bewußtseins auf diesem Planeten vollzieht sich schneller als je zuvor. Gestern sah ich zufällig eine Grafik, die mich faszinierte. Sie zeigte, wie verschiedene Systeme in unserer Geschichte wuchsen und sich veränderten. Die landwirtschaftliche Entwicklung wurde vom industriellen Wachstum überschattet, und dann, um 1950, begann das Informationszeitalter, als moderne Kommunikationstechnik und Computer sich immer mehr verbreiteten.

Parallel zu diesem Informationszeitalter existiert eine Kurve der Bewußtseinsentwicklung, die weitaus steiler nach oben schnellt. Können Sie sich vorstellen, was das bedeutet? Ich bin viel auf Reisen, und wohin ich auch komme, sehe ich, daß die Menschen studieren und lernen. Ich war in Australien, Jerusalem, London, Paris und Amsterdam, und überall begegnen mir große Gruppen von Leuten, die nach Wegen der Bewußtseinserweiterung und Erleuchtung suchen. Sie sind von der Funktionsweise ihres Bewußtseins fasziniert, und sie machen von ihrer Weisheit Gebrauch, um Kontrolle über ihr Leben und ihre Erfahrungen zu gewinnen.

Wir sind dabei, neue Stufen der Spiritualität zu erreichen. Obwohl noch immer Religionskriege stattfinden, hat ihre Zahl doch deutlich abgenommen. Wir beginnen auf höheren Bewußtseinsebenen miteinander in Kontakt zu treten. Der Einsturz der Berliner Mauer und die Geburt der Freiheit in Europa sind Beispiele für unsere wachsende Bewußtheit, denn Freiheit ist unser natürliches Geburtsrecht. So wie das Bewußtsein des einzelnen Menschen erwacht, verändert sich auch das Gruppenbewußtsein.

Jedesmal wenn Sie Ihr Bewußtsein auf eine positive Weise benutzen, treten Sie mit anderen Menschen in Verbindung, die dasselbe tun. Jedesmal wenn Sie es auf negative Weise benutzen, verbinden Sie sich mit dem negativen Denken anderer Menschen. Wenn Sie meditieren, treten Sie in Kontakt mit anderen, die auf diesem Planeten ebenfalls meditieren. Wenn Sie Gutes für sich visualisieren, tun Sie das gleichzeitig auch für andere. Wenn Sie die Heilung Ihres Körpers visualisieren, verbünden Sie sich mit andern, die sich gleichfalls heilenden Gedanken widmen.

Unsere Ziele bestehen darin, unser Denken auszudehnen und von dem, was war, weiterzuschreiten zu dem, was sein wird. Unser Bewußtsein kann in dieser Welt Wunder wirken.

Die Gesamtheit aller Möglichkeiten verbindet alles, in diesem Universum und jenseits davon. Womit verbinden Sie sich? Vorurteile sind eine Form von Angst. Wenn Sie voreingenommen sind, verbinden Sie sich mit anderen Menschen, die ebenfalls Vorurteile haben. Wenn Sie Ihr Bewußtsein öffnen und bedingungslose Liebe leben, so gut Sie es vermögen, dann verbinden Sie sich mit jener Kurve auf der Grafik, die steil nach oben steigt. Wollen Sie den Anschluß verlieren? Oder wollen Sie sich mit dieser Kurve emporschwingen?

In dieser Welt gibt es häufig Krisen. Wie viele Menschen senden positive Energie in die Krisenregionen und affirmieren, daß rasch eine Lösung gefunden wird, die dem Wohle aller Betroffenen dient? Sie sollten Ihr Bewußtsein auf eine Weise einsetzen, die Harmonie und Fülle für alle Menschen erzeugt. Welche Energie strahlen Sie aus? Statt zu jammern und sich und andere zu verurteilen, können Sie sich auf spiritueller Ebene mit der Höchsten Kraft verbinden und affirmieren, daß sich stets die denkbar besten Resultate einstellen.

Wie weit sind Sie bereit, den Horizont Ihres Denkens zu erweitern? Sind Sie bereit, weiter zu gehen als Ihre Nachbarn? Wenn Ihre Nachbarn engstirnig sind, suchen Sie sich eben neue Freunde. Wie weit werden Sie sich hinauswagen? In welchem Umfang sind Sie bereit, aus *›ich kann nicht‹* ein *›ich kann‹* zu machen?

Jedesmal wenn Sie jemanden sagen hören, etwas sei unheilbar, sollten Sie sich bewußt sein, daß das nicht stimmt. Es gibt eine Macht, die größer ist als alles andere. ›Unheilbar‹ heißt für mich, daß die Medizin noch nicht herausgefunden hat, wie sich die betreffende Krankheit heilen läßt. Es heißt nicht, daß Heilung unmöglich wäre. Wir müssen uns nach innen wenden, um einen Weg der Heilung zu finden. Wir sind nicht an irgendwelche Statistiken gebunden. Wir sind nicht auf abstrakte Berechnungen reduzierbar, die lediglich Ausdruck begrenzten Denkens sind. Wenn wir unsere Möglichkeiten leugnen, berauben wir uns der Hoffnung.

Auf der Nationalen Aids-Konferenz sagte Dr. Donald M. Pachuta: »Es gab noch nie – *zu keiner Zeit* – eine Epidemie, die 100 Prozent tödlich war.«

Es sind auf diesem Planeten schon Menschen von jeder Krankheit geheilt worden, die wir zu erschaffen imstande waren. Wenn wir stets nur das Schlimmste annehmen, kommen wir nicht weiter.

Wir müssen eine positive Haltung gewinnen, sonst finden wir keine Antworten. Wir müssen unsere innere Kraft einsetzen, um uns selbst zu heilen.

Unsere anderen Kräfte

Wie es heißt, nutzen wir nur zehn Prozent unseres Gehirns – nur zehn Prozent! Wozu dienen die anderen neunzig Prozent? Ich glaube, daß mediale Begabung, Telepathie, Hellsehen und Hellhören völlig normale und natürliche Fähigkeiten sind. Wir gestatten es uns nur nicht, diese Phänomene zu erleben. Wir haben hundert Gründe, warum wir es nicht können oder für unmöglich halten. Kleine Kinder sind oft medial hoch begabt. Unglücklicherweise sagen die Eltern dann sofort: »Red keinen Unsinn« oder: »Das bildest du dir bloß ein.« Das führt zwangsläufig dazu, daß das Kind diese Fähigkeiten schließlich unterdrückt.

Unser Bewußtsein ist zu bemerkenswerten Leistungen fähig. Ich weiß, daß ich ohne Flugzeug von New York nach Los Angeles reisen könnte, wenn ich wüßte, wie man sich dematerialisiert und an einem anderen Ort rematerialisiert. Noch weiß ich es nicht, aber ich bin sicher, daß es machbar ist.

Ich glaube, wir sind zu unglaublichen Dingen fähig, doch dieses Wissen ist uns bislang nicht zugänglich, weil wir es nicht weise gebrauchen würden. Möglicherweise würden wir anderen mit diesem Wissen Schaden zufügen. Wir müssen erst einen Punkt erreichen, wo wir wirklich bedingungslose Liebe leben, ehe wir die anderen neunzig Prozent unseres Gehirns nutzen können.

Feuerlaufen

Wie viele von Ihnen haben schon vom Feuerlaufen gehört? Jedesmal wenn ich bei einem Seminar diese Frage stelle, melden sich wenigstens ein paar Leute. Wir alle wissen, daß es völlig unmöglich ist, über heiße Kohlen zu laufen, nicht wahr? Niemand kann das, ohne sich die Füße zu verbrennen. Und doch haben Menschen es getan, und zwar ganz gewöhnliche Menschen; Leute wie du und ich. Sie lernten es an einem einzigen Abend bei einem Feuerlauf-Workshop.

Darby Long, eine Freundin von mir, arbeitet mit Dr. Carl Simonton, dem Krebs-Spezialisten. Sie führen einwöchige Workshops mit Krebskranken durch, bei denen eine Demonstration des Feuerlaufens fester Bestandteil ist. Darby hat es selbst schon viele Male gemacht und sogar schon Menschen über die heißen Kohlen getragen. Es muß eine unglaubliche Wirkung auf Krebskranke haben, eine solche Erfahrung zu machen. Vermutlich bewirkt es bei vielen Leuten einen regelrechten Bewußtseinssprung. Viele begrenzte Vorstellungen lassen sich danach nicht mehr aufrechterhalten.

Ich glaube, daß Anthony Robbins, der junge Mann, der in diesem Land mit dem Feuerlaufen anfing, hier ist, um auf diesem Planeten etwas wirklich Außerordentliches zu bewirken. Er studierte NLP, die sogenannte Neuro-Linguistische Programmierung. Dieses Verfahren ermöglichte es ihm, die Verhaltensmuster eines anderen Menschen zu beobachten und dieses Verhalten dann mit vergleichbaren Resultaten zu reproduzieren. NLP basiert auf den Hypnose-Techniken von Milton Erickson, die von John Grinder und Richard Bandler systematisch beobachtet und aufgezeichnet wurden. Als Tony vom Feuerlaufen hörte, wollte er es sofort lernen und es dann selbst anderen Menschen beibringen.

Ein Yogi sagte ihm, daß dafür jahrelanges Üben und Meditieren nötig sei. Doch mit Hilfe von NLP lernte Tony es in wenigen Stunden. Er wußte, wenn ihm das möglich war, konnte es jeder andere auch. Er bringt den Leuten das Laufen über glühende Kohlen nicht bei, weil es ein tolles Zauberkunststück ist, sondern weil es ihnen zeigt, wie sie ihre Grenzen und Ängste überwinden können.

Alles ist möglich

Wiederholen Sie jetzt gemeinsam mit mir: *»Ich lebe in der Gesamtheit aller Möglichkeiten. Wo ich bin, ist alles Gute.«* Denken Sie ein paar Minuten über diese Worte nach. *Alles Gute.* Nicht nur ein kleines bißchen, sondern *alles* Gute. Wenn Sie daran glauben, daß alles möglich ist, öffnen Sie sich für die Antworten auf all Ihre Lebensprobleme.

Wo wir sind, ist die Gesamtheit aller Möglichkeiten. Stets haben wir die Wahl, sei es als einzelne oder auf kollektiver Ebene. Entweder wir errichten Mauern um uns, oder wir fühlen uns sicher genug, uns ganz zu öffnen, so daß alles Gute in unser Leben strömen kann. Beobachten Sie sich selbst objektiv. Registrieren Sie, was in Ihnen vorgeht – wie Sie sich fühlen, wie Sie reagieren, was Sie glauben –, und gestatten Sie es sich, einfach vorurteils- und kommentarlos zu beobachten. Wenn Ihnen das gelingt, werden Sie Ihr Leben aus der Gesamtheit aller Möglichkeiten heraus leben.

SECHS AFFIRMATIONEN FÜR EIN BESSERES LEBEN

AFFIRMATION 1

Ich werde mir
der Schönheit bewußt,
von der
ich umgeben bin.

AFFIRMATION 2

Ich nutze meine Macht
und erschaffe
liebevoll meine Realität.

AFFIRMATION 3

Ich mache aus jeder
Situation das Beste.

AFFIRMATION 4

Die Vergangenheit ist
vorbei. Ich lebe
in der Gegenwart und
sehe einer
herrlichen Zukunft
entgegen.

AFFIRMATION 5

Der Kraftpunkt liegt immer
in der Gegenwart.
Ich lebe in der Gegenwart,
freudig und frei.

AFFIRMATION 6

Ich habe unbegrenzte
Möglichkeiten,
in meinem Leben Gutes
zu erschaffen.

Kapitel 14

Wandel und Übergang

Manche Menschen ziehen es vor,
den Planeten zu verlassen, statt sich zu verändern.

Für gewöhnlich erwarten wir immer von den anderen, daß sie sich ändern, nicht wahr? Wenn ich von ›den anderen‹ spreche, meine ich damit auch die Regierung, die Unternehmer, den Chef, die Kollegen, das Finanzamt, die Ausländer, die Schule, den Ehemann, die Ehefrau, Mutter, Vater, Kinder et cetera – eben alle, außer uns selbst. Wir wollen uns nicht ändern, aber alle anderen sollen sich ändern, damit unser Leben anders wird. Und doch ist es natürlich so, daß alle Veränderungen, die wir uns wünschen, aus uns selbst kommen müssen.

Veränderung bedeutet, daß wir uns von Gefühlen der Isolation, des Abgetrenntseins, der Einsamkeit, der Wut, der Furcht und des Schmerzes befreien. Wir schaffen uns ein Leben erfüllt von wunderbarem Frieden, wenn wir uns entspannen können und genießen, was das Leben uns zu bieten hat – in dem Wissen, daß immer alles in Ordnung ist. Ich benutze gern die Prämisse: *»Das Leben ist wunderbar, alles in meiner Welt ist vollkommen, und überall und jederzeit kommt Gutes auf mich zu.«* So ist es mir ganz gleich, welche Richtung mein Leben nimmt, denn ich weiß, es wird auf jeden Fall immer wundervoll sein. Darum kann ich mich an allen Situationen und Umständen meines Lebens erfreuen.

Eine Besucherin meiner Vorträge machte gerade eine schwere Zeit durch, und als ich mich mit ihr unterhielt, fiel mehrmals das Wort *Schmerz*. Sie fragte mich, ob es nicht ein anderes Wort gäbe, das sie benutzen könne. Ich dachte daran, wie ich mit Wucht ein Fenster zugeschlagen und mir dabei übel den Finger geklemmt hatte. Ich wußte, wenn ich mich dem Schmerz hingab, würde ich mächtig zu leiden haben. Also machte ich sofort einige geistige Übungen und sprach in bezug auf meinen Finger nur davon, daß ich in ihm gerade einige sehr intensive Empfindungen hatte. Daß ich die Sache so betrachtete, trug sicher dazu bei, daß der Finger rascher heilte und ich mit der unerfreulichen Erfahrung gut zurechtkam. Manchmal können wir eine Situation völlig verwandeln, wenn wir lediglich unser Denken ein wenig ändern.

Denken Sie sich die nötige Veränderung doch einfach als inneren Hausputz. Wenn Sie ihn Stück für Stück erledigen, ist nach einiger Zeit wieder alles schön sauber. Schon wenn Sie erst einen Teil der Arbeit getan haben, zeigen sich bereits Resultate. Wenn Sie sich nur ein kleines bißchen verändern, wird sich das bereits positiv auf Ihr Wohlbefinden auswirken.

Am Neujahrstag besuchte ich die City of Angels Science of Mind Church (dt.: Stadt der Engel und Kirche der Geistigen Wissenschaft) des Reverend O. C. Smith. Er sagte:

»Heute ist Neujahr, doch Sie müssen sich klarmachen, daß das neue Jahr Sie nicht verändern wird. Daß ein neues Jahr begonnen hat, macht für Ihr Leben keinerlei Unterschied. Es wird nur dann eine Veränderung geben, wenn Sie bereit sind, sich nach innen zu wenden und diese Veränderung selbst zu bewirken.«

Wie wahr das ist. Die Leute fassen für das neue Jahr alle möglichen guten Vorsätze, doch da im Inneren keine Veränderung erfolgt, ist es mit diesen Vorsätzen rasch wieder vorbei. »Ich werde keine Zigarette mehr anrühren« und so weiter. Das funktioniert schon allein deshalb nicht, weil es eine negative Formulierung ist, die keine klare Anweisung für das Unterbewußtsein enthält. Statt dessen könnten Sie folgendes formulieren: »Jedes Verlangen nach Zigaretten hat mich verlassen, und ich bin frei.«

Solange wir uns innerlich nicht verändern, solange wir nicht bereit sind, die dafür nötige geistige Arbeit zu tun, wird es auch in unserem äußeren Leben keine Veränderung geben. Und doch können diese inneren Veränderungen unglaublich leicht sein, denn das einzige, was wir wirklich ändern müssen, ist unser Denken.

Was können Sie in diesem Jahr Positives für sich tun, das Sie im letzten Jahr nicht getan haben? Nehmen Sie sich einen Augenblick Zeit, um über diese Frage nachzudenken. Was würden Sie in diesem Jahr gern loslassen, woran Sie sich im letzten Jahr noch so fest geklammert haben? Was möchten Sie in Ihrem Leben gerne ändern? Sind Sie bereit, es zu tun?

Wenn erst einmal die Bereitschaft zur Veränderung da ist, werden Sie aus allen möglichen Quellen Informationen und Ideen erhalten. Es ist verblüffend, welche Hilfe uns das Universum plötzlich zuteil werden läßt, sobald unsere innere Bereitschaft erst einmal vorhanden ist. Das Universum schickt Ihnen alles, was Sie brauchen. Es kann ein Buch sein, eine Kassette, ein Lehrer, oder vielleicht macht ein Freund von Ihnen eine beiläufige Bemerkung, die für Sie plötzlich tiefe Bedeutung gewinnt.

Manchmal werden sich die Umstände zunächst verschlimmern, ehe eine Besserung eintritt, doch das ist ein völlig normaler Vorgang. Die alten Probleme entwirren sich, gehen Sie also ganz einfach mit dem Prozeß mit. Zweifeln Sie nicht, und geraten Sie nicht in Panik. Arbeiten Sie weiterhin mit Ihren Affirmationen und den neuen Glaubenssätzen, die Sie in Ihr Unterbewußtsein pflanzen.

Allmähliche Fortschritte

Natürlich gibt es von dem Moment, wo Sie sich zu einer Veränderung entschließen, bis zu deren Realisierung eine Phase des Übergangs, in der Sie zwischen dem Alten und dem Neuen hin- und herschwanken. Das ist ein normaler und natürlicher Vorgang. Oft höre ich die Leute sagen: »Aber das weiß ich doch schon längst!« Ich erwidere dann stets: »Und setzen Sie dieses Wissen auch um?« Zu wissen, was zu tun ist, und es dann auch wirklich zu tun, sind zwei Paar Schuhe. Es braucht seine Zeit, bis Sie das Neue in Ihnen

so weit gefestigt und den völligen Wandel vollzogen haben. Bis dahin dürfen Sie in Ihren Bemühungen standhaft bleiben.
Zum Beispiel wenden manche Leute ihre Affirmationen lediglich dreimal an und geben auf. Hinterher sagen sie dann, daß Affirmationen nicht funktionieren oder Unsinn sind und so weiter. Geduldiges Üben ist nötig, um Veränderungen zu erzielen; Wandel erfordert konsequentes Handeln. Wie ich schon sagte, es kommt vor allem darauf an, was Sie, nachdem Sie Ihre Affirmationen angewendet haben, während des restlichen Tages tun.
Während dieser Übergangsphase sollten Sie jeden kleinen Schritt in die richtige Richtung gebührend feiern. Wenn Sie sich wegen jedem Fehler niedermachen, der Ihnen unterwegs unterläuft, wird der Wunsch nach Veränderung zu einer Belastung. Nutzen Sie alle Ihnen verfügbaren Mittel, um den Wandel zum Besseren zu bewerkstelligen. Geben Sie dem kleinen Kind in Ihnen ein sicheres Gefühl der Geborgenheit.

Der Autor Gerald Jampolsky schreibt, daß *Lieben heißt, die Angst zu verlieren,* und daß Angst und Liebe nicht zusammen existieren können. Wenn unser Herz nicht von Liebe erfüllt ist, dann haben wir Angst, und alle Zustände der Isolation, des Abgetrenntseins, der Wut, Schuld und Einsamkeit sind Teil dieses Angst-Syndroms. Wir müssen den Schritt von der Angst zur Liebe wagen und unsere Liebe zu einem dauerhaften inneren Zustand machen.
Es gibt vielfältige Wege zur Veränderung. Was unternehmen Sie täglich, damit Sie sich innerlich gut fühlen? Das wird Ihnen nicht gelingen, indem Sie andere Menschen verurteilen oder selbst Opfer spielen. Was also tun Sie? Wie erfahren Sie inneren und äußeren Frieden? Wenn Sie noch nichts in dieser Richtung tun, sind Sie bereit, damit anzufangen? Sind Sie dazu bereit, innere Harmonie und Frieden zu schaffen?
Eine andere Frage, die Sie sich stellen sollten, lautet: Möchte ich mich wirklich ändern? Wollen Sie weiterhin über das jammern,

was Ihnen in Ihrem Leben fehlt? Oder möchten Sie sich ein viel schöneres Leben schaffen, als Sie es jetzt haben? Wenn Sie bereit sind, sich zu verändern, dann können Sie es auch. Wenn Sie bereit sind, die dafür erforderliche Arbeit zu tun, dann können Sie Ihr Leben zum Besseren verändern. Ich habe keine Macht über Sie; ich kann Ihnen diese Arbeit nicht abnehmen. Sie selbst haben die Macht, und das müssen Sie sich stets vergegenwärtigen.

Denken Sie daran, wenn wir uns unseren inneren Frieden bewahren, hilft uns das, uns mit gleichgesinnten, friedvollen Menschen auf der ganzen Welt zu verbinden. Die Spiritualität verbindet uns überall auf der Welt auf seelischer Ebene. Und die kosmische Spiritualität, der wir uns gegenwärtig bewußt werden, wird die Welt zum Besseren verändern.

Wenn ich von Spiritualität spreche, meine ich damit nicht notwendigerweise Religion. Religionen sagen uns, wen wir lieben sollen und wie wir lieben sollen, welche Menschen es wert sind, geliebt zu werden.

Für mich sind wir alle es wert, geliebt zu werden. Unsere Spiritualität ist unsere direkte Verbindung zu unserer höheren Quelle. Einen Mittelsmann brauchen wir für diesen Kontakt nicht. Erkennen Sie, daß Spiritualität die Menschen überall auf der Welt auf einer tiefen Seelen-Ebene miteinander verbinden kann.

Mehrmals am Tag sollten Sie innehalten, um sich zu fragen: *»Mit welchen Menschen verbinde ich mich jetzt gerade?«* Fragen Sie sich regelmäßig: *»Was glaube ich wirklich über diesen Zustand oder diese Situation?«* Und denken Sie dann darüber nach. Fragen Sie: *»Was fühle ich? Möchte ich wirklich tun, worum diese Menschen mich bitten? Warum tue ich das?«* Überprüfen Sie Ihre Gedanken und Gefühle. Seien Sie ehrlich mit sich. Finden Sie heraus, was Sie wirklich denken und glauben. Schalten Sie nicht einfach auf Autopilot, indem Sie Ihr Leben rein routinemäßig leben. »So bin ich nun einmal, und so verhalte ich mich halt.« Warum sind Sie so?

Wenn Ihr Leben nicht erfüllt ist von positiven, aufbauenden Erfahrungen, finden Sie die Ursachen heraus. Wann haben Sie sich zum erstenmal in einer bestimmten Weise verhalten? Sie wissen jetzt, was Sie tun müssen. Stellen Sie die Verbindung zu der Intelligenz in Ihnen her.

Streß ist ein anderes Wort für Angst

Wir sprechen heute viel über Streß. Alle Leute scheinen ständig gestreßt zu sein. Streß ist ein Modewort, und oft gebrauchen wir es lediglich als Ausrede. »Ich bin ja so gestreßt« oder: »Das ist alles so stressig« oder: »Dieser ganze Streß, Streß, Streß.«

Für mich ist Streß eine ängstliche Reaktion auf die ständigen Wechselfälle des Lebens. Wir benutzen ihn als Entschuldigung dafür, daß wir nicht die Verantwortung für unsere Gefühle übernehmen. Wenn wir das Wort ›Streß‹ mit dem Wort ›Angst‹ gleichsetzen, können wir uns von dem Bedürfnis nach Angst befreien.

Wenn Sie sich das nächste Mal gestreßt fühlen, fragen Sie sich, was Ihnen angst macht. Fragen Sie: *»Auf welche Weise überfordere und belaste ich mich? Wo vergeude ich meine Kraft?«* Finden Sie heraus, welche Ihrer Verhaltensweisen diese innere Angst hervorruft, die Sie daran hindert, innere Harmonie und Frieden zu erlangen.

Streß bedeutet einen Mangel an innerer Harmonie. Innere Harmonie heißt, mit sich selbst im Frieden zu sein. Streß und innere Harmonie schließen einander aus. Wenn Sie im Frieden sind, erledigen Sie eine Sache nach der anderen. Dann kann Ihnen die äußere Welt nichts anhaben. Wenn Sie sich gestreßt fühlen, sollten Sie etwas unternehmen, um sich von Ihrer Angst zu befreien. Dann können Sie sicher und geborgen durchs Leben gehen. Benutzen Sie das Wort ›Streß‹ nicht als Ausrede. Geben Sie einem so kleinen Wort wie ›Streß‹ nicht eine solche Macht. Nichts hat Macht über Sie.

Sie sind stets sicher und geborgen

Das Leben besteht aus einer Folge von sich öffnenden und schließenden Türen. Wir wandern von Raum zu Raum und machen dabei unterschiedliche Erfahrungen. Viele von uns möchten gerne die Türen schließen hinter alten, negativen Mustern, alten Blokkaden, Situationen, die nicht länger hilfreich und nützlich für uns sind. Viele von uns sind dabei, neue Türen zu öffnen und wundervolle neue Erfahrungen zu machen.

Ich glaube, daß wir viele Male auf diesen Planeten kommen, um immer neue Lektionen zu lernen. Die Erde ist für uns wie eine Schule. Ehe wir uns zu einer bestimmten Zeit auf diesem Planeten inkarnieren, entscheiden wir selbst, welche Lektion wir lernen wollen, um unsere Spiritualität zu entwickeln. Wenn wir uns unsere Lektion ausgesucht haben, wählen wir auch alle äußeren Umstände und Situationen aus, die unser Lernen ermöglichen, einschließlich unserer Eltern, unseres Geschlechts, Geburtsortes und unserer Rasse. Glauben Sie daran, daß Sie bis zum jetzigen Augenblick in Ihrem Leben immer die richtigen Entscheidungen getroffen haben.

Es ist entscheidend wichtig, daß Sie sich auf Ihrem Weg durchs Leben ständig Ihrer Geborgenheit bewußt sind. Alles befindet sich in stetem Wandel. Vertrauen Sie darauf, daß Ihr Höheres Selbst Sie leitet und auf Wege führt, die für Ihr spirituelles Wachstum am besten sind. Wie Joseph Campbell einmal sagte: »Folgen Sie stets Ihrem Glück.«

Sehen Sie sich Türen zu Freude, Frieden, Heilung, Wohlstand und Liebe öffnen; Türen zu Verständnis, Mitgefühl, Vergebung und Freiheit; Türen zu Selbst-Wert, Selbst-Achtung und Selbst-Liebe. Sie sind ewig. Sie werden auf ewig von Erfahrung zu Erfahrung schreiten. Selbst wenn Sie auf diesem Planeten die letzte Tür durchschreiten, ist das nicht das Ende. Es ist der Beginn eines neuen Abenteuers.

Sie können andere Menschen letztlich nicht zwingen, sich zu ändern. Sie können ihnen eine positive geistige Atmosphäre bieten, wo sie die Möglichkeit haben, sich zu verändern, falls sie es wünschen. Doch Sie können ihnen diese Arbeit nicht abnehmen. Jeder Mensch ist hier, um seine spezielle Lektion zu lernen. Wenn Sie ihm das abnehmen, wird er die Lektion wahrscheinlich wiederholen müssen, weil er sie nicht selbst gelernt hat. Er hat das Pensum, das er hätte durcharbeiten sollen, nicht bewältigt.
Lieben Sie Ihre Brüder und Schwestern. Gestatten Sie es ihnen, sie selbst zu sein. Die Wahrheit befindet sich in jedem von uns, und sie können sich jederzeit ändern, wenn sie es wünschen.

Sechs Affirmationen für ein besseres Leben

AFFIRMATION 1

Ich betrachte
alles um mich herum mit
bedingungsloser Liebe.

AFFIRMATION 2

Ich vertiefe
und erweitere ständig
mein Verständnis.

AFFIRMATION 3

Ich bin auch inmitten großer Veränderungen immer sicher und geborgen.

AFFIRMATION 4

Jede Veränderung in meinem Leben kann mich zu neuen Ebenen der Erkenntnis führen.

AFFIRMATION 5

Ich schenke
mir reichlich Liebe
und Zuwendung.

AFFIRMATION 6

Rings um mich sehe
ich immer nur Harmonie.
Ich bin stets
sicher und geborgen.

Kapitel 15

Eine Welt, in der wir einander gefahrlos lieben können

Wir können den Planeten entweder zerstören oder heilen.
Senden Sie dem Planeten täglich liebende, heilende Energie.
Es kommt darauf an, wie wir unsere geistige Kraft nutzen.

Der Planet befindet sich in einer Phase großer Veränderungen und Übergänge. Wir sind aus einer alten Ordnung auf dem Weg in eine neue, und manche Menschen sagen, daß das alles mit dem Wassermannzeitalter begann – wenigstens beschreiben die Astrologen es auf diese Weise. Für mich sind Astrologie, Zahlenmystik, Handlesekunst und all diese übersinnlichen Methoden lediglich unterschiedliche Arten, das Leben zu beschreiben. Sie erklären uns das Leben jeweils ein wenig anders.

Die Astrologen sagen also, daß wir auf dem Weg vom Zeitalter der Fische in das Zeitalter des Wassermannes sind. Im Fische-Zeitalter hielten wir Ausschau nach Rettung von außen, durch andere Menschen. Wir suchten nach anderen, die uns Erlösung bringen sollten. Im Wassermann-Zeitalter beginnen die Menschen, den Blick nach innen zu richten. Sie erkennen ihre Fähigkeit, sich selbst zu erlösen. Ist es nicht eine wunderbare Befreiung, einfach zu ändern, was uns nicht gefällt? Ich persönlich bin mir gar nicht so sicher, ob der Planet sich verändert, sondern glaube vielmehr, daß wir selbst wacher und bewußter werden. Mißstände, die lange Zeit im verborgenen gärten, kommen an die Oberfläche, zum Beispiel die Gestörtheit unserer familiären Bindungen, Kindesmißhandlung und die Gefährdung unserer Umwelt.

Auch hierbei gilt, daß wir unsere Bewußtheit erhöhen müssen, um Veränderungen zu erreichen. So wie wir in uns selbst geistigen Hausputz halten, muß es auch mit Mutter Erde geschehen.

Wir erkennen, daß die Erde ein lebender, atmender Organismus ist, ein lebendiges Wesen. Sie atmet. Sie hat einen Pulsschlag. Sie umsorgt ihre Nachkommen. Sie stellt uns alles zur Verfügung, was wir brauchen. Sie ist vollkommen im Gleichgewicht. Wenn Sie einen Tag im Wald oder anderswo in der freien Natur verbringen, sehen Sie, wie alle Systeme auf dem Planeten perfekt zusammenarbeiten. Diese Welt ist so geschaffen, daß alles ausgewogen und im Gleichklang existiert.

Doch wir, diese großartige Menschheit, die so viel weiß, wir tun unser Bestes, um den Planeten zu zerstören, indem wir Gleichgewicht und Harmonie zerbrechen. Unsere Gier wird zu einem enormen Hindernis. Wir glauben, es besser zu wissen, und doch zerstören wir durch Gier und Ignoranz den lebenden, atmenden Organismus, von dem wir ein Teil sind. Wenn wir die Erde zerstören, wo sollen wir dann leben?

Wenn ich den Menschen rate, mehr Sorge für den Planeten zu tragen, sind sie jedesmal überwältigt von der Problemfülle, der wir uns gegenwärtig gegenübersehen. Das Verhalten eines einzelnen Menschen scheint dabei kaum etwas zu bewirken. Doch das stimmt nicht. Wenn alle wenigstens ein bißchen tun, bewirkt das schon eine Menge. Vielleicht werden Sie die Auswirkungen nicht sofort deutlich vor Augen haben, aber glauben Sie mir, die Mutter Erde spürt diese kollektive Bereitschaft.

In meiner Aids Gruppe stellen wir immer einen Büchertisch auf. Kürzlich hatten wir einmal nicht genug Tüten, um die Bücher einzupacken. Also entschloß ich mich, die Tüten aufzuheben, die ich beim Einkaufen erhielt. Zuerst dachte ich: »Oh, du wirst am Ende der Woche nur ein paar Tüten gesammelt haben.« Doch da täuschte ich mich gewaltig! Die Tüten kamen mir regelrecht aus den Ohren heraus! Einer meiner Mitarbeiter machte die gleiche Erfahrung. Er sagte, er hätte nicht geglaubt, wieviel Tüten er pro Woche benutze. Wenn man das aus Sicht von Mutter Erde sieht, heißt es, daß für diese Papiertüten, die wir nur für ein paar Stunden brauchen, eine Menge Bäume gefällt werden müssen, weil wir die Tüten jedesmal wegwerfen. Wenn Sie es mir nicht glauben,

probieren Sie es einmal eine Woche lang aus: Heben Sie alle Tüten auf, die Sie beim Einkaufen mitnehmen, und werden Sie sich bewußt, wie viele es tatsächlich sind.
Jetzt nehme ich zum Einkaufen eine Stofftasche, und wenn ich sie einmal vergessen habe, bitte ich die Kassiererin um eine große Tüte, damit ich wenigstens die Einkäufe aus verschiedenen Geschäften in eine Tüte packen kann. Niemand hat mich deswegen schief angesehen. Es ist ganz einfach eine vernünftige Sache.
In Europa benutzt man schon lange Stofftaschen. Ein englischer Freund, der bei mir zu Besuch war, liebte es, hier im Supermarkt einzukaufen, weil er die Papiertüten als Souvenir mit nach Hause nehmen wollte. Er fand sie sehr schick und offenbar typisch amerikanisch. Nichtsdestoweniger müssen wir uns darüber klarwerden, welche Auswirkungen solche kleinen Traditionen weltweit auf die Umwelt haben.
Die Amerikaner haben zum Beispiel eine besondere Vorliebe für Verpackungen. Als ich vor ein paar Jahren in Mexiko war, faszinierten mich dort das unbehandelte und unverpackte Obst und Gemüse, das auf den traditionellen Märkten angeboten wurde. Es war gewiß nicht so makellos anzusehen wie das bei uns in den Staaten, aber dafür sah es natürlich und gesund aus. Einige von meinen Mitreisenden fanden jedoch, daß diese Früchte schlecht und unappetitlich aussahen, als wir einen der Märkte besuchten.
In einem anderen Teil des Marktes wurden getrocknete Gewürze in offenen Körben angeboten. Wieder war ich fasziniert, weil alles so leuchtend und farbenfroh aussah. Meine Freunde sagten, daß sie niemals Gewürze aus einem solchen offenen Korb kaufen würden, und ich fragte sie, warum. Sie antworteten, daß es nicht sauber sei. Ich fragte weiter nach, und schließlich kam die Antwort, daß es ja nicht verpackt sei. Ich mußte lachen. Woher kamen denn wohl die Kräuter, die man bei uns verpackt kaufte? Wir sind so sehr daran gewöhnt, daß uns Dinge auf eine bestimmte Art präsentiert werden, daß wir sie ohne diese ganzen hübschen Verpackungen und Verzierungen gar nicht mehr akzeptieren.
Versuchen Sie zum Wohle der Umwelt wenigstens kleine Ver-

haltensänderungen vorzunehmen. Selbst wenn Sie sich darauf beschränken, zum Einkaufen eine Stofftasche zu benutzen oder beim Zähneputzen nicht das Wasser laufen zu lassen, leisten Sie damit bereits einen wichtigen Beitrag.
In meinem Büro heben wir soviel wie möglich auf. Der Hausmeister in unserem Gebäude holt einmal in der Woche unser recycelbares Kopierpapier ab und bringt es zur Recycling-Fabrik. Wir benutzen gepolsterte Briefumschläge mehrfach. Soweit möglich, verwenden wir für unsere Bücher Recyclingpapier, auch wenn es ein bißchen mehr kostet. Manchmal ist es nicht erhältlich, aber wir fragen immer danach. Denn wenn genügend Nachfrage da ist, werden es schließlich auch genügend Druckereien im Angebot haben. So ist es überall im Umweltschutz. Indem wir die Nachfrage nach bestimmten Produkten erhöhen, können wir auf unterschiedlichen Wegen einen Beitrag zur Heilung des Planeten leisten.
Ich habe zu Hause einen Biogarten und einen Komposthaufen. Ich kompostiere alle organischen Abfälle. Bei mir wandern keinerlei Gemüsereste oder Gartenabfälle in den Müll. Ich glaube daran, daß wir dem Land zurückgeben sollten, was wir ihm wegnehmen. Ein paar Freunde von mir heben sogar ihre Gemüseabfälle für mich auf. Immer wenn sie mich besuchen, werfen sie die in einem Beutel in der Tiefkühltruhe aufbewahrten Abfälle auf meinen Komposthaufen. So entsteht aus Müll nährstoffreiche Gartenerde. Dank meines Recyclings produziert mein Garten reichlich Obst und Gemüse und ist überdies noch wunderschön.

Achten Sie auf eine gesunde Ernährung

Unser Planet liefert uns alles, was wir für unser Wohlergehen brauchen. Er bietet uns genügend Nahrung. Wenn wir natürlich gewachsene Nahrung zu uns nehmen, sind wir gesund, denn dann leben wir der Schöpfung gemäß. Doch intelligent, wie wir sind, haben wir Schokoladenkekse und ähnliches Zeug erfunden und wundern uns, warum wir nicht gesund sind. Viele von uns geben Lippenbekenntnisse in Sachen Ernährung ab. Wir sagen: »Ja, ja, ich weiß.« Doch dann fahren wir fort, Zuckerzeug in uns hineinzustopfen. Vor zwei Generationen kam die erste Fertignahrung in den Handel, und wir sagten: »Oh, das ist ja eine tolle Sache!« Dann wurden wir förmlich mit diesen Produkten überschwemmt, und heute gibt es in diesem Land Menschen, die noch nie wirklich natürliche Lebensmittel probiert haben. Alles wird in Dosen gefüllt, behandelt, gefroren, mit Chemikalien versetzt und, zu guter Letzt, im Mikrowellenherd erhitzt.

Kürzlich las ich, daß die jungen Leute, die heute zur Armee gehen, nicht mehr so ein gesundes Immunsystem haben wie vor zwanzig Jahren. Wenn wir unserem Körper keine natürliche Nahrung geben, die er benötigt, um sich zu erhalten und aufzubauen, wie können wir dann erwarten, ein langes, gesundes Leben zu führen? Zur falschen Ernährung kommen dann noch: Drogen, Zigaretten, Alkoholmißbrauch, eine Portion Selbsthaß, das perfekte Klima also, um Krankheiten aller Art entstehen zu lassen.

Ich hatte vor kurzem eine interessante Erfahrung. Ich nahm an einem sogenannten ›Kurs für verantwortungsbewußte Autofahrer‹ teil. Er war voll mit Leuten über 55, die ihn belegt hatten, um einen Rabatt bei ihrer Autoversicherung zu bekommen. Ich fand es wirklich faszinierend, daß wir den ganzen Vormittag damit zubrachten, über Krankheiten zu reden – über all die Krankheiten, auf die wir uns freuen dürfen, wenn wir älter werden. Wir sprachen über Augenerkrankungen und alles Ungemach, das Ohren und Herz befallen kann. Als Essenszeit war, rannten 90 Prozent dieser Leute über die Straße in den nächsten Schnellimbiß.

Die Leute werden einfach nicht klüger, scheint mir. Täglich sterben eintausend Menschen am Rauchen. Das macht 365 000 im Jahr. Wie ich höre, sterben jährlich über 500 000 Menschen an Krebs. Eine Million Menschen pro Jahr sterben an Herzanfällen. Eine Million! Warum ernähren wir uns, obwohl wir das alles wissen, immer noch von Fast food und geben so wenig acht auf unseren Körper?

Heilung für uns selbst und den Planeten

Ein Katalysator für den Übergang in eine neue Zeit ist die Aids-Krise. Die Aids-Krise zeigt, wie lieblos und vorurteilsvoll wir miteinander umgehen. Wir behandeln Aids-Kranke mit so wenig Mitgefühl. Ich möchte – und versuche, dazu meinen Beitrag zu leisten –, daß diese Welt zu einem Ort wird, wo wir einander gefahrlos lieben können.

Als wir klein waren, wollten wir so geliebt werden, wie wir waren, auch dann, wenn wir zu dünn, zu dick, zu häßlich oder zu schüchtern waren. Wir kommen auf diesen Planeten, um bedingungslose Liebe zu lernen – zunächst für uns selbst, um dann diese bedingungslose Liebe auf andere auszustrahlen. Wir müssen uns von diesen Begriffen ›ich‹ und ›die anderen‹ lösen. Es gibt keine Trennung zwischen *mir* und *den anderen;* es gibt nur *uns.* Keine Gruppe der Gesellschaft ist entbehrlich oder *weniger wert.*

Jeder von uns hat eine Liste von *jenen* Leuten *dort drüben.* Wir können nicht wirklich spirituell sein, solange es auch nur einen einzigen Menschen *dort drüben* gibt. Viele von uns wuchsen in Familien auf, in denen Vorurteile normal und natürlich waren. Diese oder jene Gruppe war nicht gut genug. Damit wir uns selbst besser fühlten, setzten wir die andere Gruppe herab. Solange wir jedoch sagen, daß jemand nicht gut genug ist, drücken wir damit in Wirklichkeit aus, daß wir selbst nicht gut genug sind. Denken Sie daran, daß jeder von uns für seine Mitmenschen ein Spiegel ist.

Als ich zu Oprah Winfreys Talk-Show eingeladen wurde, trat ich in dieser Fernsehsendung zusammen mit fünf Aids-Kranken auf, die alle recht gut mit ihrer Krankheit umgingen. Wir hatten uns erst am Abend zuvor beim Abendessen kennengelernt, und es war eine wirklich eindrucksvolle Begegnung. Als wir uns zum Essen hinsetzten, war die Energie ganz außergewöhnlich. Ich fing an zu weinen, weil ich mich schon seit Jahren um eine solche Gele-

genheit bemüht hatte – eine Gelegenheit, der amerikanischen Öffentlichkeit die positive Botschaft zu vermitteln, daß Hoffnung besteht. Diese fünf Menschen waren dabei, sich selbst zu heilen, und es war nicht leicht. Die Ärzte hatten ihnen gesagt, daß sie sterben würden. Sie mußten selbst mit vielen verschiedenen Behandlungsmethoden experimentieren. Sie waren bereit, sich zu öffnen und über ihre Grenzen hinauszuwachsen.
Wir zeichneten die Sendung am folgenden Tag auf. Sie war wirklich wundervoll. Es befriedigte mich, daß auch aidskranke Frauen in der Show zu Gast waren. Ich wollte erreichen, daß die amerikanische Mittelklasse ihre Herzen öffnete und erkannte, daß Aids nicht nur eine Gruppe betrifft, die ihnen gleichgültig ist. Sie betrifft uns alle. Nach meinem Auftritt drückte mich Oprah an sich und sagte: »Louise, Louise, Louise.«
Ich glaube, unsere Botschaft der Hoffnung kam bei den Zuschauern an. Dr. Bernie Siegel sagt, daß bei jeder Form von Krebs schon Selbstheilungen vorgekommen sind. Es gibt also immer Hoffnung, und Hoffnung gibt uns neue Möglichkeiten. Wir haben dann ein Ziel, auf das wir hinarbeiten können, statt die Hände zu ringen und zu sagen, daß wir machtlos sind.

Das Aids-Virus verhält sich lediglich seiner Natur gemäß. Es bricht mir das Herz, daß nun auch immer mehr heterosexuelle Menschen sterben müssen, weil die Regierung und die Medizin nicht schnell genug sind. Solange Aids lediglich als eine ›Schwulen-Krankheit‹ gesehen wird, findet es nicht die dringend nötige Beachtung. Wie viele ›normale‹ Leute müssen also sterben, bevor diese Krankheit allgemeine Beachtung findet?
Je schneller wir all unsere Vorurteile ablegen und uns um eine positive Lösung dieser Krise bemühen, desto eher wird meines Erachtens der Planet insgesamt gesund werden. Doch wir können den Planeten nicht heilen, solange wir es zulassen, daß Menschen leiden. Für mich liegt eine wichtige Erklärung für Aids in der welt-

weiten Umweltverschmutzung. Wußten Sie, daß vor der kalifornischen Küste Delphine an Immunschwäche-Krankheiten sterben? Das liegt ganz sicher nicht an ihren sexuellen Praktiken. Wir haben unser Land so verschmutzt, daß die Pflanzen in manchen Gegenden ungenießbar geworden sind. Wir plündern die Fischbestände. Wir verschmutzen die Luft, so daß saurer Regen und das Ozonloch entstehen. Und wir hören nicht auf, unsere Körper zu verunreinigen.

Aids ist eine ganz furchtbare Krankheit, aber es sterben noch weitaus mehr Menschen an Krebs, Rauchen und Herzerkrankungen. Wir suchen nach immer stärkeren Giften, um die Krankheiten abzutöten, die wir selbst geschaffen haben, doch unsere Lebensweise und unsere Ernährung wollen wir nicht ändern. Entweder unterdrücken wir unsere Krankheiten mit Medikamenten, oder wir lassen sie uns vom Chirurgen herausschneiden, anstatt uns selbst wirklich zu heilen. Doch Probleme, die wir unterdrükken, kommen stets auf irgendeine andere Weise wieder zum Vorschein. Man glaubt es kaum, aber die moderne Medizin und Chirurgie kann nur zehn Prozent aller Krankheiten kurieren. Das ist tatsächlich so. Trotz des ganzen Geldes, das wir für Chemikalien, Bestrahlungen und Operationen ausgeben, helfen all diese Methoden nur bei zehn Prozent unserer Krankheiten!

In einem Zeitungsartikel las ich, daß die Krankheiten des nächsten Jahrhunderts von neuen Bakterienstämmen verursacht werden, gegen die unser geschwächtes Immunsystem nichts ausrichten kann. Bei diesen Bakterienstämmen handelt es sich um Mutationen, gegen die unsere heutigen Medikamente wirkungslos sind. Doch je mehr wir unser Immunsystem stärken und aufbauen, desto rascher werden wir uns und den Planeten heilen. Und damit meine ich nicht nur unser körperliches Immunsystem; ich meine auch unsere geistigen und emotionalen Immunsysteme.

Für mich besteht ein Unterschied zwischen Heilung und der bloßen Behandlung von Symptomen. Ich glaube, daß für eine Heilung eine Mitarbeit des Kranken unumgänglich ist. Wenn Sie glauben, es genüge, sich vom Arzt reparieren zu lassen, findet lediglich eine Symptombehandlung statt; das Problem selbst jedoch wird nicht geheilt. Heilung bedeutet, die Ganzheit wiederherzustellen. Um eine Heilung zu erreichen, müssen Sie und Ihr Arzt oder Heilpraktiker als Team zusammenarbeiten. Es gibt viele ganzheitliche Ärzte, die nicht nur Ihre physischen Symptome behandeln, sondern Sie als ganzen Menschen betrachten.

Wir leben nicht nur auf individueller, sondern auch auf gesellschaftlicher Ebene seit langem mit irrigen Glaubenssätzen. Manche Leute glauben, daß Ohrenschmerzen in ihrer Familie erblich sind. Andere meinen, daß sie sich erkälten, wenn sie sich im Regen aufhalten, oder daß sie in jedem Winter dreimal einen Schnupfen bekommen. Wenn ein Büroangestellter sich erkältet, bekommen seine Kollegen prompt auch eine Erkältung, weil das ja ansteckend ist. ›Ansteckend‹ ist eine Vorstellung, und diese Vorstellung ist ansteckend.

Viele Leute reden davon, daß Krankheit erblich sei. Ich glaube nicht, daß das notwendigerweise so ist. Ich glaube, daß wir die geistigen Muster unserer Eltern übernehmen. Kinder sind hochbewußt. Sie ahmen ihre Eltern nach, sogar deren Krankheiten. Wenn dem Vater Ärger auf den Darm schlägt, übernimmt das Kind dieses Verhalten. Wenn der Vater dann schließlich Jahre später eine Colitis bekommt, zieht sich auch das Kind diese Krankheit zu, was nicht weiter verwunderlich ist. Jedermann weiß, daß Krebs nicht ansteckend ist. Wieso kommt er trotzdem oft immer wieder in denselben Familien vor? Weil es in diesen Familien gemeinsame Muster des Grolls und der Verbitterung gibt. Dieser Groll baut sich immer mehr auf, bis schließlich Krebs entsteht.

Wir müssen unsere allgemeine Bewußtheit steigern, damit wir bewußte, intelligente Entscheidungen treffen können. Manches, was wir dann wahrnehmen, wird uns erschrecken (was zum Prozeß des Erwachens dazugehört), doch das ermöglicht es uns, zur Verbesserung der Situation beizutragen. Alles in diesem Universum, von Kindesmißhandlung und Aids bis zum Obdachlosenproblem und dem Hunger in der Welt, braucht unsere Liebe. Ein kleines Kind, das geliebt und geachtet wird, entwickelt sich zu einem starken, selbstsicheren Erwachsenen. Der Planet, der uns und allem anderen Leben alles Nötige schenkt, wenn wir sein Gleichgewicht nicht stören, wird immer für uns sorgen. Denken wir nicht mehr an Begrenzungen, die der Vergangenheit angehören.

Öffnen wir uns für das Potential dieses unglaublichen Jahrzehnts. Wir können die letzten zehn Jahre des Jahrhunderts zu einer Zeit der Heilung machen. Wir besitzen die innere Kraft für die erforderliche Reinigung – Reinigung unserer Körper, unserer Gefühle und unserer natürlichen Umwelt. Wir können uns umschauen und erkennen, was unsere Zuwendung braucht. Die Art zu leben, für die jeder einzelne von uns sich entscheidet, wird gewaltigen Einfluß auf unsere Zukunft und unsere Welt haben.

Für das Höchste Gute von uns allen

Sie können Ihre Methoden für persönliches Wachstum auf den ganzen Planeten anwenden. Wenn Sie alles für den Planeten tun und nichts für sich selbst, dann sind Sie nicht im Gleichgewicht. Wenn Sie nur für sich selbst arbeiten und weiter nichts tun, so ist auch das unausgewogen.

Wie können wir also uns selbst *und* die Umwelt ins Gleichgewicht bringen? Wir wissen, daß unser Denken unser Leben gestaltet. Wenn wir auch vielleicht nicht immer vollständig nach dieser Philosophie leben, so haben wir sie doch als grundlegende Voraussetzung akzeptiert. Wenn wir unsere Welt im Kleinen verändern wollen, müssen wir unser Denken ändern. Wenn wir die Welt im

Großen ändern wollen, müssen wir unser Denken über diese Welt ändern und keinen Unterschied mehr zwischen *uns* und *den anderen* machen.

Wenn Sie die ganze Energie, die Sie darauf verschwenden, sich über all das Schlechte auf der Welt zu beklagen, statt dessen für positive Affirmationen und Visualisierungen einer besseren Welt einsetzen, könnte sich tatsächlich etwas ändern. Vergessen Sie nicht: Immer wenn Sie Ihr Denken einsetzen, treten Sie in Verbindung mit gleichgesinnten Menschen. Wenn Sie andere verurteilen, kritisieren und schlechtmachen, verbinden Sie sich geistig mit Menschen, die sich ebenso verhalten. Wenn Sie dagegen meditieren, den Frieden visualisieren, sich selbst und den Planeten lieben, entsteht eine geistige Verbindung zu anderen positiv eingestellten Menschen. Sogar wenn Sie krank und bettlägerig sind, können Sie trotzdem durch richtigen Einsatz Ihres Geistes mithelfen, den Planeten zu heilen – indem Sie inneren Frieden praktizieren. Robert Schuller von den Vereinten Nationen sagte einmal: *»Die menschliche Rasse muß wissen, daß wir es verdienen, Frieden zu haben.«* Wie wahr doch diese Worte sind.

Wenn wir die Aufmerksamkeit unserer jungen Menschen auf das lenken können, was in der Welt vorgeht, und ihnen Wege zeigen, wie sie die Probleme lösen können, dann werden wir einen wirklichen Bewußtseinswandel erleben. Wenn wir unsere Kinder schon früh über Umweltschutzbemühungen aufklären, zeigen wir ihnen, daß schon jetzt wichtige Arbeit auf diesem Gebiet geleistet wird. Obwohl manche Erwachsene immer noch keine Verantwortung für das übernehmen, was in der Welt geschieht, können wir doch unsere Kinder ermutigen, indem wir ihnen von der wachsenden Zahl von Menschen auf der ganzen Welt berichten, die sich der Gefahren der weltweiten Verseuchung bewußt werden und sich aktiv um Abhilfe bemühen. Sich als Familie in einem Umweltschutzverband wie *Greenpeace* oder *Earthsave*

(Anm. d. Übers.: in Deutschland neben Greenpeace z. B. der BUND) zu engagieren ist eine sehr gute Sache. Es ist nie zu früh, Kindern zu vermitteln, daß wir alle für das Wohl unseres Planeten verantwortlich sind.
Ich empfehle Ihnen, John Robbins' Buch *Diet For A New America* zu lesen. Es ist aufschlußreich, daß John Robbins, Erbe des Eiskrem-Herstellers Baskin-Robbins, sich engagiert für einen ganzheitlichen und friedlichen Planeten einsetzt. Es ist gut zu wissen, daß die Kinder jener Leute, die Raubbau an der Gesundheit der Nation betreiben, andere Wege gehen und sich für die Rettung des Planeten engagieren.
Aktive Umweltschützer springen überall in die Bresche, wo die Regierung versagt. Wenn die Regierung bei der Heilung der Umwelt nicht mithilft, können wir deshalb nicht tatenlos herumsitzen und warten. Wir müssen uns zusammenschließen und für die Umwelt eintreten. Wir alle können dazu unseren Beitrag leisten. Finden Sie heraus, wo Ihre Hilfe gebraucht wird. Selbst wenn Sie nur eine Stunde im Monat für ein solches freiwilliges Engagement erübrigen können, hilft das bereits.
Was die Heilung unseres Planeten angeht, steht es gegenwärtig auf Messers Schneide. Wir sind jetzt an einem Punkt, wo wir entweder den Planeten heilen oder alle den Bach hinuntergehen. Nicht *die anderen* sind zuständig, sondern jeder von uns, einzeln und in der Gemeinschaft.
Ich sehe viele Chancen, die wissenschaftlichen Technologien von Vergangenheit und Zukunft mit den spirituellen Wahrheiten von gestern, heute und morgen zu vereinigen. Es ist an der Zeit, daß diese Elemente zusammenfinden. Wenn wir verstehen, daß Gewaltakte von Menschen mit traumatischen Kindheitserlebnissen verübt werden, können wir unser naturwissenschaftliches und spirituelles Wissen kombinieren, um solchen Menschen dabei zu helfen, sich zu ändern. Anstatt den Kreislauf der Gewalt durch Kriege und das Abschieben von Menschen hinter Gefängnismauern in Gang zu halten, können wir so Selbst-Bewußtheit, Selbst-Achtung und Selbst-Liebe fördern. Die Hilfsmittel für Wachstum und Ver-

änderung sind vorhanden; wir müssen nur Gebrauch von ihnen machen.

Lazaris empfiehlt eine wundervolle Übung, die ich hier gerne an Sie weitergeben möchte: Suchen Sie sich irgendeinen Punkt auf dem Planeten aus. Er kann überall sein – sehr weit weg oder gleich um die Ecke –, einen Ort, bei dessen Heilung Sie gerne mithelfen möchten. Stellen Sie sich bildlich vor, daß an diesem Ort Frieden herrscht und die Menschen gut genährt und gekleidet ein sicheres, friedliches Leben führen. Nehmen Sie sich jeden Tag einen Moment Zeit für diese Visualisierung.

Arbeiten Sie mit Ihrer Liebe für die Heilung des Planeten. Sie sind wichtig. Mit Ihrer Liebe und all Ihren großartigen Fähigkeiten können Sie mithelfen, die Energie zu verändern auf diesem schönen, blau-grünen, zerbrechlichen Planeten, auf dem wir zu Hause sind.

Und so sei es!

Sechs Affirmationen für ein besseres Leben

AFFIRMATION 1

Ich bin eins
mit jedem Menschen auf
diesem Planeten.

AFFIRMATION 2

Heute setze ich mich
bewußt auf
liebevolle Weise für
unseren
Planeten ein.

AFFIRMATION 3

Ich nehme die Hilfe
anderer dankbar
und voller Liebe an.

AFFIRMATION 4

Wohin ich auch gehe,
stets erfahre ich
Liebe. Ich bin von liebe-
vollen Menschen umgeben,
und es fällt mir
leicht, anderen meine
Liebe zu zeigen.

AFFIRMATION 5

Meine eigene
Friedfertigkeit sorgt
für Frieden
in meiner Welt.

AFFIRMATION 6

Indem wir der Welt
Liebe schenken,
erschaffen wir eine
wunderschöne Zukunft.

ZWEITER TEIL

MIT LOUISE L. HAY DURCH DAS JAHR

Gedanken und Meditationen für jeden Tag

Einführung

Denjenigen unter Ihnen, die damit nicht vertraut sind, möchte ich gerne ein wenig die Vorzüge positiver Affirmationen erläutern. Alles, was Sie sagen oder denken, ist eigentlich eine Affirmation, d. h. eine Vorstellung. Vieles, was wir normalerweise sagen oder denken, ist ziemlich negativ und erzeugt in unserem Leben keine guten Erfahrungen. Um unser Leben zu verändern, müssen wir unser Denken und Sprechen in positive Bahnen lenken.

Wenn wir von der ›Anwendung‹ von Affirmationen sprechen, meinen wir damit: eine positive Aussage machen über etwas, das wir in unserem Leben eliminieren oder erschaffen wollen. Viel zu oft beschränken wir uns darauf zu sagen, was wir nicht wollen, ohne eine klare Aussage zu machen, was wir statt dessen wollen. Die Aussage: »Ich will nicht länger krank sein« vermittelt Ihrem Körper kein klares Bild von der Gesundheit, der Sie sich gerne erfreuen möchten. Und wenn Sie sagen: »Ich hasse diesen Job«, verhilft Ihnen das noch nicht zu einer besseren Arbeitsstelle. Um die von Ihnen gewünschten neuen Erfahrungen hervorzubringen, müssen Sie klar und deutlich erklären, was Sie sich wünschen.

Wenn Sie zum erstenmal eine Affirmation anwenden, wird Sie Ihnen unwahr erscheinen. Wenn Sie bereits wahr wäre, bräuchten Sie sie ja gar nicht erst anzuwenden. Affirmationen sind wie Samenkörner, die man in die Erde pflanzt. Zuerst keimen sie, dann bilden sie Wurzeln, und schließlich sprießen sie aus dem Boden. Es braucht eine gewisse Zeit, bis aus einem Samenkorn eine voll entwickelte Pflanze geworden ist. Und ebenso braucht es eine gewisse Zeit von der ersten Anwendung bis zur vollen Verwirklichung einer Affirmation. Haben Sie also etwas Geduld.

Alles, was Sie unternehmen, um Ihre eigene Lebensqualität zu verbessern, wird auch dazu beitragen, die Qualität des Lebens in Ihrer Umgebung zu verbessern. Unser Planet braucht heute jede erdenkliche Hilfe. Riskieren Sie es, anders zu sein. Trennen Sie

sich von alten Vorstellungen und erfahren Sie das Leben auf eine neue Weise.
Nehmen Sie jeden Morgen die Affirmation des Tages bewußt in sich auf. Denken Sie während des Tages oft über sie nach. Wiederholen Sie sie abends unmittelbar vor dem Einschlafen. Diese Ideen werden dazu beitragen, daß jedes neue Jahr für Sie zu einer positiven Erfahrung wird.

Louise L. Hay

Januar

Ich öffne die Tore meines Herzens weit und segne dieses neue Jahr mit Liebe. Die Macht der Liebe in mir ist eins mit der Macht der Liebe, die das ganze Universum erfüllt. Dies ist ein Jahr der Liebe!

1. Januar

Ich akzeptiere mich so, wie ich bin. Alles in mir, alles Schwache und alles Starke, ist Teil meines Einen, Wunderbaren Selbst. Dieses eine Selbst führt mich, während ich lerne, mich zu ändern und zu wachsen.

2. Januar

Das Gute, das ich suche, wohnt bereits jetzt friedvoll und machtvoll in mir. Ich bin gut von Geburt an. Es ist natürlich für mich, Gutes zu erleben.

3. Januar

Ich liebe meinen Beruf. Meine Arbeit ist eine meiner größten Freuden. Durch meine Arbeit lerne ich, meinen Horizont zu erweitern. Die Kraft des Geistes lenkt meine Gedanken.

4. Januar

Alle Menschen verdienen es, ein glückliches, erfülltes Leben zu führen. Ich löse mich von allen Erwartungen und öffne mein Herz, um Menschen zu akzeptieren, die anders sind.

5. Januar

In meinem Leben ist Ordnung. Ich liebe das Ritual meiner alltäglichen Handlungen, durch die mein Körper und mein Geist geschult werden. Ich gestatte es mir, mich großartig zu fühlen.

6. Januar

Alle meine Rechnungen sind bezahlt. In meinen finanziellen Angelegenheiten herrscht völlige Ordnung. Alles, was ich brauche, fließt mir stets im richtigen Moment zu.

7. Januar

Der gegenwärtige Augenblick ist mein Kraftpunkt. Hier und jetzt verfüge ich über alles Geld, alle Zeit und alle Hilfe, die ich benötige. Ich bin dankbar für die guten Gelegenheiten, die ich von jetzt an anziehe wie eine Blume die Bienen.

8. Januar

Mein Zuhause ist schön. Ich erfülle jedes Zimmer mit Liebe und Freude. Ich genieße es, in meinem Haus/meiner Wohnung zu leben, es/sie in Ordnung zu halten und mein Heim mit anderen Menschen zu teilen.

9. Januar

Wir sind in der Auswahl unserer Gedanken völlig frei. Ich achte auf meine Gedanken, jäte diejenigen, die mir Schmerzen bereiten, wie Unkraut, und pflege jene, die hilfreich für mich sind.

10. Januar

Ich verzeihe mir, daß ich an Glaubenssätzen festhalte, die nicht länger nützlich für mich sind. Ich weigere mich, in der Vergangenheit zu leben. Ich schenke mir selbst die Freiheit, neue, leuchtende, wunderbare Erfahrungen zu machen.

11. Januar

Meine Mobilität ist optimal. Ich reise, wohin ich gern reisen möchte. Mit Leichtigkeit und Freude bewege ich mich meinen Reisezielen entgegen.

12. Januar

Mein Körper ist mein Freund. Ich achte aufmerksam auf seine Botschaften. Ich segne jede Zelle meines Körpers mit erlösender und entspannender Liebe.

13. Januar

Sich selbst zu lieben beginnt damit, daß man sich niemals wegen irgend etwas kritisiert. Ich möchte, daß sich positive Veränderungen ereignen, deshalb akzeptiere ich mich zunächst einmal so, wie ich bin.

14. Januar

Ich artikuliere meine Bedürfnisse und Wünsche offen. Auch weiß ich, wo ich Grenzen setzen muß, und sage nein, wenn es erforderlich ist. Ich bin in Harmonie mit dem unaufhörlichen Strom des Lebens.

15. Januar

Ich bin kreativ. Mit Leichtigkeit und Freude lasse ich meine kreative Kraft ihr volles Potential entfalten. Liebevoll akzeptiere ich den genialen Funken in mir.

16. Januar

Ich erhalte auf positive Weise Aufmerksamkeit. Meine Individualität entfaltet sich in einer sicheren, freundlichen Welt. Die kleinen, alltäglichen Dinge des Lebens erfüllen mich mit Frieden und Freude.

17. Januar

Gesundes, nahrhaftes Essen schenkt mir Energie und hält mich im Gleichgewicht. Der Gedanke an mein Einssein mit dem Universum verleiht mir Stärke und Inspiration in dieser sich verändernden Welt. Ich erlange jetzt optimale Gesundheit.

18. Januar

Ich verschließe mich nicht länger, sondern wage es, das Gute anzunehmen. Ich bin bereit herauszufinden, was diese Aussage gegenwärtig für mich bedeutet.

19. Januar

Während ich lerne, Selbstachtung und Selbstliebe zu entwickeln, bin ich mit mir selbst geduldig und großzügig. Ich akzeptiere jetzt, daß nur Gutes zu mir kommen kann.

20. Januar

Von jetzt an gibt es kein ›sollte‹ mehr. Ich weigere mich, mir selbst und anderen Vorwürfe zu machen. Ich entscheide mich für Bewußtheit, Verständnis und Freiheit.

21. Januar

In meinen zwischenmenschlichen Beziehungen herrscht ein ausgewogenes Verhältnis zwischen Nähe und Freiheit. Wir alle sind geliebte Kinder des Universums. Es ist gut, von anderen Menschen geliebt zu werden.

22. Januar

Ich bin von Natur aus schön. Kein anderer Mensch ist genau wie ich. Ich bin ein einzigartiges Geschöpf, das seine ganz eigene, individuelle Bestimmung hat. Und zugleich bin ich ein ganz normaler Mensch, der sich im Alltag bewährt.

23. Januar

Die Gesundheit unseres Planeten ist wichtig für mich. So wie ich mithelfe, Dosen, Flaschen und Papier zu recyceln, helfe ich auch mit, negative, verschmutzende Gedanken in wahre, positive Gedanken umzuwandeln. Frieden beginnt bei mir selbst!

24. Januar

Ich schaffe bei mir zu Hause eine friedliche, ruhige Atmosphäre. Wenn ich in Streß gerate, halte ich einen Moment inne und erinnere mich daran, daß sich tief im Zentrum meines Wesens ein unendlicher Brunnen der Liebe befindet.

25. Januar

Jede Zelle meines Körpers reagiert positiv auf meine positiven geistigen Bilder. Die Stärke, die ich entwickele, immunisiert mich gegen negative Situationen. Ich erlaube es mir, vollkommen gesund zu sein.

26. Januar

Es ist wunderbar, ganz im Hier und Jetzt zu leben. Ich bin froh, hier zu sein. Meine Bewußtheit ist klar und frei von allen Beeinträchtigungen. Ich sehe nur Gutes.

27. Januar

Es ist eine Freude, hier in diesem sauberen, sicheren Stadtviertel zu leben. Meine Nachbarn sind alle freundlich und um das gegenseitige Wohl besorgt. Gemeinsam erschaffen wir eine Welt, in der jeder es wagen kann, sich für die Liebe zu öffnen.

28. Januar

Ich bin bereit, willens und in der Lage, alles, was mir heute geschieht, als Geschenk Gottes zu betrachten. In jedem Menschen, jedem Ding, jedem Ort sehe ich nur Gott!

29. Januar

Ich freue mich, daß göttliche Liebe und Weisheit mein Leben bestimmen. Jeder Verlust oder Mangel wird von der Einen Quelle wieder ausgeglichen. Es genügt, wenn ich mir stets bewußt bin, daß alle meine Bedürfnisse zur rechten Zeit und am rechten Ort befriedigt werden.

30. Januar

Heute fühle ich mich entspannter und anziehender. In mir ist das sichere Wissen, daß göttliches richtiges Handeln mir zu allem verhilft, was ich benötige.

31. Januar

Ich sehe in jedem Menschen nur das Beste. Freude findet sich oft an ganz unerwarteter Stelle. Alles, was ich berühre, ist ein Erfolg.

FEBRUAR

Tief in meinem Innern finde ich die Antworten auf alle meine Fragen. So wie ich selbst trägt auch jeder andere Mensch die Wahrheit in sich. Wir alle lernen, in uns die Weisheit für ein harmonisches Leben zu finden. Liebe öffnet jede Tür.

Februar

1. Februar

Ich bin mit einem stabilen Einkommen gesegnet. Ich stelle mir vor, daß die Regierungen ihre Staatshaushalte in Ordnung bringen und für stabile internationale Beziehungen sorgen. Die Erde bietet uns Reichtum im Überfluß. Ich akzeptiere meinen eigenen inneren Reichtum.

2. Februar

Mein Blick ist auf die Vollkommenheit gerichtet. Ich bin erfüllt von einem strahlenden inneren Licht, mit dessen Hilfe ich hinter negativen Erscheinungen den wunderschönen Kern des Guten sehen kann. Ich bin offen und aufnahmebereit für alles Gute.

3. Februar

Mein Leben verändert sich jetzt zum Besseren. Mein Ziel ist es, jeden Augenblick zu lieben. Ich freue mich über diesen gegenwärtigen Augenblick, denn ich weiß, ich bin in ständiger Verbindung mit einem bedingungslos liebenden Universum, das mir stets gibt, was ich erbitte. Ich erbitte nur Gutes.

4. Februar

Ich vertraue dem Rhythmus und dem Fluß des Lebens. Mein Herz fließt über vor Freude angesichts all der wunderbaren Segnungen in meinem Leben.

5. Februar

Ich erkenne meine Beziehung zur Einen Unendlichen Quelle und werde mir meiner Kraft bewußt. Meine zwischenmenschlichen Beziehungen sind friedliche, liebevolle Spiegel der inneren Stabilität, die mir die Verbindung mit meiner Quelle verleiht. Ich sehe das Gute in jedem Menschen und in mir selbst.

6. Februar

Ich kann meine Gefühle gefahrlos erleben. Im Zentrum jedes negativen Gefühls findet man die Liebe. Ich lasse Liebe aus meinem Herzen in jede Zelle meines Körpers und in alle meine zwischenmenschlichen Beziehungen strömen.

7. Februar

Ich kombiniere positive Affirmationen mit einem körperlichen Trainingsprogramm, das genau meinen Bedürfnissen entspricht. Mein Körper spricht rasch darauf an. Ich liebe es, gesundes Essen zu genießen und nachts gut zu schlafen.

8. Februar

Meine Energie ist heute strahlend und friedvoll. Ich nehme mir zwischendurch einen Moment Zeit, um meine Mitte zu finden und mir bewußtzumachen, daß ich ein Teil von Gottes Plan bin. Ich schaue in den Spiegel und sage zu mir: »Ich liebe dich.«

9. Februar

Ich schaffe Raum in mir, so daß liebende, optimistische und fröhliche Denkmuster in mir keimen, Wurzeln bilden und wachsen können. Die neue Energie auf dem Planeten ist in meinem Bewußtsein willkommen. Ich nähre sie durch meine positive Imagination.

10. Februar

Sobald ich mich in ein Auto setze, lasse ich sofort ganz viel Liebe in es hineinströmen. Ich bekräftige, daß sich nur glückliche und gute Autofahrer in meiner Nähe befinden. Ich bin dankbar für die Möglichkeit, mit dem Auto so mühelos überallhin gelangen zu können.

11. Februar

Jede schwierige Situation in meinem Leben ist eine Lernerfahrung. Ich lerne, den Strom der Liebe, der uns alle vereint, in jede Situation einfließen zu lassen. Das ist eine Wohltat für alle Beteiligten.

12. Februar

Ich bin mir bewußt, wenn Ärger in mir hochsteigt, und ich drücke ihn auf positive und harmlose Weise aus. Viele wunderbare Veränderungen werden möglich, wenn ich die Energie des Ärgers mit der heilenden Kraft der Liebe in Berührung bringe.

13. Februar

Ich wasche mein Geschirr mit derselben spirituellen Energie, die ich zum Meditieren benutze. Die Kraft, die das Universum bewegt, ist in mir, im Geschirr und in allen anderen Dingen.

14. Februar

Ich bin bereit, die Liebe hereinzulassen. Meine Höhere Kraft hat dafür gesorgt, daß ich mich in Gesellschaft wirklich liebevoller Menschen befinde. Jeder Mensch, der mir begegnet, bringt nur Gutes in mein Leben.

15. Februar

Ich liebe meine Vorstellungskraft. Sie ist eine meiner machtvollsten Gaben. Ich benutze sie, um mir vorzustellen, daß mir selbst und den Menschen in meiner Umgebung nur Gutes widerfährt.

16. Februar

Alle Unternehmungen, zu denen die göttliche Weisheit mich hinführt, werden ein Erfolg. Ich lerne aus jeder Erfahrung, und es ist völlig in Ordnung, beim Lernen Fehler zu machen. Ich gehe von Erfolg zu Erfolg.

17. Februar

Das Leben meint es gut mit mir, und ich gebe das Gute, das ich empfange, auf vielfältige Weise zurück. Ständig strömen mir Wohlstand und gute Gelegenheiten zu. Ich habe stets alles Geld, das ich brauche.

18. Februar

Das Leben ist eine Reise der Selbstentdeckung. Erleuchtung bedeutet, nach innen zu gehen und zu wissen, wer ich wirklich bin, zu wissen, daß ich mich zum Besseren verändern kann, wenn ich mich selbst liebe.

19. Februar

Wir leben in einer Zeit der Heilung. Wir lernen, offen und aufnahmebereit zu sein für die Heilung, die jeder einzelne von uns braucht. Inmitten all der vielen Veränderungen sind wir stets beschützt.

20. Februar

Wir sind nicht hier, um andere Menschen zufriedenzustellen und unser Leben nach ihren Vorstellungen zu leben. Jeder von uns ist hier, um sein Leben auf seine eigene Weise zu leben. Ich liebe mein einzigartiges und wunderbares Leben.

21. Februar

So wie die Planeten in unserem Sonnensystem sich in einer perfekten Umlaufbahn bewegen, so bewege auch ich mich in der richtigen göttlichen Ordnung. Ich bin in Einklang mit dem Universum. Alles ist gut.

22. Februar

Mein klares, liebevolles Handeln verhilft mir zu klaren, liebevollen Erfahrungen. Es herrscht stets Bedarf an dem, was ich anzubieten habe. Ich bin ein wertvolles Mitglied der Gemeinschaft.

23. Februar

Spielen ist ein wichtiges Element in meinem Leben. Heute gönne ich mir etwas Spaß. Mein Inneres Kind lehrt mich, wie ich mich entspannen und das Leben genießen kann.

24. Februar

Ich kann meiner Höheren Kraft vertrauen. Sie zeigt mir, wie ich ein erfülltes, schmerzfreies Leben führen kann. Ich lerne, Schmerz als ein Alarmsignal zu betrachten, das mich ermahnt, auf meine innere Weisheit zu hören.

25. Februar

Meine Vorstellungskraft ist darauf ausgerichtet, heute eine positive Erfahrung zu erzeugen. Die Vergangenheit ist vorbei und erledigt. Es gibt nur die Erfahrung des gegenwärtigen Augenblicks. Alles ist gut im Hier und Jetzt.

26. Februar

Ich tue die Dinge, die zu tun ich hergekommen bin. Der Moment ist gekommen, meine Fähigkeiten unter Beweis zu stellen. Das Licht der Liebe erhellt meinen Weg und versüßt meine Wahrnehmung.

27. Februar

Meine Eltern sind wunderbare Menschen. Sie achten mich, und ich achte sie. Wir lieben einander, und jeder hilft dem anderen, so gut es geht, auf seinem Lebensweg.

28. Februar

Ich verzeihe mir, daß ich das Verhalten anderer Menschen beurteile. Ich öffne meine Wahrnehmung und sehe ihr Verhalten aus einer größeren Perspektive. Ich liebe es, andere Menschen zu ermutigen und zu inspirieren.

März

Lautlos und unsichtbar wirkt hinter allen äußeren Erscheinungsformen mein Höheres Selbst in vollkommener Ausgewogenheit und Harmonie. Ich fühle mich eins mit dem Universum. Tief in mir sprudelt eine nie versiegende Quelle unbeschreiblicher Freude, und ich weiß: Alles ist gut.

1. März

Meine Aufgabe besteht darin, dem Leben auf meine Weise Ausdruck zu geben. Die Kraft, die mich erschuf, hat mir alles mitgegeben, was ich brauche, um jedes erdenkliche Problem lösen zu können. Ich danke dafür, daß ich demonstrieren darf, wie die Kraft der göttlichen Intelligenz durch mich wirkt.

2. März

Ich kenne den Unterschied zwischen dem echten Bedürfnis und der Sucht nach Liebe. In vollkommener Harmonie erfahre ich jetzt göttliche Liebe und Weisheit. Dieses Wissen trägt zur Erfüllung meiner Bedürfnisse bei.

3. März

Es ist eine Freude, mit dem Geld zu arbeiten, das mir zufließt. Einen Teil spare ich, und einen Teil gebe ich aus. Täglich erhöhe ich mein Guthaben eindeutiger Bejahungen auf meinem kosmischen Bankkonto. Meine Umwelt ist ein genaues Abbild meiner geistigen Aktivität. Alles ist gut.

4. März

Ich weiß, wie ich mich entspannen kann. Jeden Tag nehme ich mir die Zeit, still zu werden, mich nach innen zu wenden und friedlich bei meinem inneren Selbst zu verweilen. Frieden, Liebe und Weisheit sind die natürlichen Qualitäten meines inneren Selbst. Ich atme sie ein und atme sie hinaus in meine Welt.

5. März

Ich arbeite stets in einer Umgebung, wo es harmonisch und fröhlich zugeht, wo die Menschen einander wirklich schätzen und respektieren. Meine Arbeit ist ideal für mich.

6. März

Ich löse mich vom Konkurrenzdenken und dem Vergleichen mit anderen. Ich bin einzigartig, und das trifft auch auf jeden anderen Menschen zu. Es ist Raum genug für uns alle, so daß jeder von uns voller Freude seiner einzigartigen Kreativität Ausdruck verleihen kann.

7. März

Ich erfülle mein Zuhause mit Liebe und fühle, daß es wirklich der Himmel auf Erden ist. Mein Inneres Kind fühlt sich hier wohl und erfreut sich lachend seines Lebens. Meine Eltern, meine Familie und meine Freunde respektieren meine Bedürfnisse, und ich respektiere ihre.

8. März

Alle Menschen sind miteinander verbunden. Wir sind Licht, Energie, Schwingung und Liebe. Wir alle haben die Kraft, ein sinnerfülltes Leben zu leben. Ich habe die Vision, daß die Erde ein wunderbarer Ort ist, an dem es sich lohnt zu leben. Diese Vision bewahrheitet sich jeden Tag.

9. März

Die Gedanken, die ich auswähle, sind das Werkzeug, mit dem ich die Leinwand meines Lebens bemale. Ich höre auf meine Intuition. Ich vergebe mir. Ich vertraue mir. Ich vertraue darauf, daß mein hell strahlendes Licht, mein Höheres Selbst, in allen Lebenslagen für mich sorgt.

10. März

Wohlstand ist in meinem Leben willkommen wie nie zuvor. Ich verdiene das Beste. Ich bin bereit, das Beste zu akzeptieren. Ich liebe mich und freue mich, eine göttliche, großartige Ausdrucksform des Lebens zu sein.

11. März

Ich bin ein guter Freund. Ich erfreue mich an der Gesellschaft guter Freunde. Niemand von uns ist vollkommen, und doch fühlen wir uns zueinander hingezogen, um gemeinsam das Leben zu genießen und einander Achtung und Aufrichtigkeit zu schenken. Es ist wirklich eine Ehre und ein Privileg, heilende Energie mit einem anderen menschlichen Wesen zu teilen.

12. März

Ich bin liebenswert. Ich bin schön. Ich bin stark. Ich öffne mein Herz für alle Teile meiner Person – für die Teile, auf die ich stolz bin, und für die Teile, für die ich mich schäme. Ich schenke mir die Freiheit, alles zu sein, was ich sein kann.

13. März

Mit Liebe heilt die Welt ihre Wunden. Ich sehe, wie alle Menschen schöpferisch und liebevoll leben. Ich sehe, wie eine Welle aus strahlendem Licht den ganzen Planeten einhüllt. Alles ist gut.

14. März

Unsere Familie ist eine liebevolle Familie. Auf der ganzen Welt gibt es keine zweite Familie, die genau so wie unsere ist. Wir sind eine einzigartige Ansammlung von Energie. Wir sind nicht immer einer Meinung, und doch wünschen wir einander stets das Beste.

15. März

Ich erzeuge Frieden in meinem Herzen. Tag und Nacht bin ich von Engeln umgeben. Wohin ich auch gehe, immer bin ich geliebt und beschützt. Das Licht ist gekommen. Ich bin frei.

16. März

Meine Macht liegt in der Gegenwart. Hier habe ich alle Wahlmöglichkeiten. Ich entscheide mich dafür, die Verantwortung für die Macht meiner Gedanken zu übernehmen. Meine Gedanken gehen von mir aus und kehren als äußere Erfahrungen zu mir zurück. Deshalb entscheide ich mich jetzt für die besten und hochstehendsten Gedanken, die ich kenne.

17. März

Ich nehme mir die Zeit, mir etwas Ruhe zu gönnen, ein heißes Bad, einen Spaziergang in der Natur oder eine andere Form der Entspannung. Ich spiele eine einzigartige Rolle in der Welt, und ich bin dankbar, daß mir alles zur Verfügung steht, was ich brauche, um diese Rolle auszufüllen.

18. März

Kinder lieben mich. Sie fühlen sich in meiner Nähe geborgen. Ich habe sie gerne um mich. Der Erwachsene in mir fühlt sich von den Kindern geschätzt und respektiert.

19. März

Mein Leben ist wie ein Garten. Die Gedanken, die ich pflanze, sind die Saat, aus denen sich später meine Erfahrungen entwikkeln. Dieser Vorgang braucht seine Zeit, deshalb übe ich mich in Geduld. Ich liebe meinen Geist.

20. März

Heute ist ein neuer Tag, und ich werde heute alles ein wenig anders tun. Ich passe mich dem Prozeß des Lebens an und fließe mit ihm. Ich entscheide mich für den Glauben, daß stets auf bestmögliche Weise für mich gesorgt ist.

21. März

Ich liebe es, zu lernen, zu wachsen und mich zu wandeln. Meine Aufgabe ist es, in der Gegenwart zu verweilen und auf den Fluß meiner Gedanken und Gefühle zu achten. Jeden Tag bin ich offen für eine neue Idee, die mir hilft, mich von der Vergangenheit zu lösen und meine Lebensqualität zu verbessern.

22. März

Ich wachse über die Grenzen meiner Eltern hinaus. Es ist jetzt für mich an der Zeit, selbständig zu denken. Ich öffne mich für die Weisheit in mir, die mir sagt, daß es in diesem Universum nur Eine Intelligenz gibt. Diese Intelligenz fließt jetzt durch mich.

23. März

Statt mich mit kritischem Denken herunterzuziehen, nähre ich mich mit liebevollen, aufbauenden Gedanken. Ich habe eine hohe Meinung von mir. Ich bin wunderbar, so wie ich jetzt bin.

24. März

Ich spüre eine friedvolle Macht in mir und ruhe in tiefer Geborgenheit. Ich bin reine Bewußtheit und vertraue alle meine weltlichen Angelegenheiten meiner göttlichen Quelle an.

25. März

Ich arbeite in einer erfreulichen Atmosphäre. Gemeinsam mit meinen Vorgesetzten und Kollegen wirke ich bei der Erzeugung von Produkten und Dienstleistungen mit, die für die ganze Welt von Nutzen sind.

26. März

Ich erfahre jetzt mehr über die Kindheit meiner Eltern, so daß ich meine Eltern in einem neuen, liebevolleren Licht sehen kann. Ganz gleich, ob meine Eltern noch leben oder bereits gestorben sind, ich kann mich vor einen Spiegel stellen und mit ihnen reden. So kann ich alte Probleme bereinigen, vergeben und weitergehen.

27. März

Die Fülle des Universums steht jedem offen. Ich bin dankbar für alles, was ich im Leben empfangen durfte. Ich verdiene das Beste, und ich akzeptiere jetzt das Beste.

28. März

Blühende Gesundheit ist mein ständiger Gefährte. Unwohlsein und Schmerzen kommen zu mir, um mich daran zu erinnern, daß ich mir die Zeit nehme, auf meinen physischen, emotionalen und geistigen Körper zu hören. Ich vertraue darauf, daß meine Höhere Kraft mir sagt, welche Veränderungen nötig sind. Ich bin sicher und geborgen.

29. März

Ich erfreue mich an meiner Sexualität. Sie ist natürlich, normal und perfekt. Mein Körper ist für mich ein Quell der Freude. So wie ich bin, bin ich gut genug und schön genug.

30. März

Mein Geist ist offen, und die Beschäftigung mit neuen Ideen macht mir Freude. Mein Herz ist offen und liebt es, diese neuen Ideen zu nähren. Gott hat mir die Fähigkeit geschenkt, mich biegsam wie ein Weidenzweig dem Fluß des Lebens anzupassen. Ich kann mich beugen und strecken und kehre doch immer wieder in meine Mitte zurück.

31. März

Ich entscheide mich für Gedanken, mit deren Hilfe sich die kleinen, alltäglichen Anforderungen leicht und mühelos bewältigen lassen. Es ist leicht für mich, meinen Finger am Puls des Lebens zu halten und mich auf jeden Menschen, jeden Ort und jedes Ding einzustimmen. Ich berühre meine Welt mit Liebe.

April

Starke kleine Knospen brechen aus den Zweigen hervor. Meine ganze Welt wird neu geboren. Ich erfreue mich des neuen Lebens, das ich mit meinen neuen Gedanken erschaffe.

1. April

Meine Arbeit gibt mir sehr viel. Ich betrachte mich als erfolgreich, und ich bin es tatsächlich. Viele Menschen profitieren von meiner Arbeit, oft ohne daß ich davon weiß. Wenn ich in der Welt arbeite, arbeitet meine Höhere Kraft durch mich.

2. April

Überall, wo ich hingehe, fühle ich mich geliebt. Ich beginne jeden Tag damit, daß ich mein Herz öffne. Ich lasse Liebe hinaus in meine Welt strömen und segne damit alles und jeden.

3. April

Ich bin ein JA-Mensch, der in einem JA-Universum lebt. Wenn ich in einer Sache Hilfe brauche, frage ich das Universum, und es hilft mir immer auf die erwartete oder auf eine unerwartete Weise. Ich habe einen direkten Draht zu der Kraft, die mich erschuf, und ich nutze ihn.

4. April

Ich achte auf meinen inneren Dialog. Immer wenn ich in mir eine verächtliche oder kritische Stimme höre, die mir sagt, daß ich nicht gut genug bin oder etwas falsch mache, antworte ich darauf, indem ich meinem Inneren Kind liebevoll zurede.

5. April

Ich bringe möglichst viel Stabilität in mein Erwachsenenleben, damit mein Inneres Kind sich sicher fühlt. Mit dem Gefühl der Sicherheit kommt die Bereitschaft, alte Muster hinter mir zu lassen und neue Erfahrungen zu machen.

6. April

Fehler sind meine Sprungbretter. Sie sind wertvolle Lehrer. Ich bestrafe mich nicht mehr, wenn ich einen Fehler mache. Jeder Fehler ist ein wichtiger Schritt auf meinem Weg. Jeden Tag liebe ich mich ein kleines bißchen mehr.

7. April

Ich wähle meine Worte gegenüber meiner Familie, meinen Freunden und Arbeitskollegen sorgfältig. Ich weiß, wie wichtig Worte sind. Was wir aussenden, kommt wieder zu uns zurück. Deshalb spreche ich freundlich, aufrichtig und liebevoll.

8. April

Ich programmiere mein Unterbewußtsein mit neuen Gedanken. Alte Gedanken, die in mir aufsteigen, zeigen mir, in welchen Bereichen noch neue Programmierungen nötig sind. Alles, was ich wissen muß, wird mir immer zur rechten Zeit und am rechten Ort enthüllt.

9. April

Ich habe keine Zeit, mich in Groll und Bitterkeit aus der Vergangenheit zu ergehen. In diesem gegenwärtigen Augenblick erschaffe ich meine Zukunft. Die Höhere Kraft in mir hilft mir, die Ketten der Vergangenheit zu sprengen. Voller Freude kehre ich jetzt in die Reinheit des Geistes zurück.

10. April

Ich kann meine Emotionen gefahrlos freisetzen. Ich kann zu geliebten Menschen sagen: »Ich liebe dich, und ich gebe dich frei. Du bist frei, und ich bin frei.« Ich bin jetzt sehr kreativ, wenn es darum geht, zu befreien und zu vergeben.

11. April

Mein Körper wurde dafür geschaffen, perfekt zu funktionieren, und er ist mit mächtigen Selbstheilungskräften ausgestattet. Wenn ich Schmerzen oder Müdigkeit spüre, frage ich meinen Körper: »Was kann ich tun, damit du dich gut fühlst?« Ich staune über die unglaublichen Fähigkeiten meines Körpers.

12. April

Ich bin von unbegrenzter, freudiger Energie erfüllt. Jede Zelle meines Körpers wird vom Morgen bis zum Abend von dieser

Lebenskraft durchtränkt. Jeden Morgen erwache ich voller Vorfreude auf die neuen Erfahrungen des Tages.

13. April

Ich bin nicht meine Ängste. Ich bin Teil eines unendlichen Universums, das nur das Beste für mich will. Wie Wolken lasse ich meine Ängste kommen und gehen. Ich vertraue dem Prozeß des Lebens.

14. April

Liebe ist etwas völlig Normales. Jedes Ding und jede Person, ich selbst eingeschlossen, sind in Wahrheit nichts als Liebe. Liebevoll zu sein ist für mich die einfachste Sache der Welt, denn es ist meine wahre Natur.

15. April

Es gibt auf dem Planeten niemanden sonst, der so ist wie ich. Es hat in der Vergangenheit nie jemanden wie mich gegeben, und es wird in der Zukunft nie wieder jemanden wie mich geben. Ich bin für immer eine einzigartige göttliche Schöpfung.

16. April

Heute halte ich mich an eine Diät aus positiven Gedanken. Ich habe das für mich zu diesem Zeitpunkt perfekte Gewicht. Ich weiß, wie ich meine Gesundheit bewahren kann. Ich bin sicher und geborgen, und alles ist gut.

17. April

Meine Gefühle sind gesund und natürlich. Ich weiß, ich kann alles, was ich fühlen kann, auch heilen. Deshalb lasse ich meine Gefühle zu, lerne die damit verbundenen Lektionen und gehe weiter. Ich vertraue dem Leben und weiß, daß alles in der richtigen göttlichen Ordnung geschieht.

18. April

Ich bin schön, und ich werde von Tag zu Tag attraktiver. Jeder Tag ist für mich etwas Besonderes und Kostbares, denn ich erlebe ihn nur einmal.

19. April

Ich entscheide mich für Gedanken, die Freude und Frieden erzeugen. In der Gewißheit, daß ich immer mit einem grenzenlosen und wohlwollenden Universum verbunden bin, lebe ich auf diesem Planeten sicher und geborgen.

20. April

Mit Dankbarkeit und Liebe bezahle ich Rechnungen und stelle ich Schecks aus. Ich bin völlig offen und empfangsbereit für die Fülle und den Reichtum, die das Universum mir bietet.

21. April

Ich bin bei der Arbeit immer entspannt. Ich mache meine Sache gut, und meine Arbeit wird von allen anerkannt. Stets öffnen sich mir neue Türen.

22. April

Jeder von uns erlebt den Reichtum und die Fülle des Lebens auf eine für ihn sinnvolle Weise. Es gibt kein richtig oder falsch, kein gut oder schlecht. Im Geist sind wir alle eins.

23. April

Indem ich mich selbst achte, verändert sich meine Welt zum Besseren. In der Gegenwart zu leben verleiht mir Macht. Genau so, wie ich bin, bin ich wertvoll und willkommen.

24. April

Meine Freunde und ich haben die Freiheit, ganz wir selbst zu sein. Indem ich mich selbst und andere liebevoll annehme, erschaffe ich dauerhafte Freundschaften. Liebe ist ein herrliches Gefühl!

25. April

Die wirklichen Probleme meiner Welt sind lösbar. Das unendliche Universum kennt die perfekten Umstände, die dem Bewußtsein auf diesem Planeten helfen, den Weg ins Licht zu finden. Ich bin reine Bewußtheit, die sich des Lichtes bewußt ist. Alles ist gut.

26. April

Heute lebe ich in der Gesamtheit aller Möglichkeiten. Es gibt in diesem Universum eine Macht, die weitaus größer als ich ist, und ich bin Teil dieser Macht. Es ist leicht für mich, in jenen Raum zu gelangen, wo der unendliche Geist seine Wirkung entfaltet. Ich bin bereit, mich von meinen Begrenzungen zu lösen und eine viel größere Wirklichkeit zu erfahren.

27. April

Meine täglichen Rituale sind flexibel, machen mir Spaß und helfen mir wirkungsvoll dabei, meiner Bestimmung zu folgen. Mein Leben ist geordnet, so daß ich Zeit dafür habe, kreativ zu sein.

28. April

Die Atmosphäre in meinem Zuhause ist hell und fröhlich. Jeder, der es betritt, fühlt sich willkommen und geliebt. Mein Zuhause ist ein Ort der Freude.

29. April

Mutter Erde selbst ist ein atmender Organismus, ein lebendiges Wesen. Alle ihre Systeme funktionieren in perfekter Harmonie. Auf vielfältige Weise trage ich zum Schutz des Planeten bei und helfe bei seiner Heilung.

30. April

Mein Immunsystem ist jederzeit aktiv. Ich bin durch die beste Lebensversicherung unter der Sonne geschützt: durch meine Kenntnis der kosmischen Gesetze und meine freudige Bereitschaft, sie in allen Bereichen meines Lebens anzuwenden.

Mai

Überall sehe ich Beweise für das
überströmende Fließen der Lebensenergien.
So wie Bäume und Blumen in
überschwenglicher Fülle ihre Samen
ausstreuen, säe ich meine Gebete ins
Universum, denn ich weiß:
Mit Gott sind alle Dinge möglich.

Mai

1. Mai

Ich werde ruhig und weiß, daß ich es wert bin, ein großartiges Leben zu haben. Ich verdiene nicht nur annehmbare, sondern wirklich wunderschöne Erfahrungen. Sanft und liebevoll bin ich mir bewußt, daß ich auf dem Weg bin, ein durch und durch liebender Mensch zu werden.

2. Mai

Für mich ist immer der richtige Moment. Wohin ich auch gehe, ich bin stets zur rechten Zeit am rechten Ort. Ich lebe im Jetzt. Alles, was ich brauche, ist hier.

3. Mai

Ich achte meinen Geist. Er ist der Schlüssel zu allen Segnungen in meinem Leben. Die Gedanken, die ich aussende, kommen als Erfahrung zu mir zurück. Ich suche nach Segnungen und finde sie!

4. Mai

Mein/e Partner/in ist liebevoll und unterstützt mich. Wir kommunizieren in allen Belangen aus dem Herzen. Wir schlafen nachts gut, in dem Wissen, daß wir einander lieben.

5. Mai

Ich bin Teil eines bedingungslos liebenden Universums. Ich bitte um die Dinge, die ich brauche, und meine Bitten werden leicht und rasch beantwortet. In meinem Geist ist Frieden, denn ich weiß, daß in mir eine enorme Weisheit wohnt, die mir immer zur Verfügung steht.

6. Mai

Meine Organe erfüllen voller Freude ihre Aufgaben in meinem Körper. Die Gelegenheit, in diesem wunderbaren Körper zu leben, erfüllt mich mit Staunen und Dankbarkeit. Jeder neue Tag ist ein Geschenk für mich. Ich fühle mich eins mit allem Leben.

7. Mai

Ich erschaffe für mich eine streßfreie Welt. Entspannung erneuert und erfrischt mich. Schönheit hebt meine Stimmung. Heute mache ich mir selbst eine Freude und erhelle dadurch meinen Tag.

8. Mai

Ich vertraue mir. Tief in mir gibt es ein stabiles Zentrum, auf das ich mich in Zeiten des Wandels und der Unruhe verlassen kann. Es ist gut und ungefährlich für mich, alte Denk- und Verhaltensmuster aufzugeben.

9. Mai

Ich entscheide mich dafür, während meiner Arbeitspausen gesunde Zwischenmahlzeiten und Getränke zu mir zu nehmen. Ich tue alles Erforderliche, um mir diese Entscheidung zu erleichtern. Gut und gesund zu essen ist eine meiner positiven täglichen Gewohnheiten.

10. Mai

Dieser Tag beginnt mit einem Lied der Freude. Immer wenn ich telefoniere, spreche ich deutlich und teile meine Absichten klar mit. Ich liebe den Klang meiner Stimme.

11. Mai

Ich liebe es, beim Baden angenehm duftende Seifen und Badezusätze zu benutzen. Solche kleinen, liebevollen Aufmerksamkeiten tun mir wirklich gut. Es ist schön, gut für mich zu sorgen.

12. Mai

Mein Auto ist sehr zuverlässig. Es ist ein Vergnügen, mit ihm bei jedem Wetter auf allen möglichen Straßen unterwegs zu sein. Ich schenke meinem Auto viel Liebe und fühle mich immer sehr gut, wenn ich es benutze.

13. Mai

Meine Eltern mögen mich, und ich mag meine Eltern. Wir sehen jeder das Beste im anderen. Wir zeigen uns unsere Liebe auf eine klare, deutliche Weise.

14. Mai

Mein Arbeitsplatz ist ein schöner Ort. Die Umgebung ist inspirierend und schön gestaltet. Immer wenn ich zur Arbeit gehe, fühle ich mich prima.

15. Mai

Meine Nachbarn sind gute, fürsorgliche Menschen. Wir pflegen guten Kontakt miteinander, aber wir respektieren auch die Privatsphäre des anderen.

16. Mai

Ich gönne mir heute etwas Spiel und Spaß. Mein Inneres Kind bringt mich auf lustige Einfälle, und zusammen heilen wir alte Wunden und erneuern unsere Unschuld und Liebe.

17. Mai

Die Türen der Freude stehen für mich heute weit offen. Durch sie kommt das Universum zu mir und hilft mir in allem. Ich bin es wert, ein wundervolles Leben zu führen. Hurra, dieses Leben beginnt jetzt!

18. Mai

Ich bin bereit zu lernen, wie man einen anderen Menschen bedingungslos liebt. Ich beginne damit, daß ich mich selbst ohne Bedingungen und Erwartungen liebe und akzeptiere. Es ist ein Privileg, ein liebender Mensch zu sein.

19. Mai

Ich lasse jetzt alle begrenzenden Ideen bezüglich meiner Finanzen hinter mir. Ich bin ein wertvoller Mensch, und ich arbeite weise mit aufregend hohen Geldsummen. Ich bin immer finanziell abgesichert.

20. Mai

Egal, ob ich zu Hause oder außerhalb esse, stets sorge ich dabei für eine friedliche Atmosphäre: viel Liebe, viel Schönheit, viel gute Gesellschaft und viel natürliches Essen von Mutter Erde.

21. Mai

Ich bin allen Lebenslagen gewachsen. Ich bin ein Schüler in der Schule des Lebens. An jedem Tag lerne ich Neues. Ich lerne, wachse und verändere mich mit Leichtigkeit.

22. Mai

Ich bin bereit, eine Arbeit aufzugeben, die meinen inneren Geist nicht wirklich nährt. Was für eine wundervolle, brillante, feinfühlige, starke und schöne Energie mein innerer Geist doch ist! Ich bin mit einer Arbeit gesegnet, die ich liebe.

23. Mai

Meine Sexualität gibt mir ein gutes Gefühl. Sie ist normal und natürlich. Meine Vorstellung von Gott unterstützt meine persönliche Wahrheit. Es ist gut und ungefährlich für mich, Nähe zu erleben und mein Innerstes mit einem anderen Menschen zu teilen.

24. Mai

Alle elektrischen Geräte funktionieren so gut, daß ich sie kaum wahrnehme. Ich schenke jetzt all den Apparaten, die meinen Alltag erleichtern, etwas Dankbarkeit. Danke – Kühlschrank, Herd, Entsafter, Mixer, Lampen, Telefon, Fax, Computer und all die anderen.

25. Mai

Liebe umgibt und schützt mich jederzeit. Ich habe auf meinem Weg immer ein perfektes Gespür für den richtigen Kurs und die richtigen Momente. Mühelosigkeit und Leichtigkeit sind meine Weggefährten.

26. Mai

Meine Arbeit ist zutiefst befriedigend für mich und alle anderen Beteiligten. Mein Chef, meine Kollegen und Kunden, sie alle sind mit meiner Arbeit zufrieden. Die Arbeit, die ich tue, erfüllt mich mit Stolz.

27. Mai

Ich führe meiner Welt positive Energie zu. Lachen, Singen und Tanzen sind natürliche und normale spontane Ausdrucksweisen. Wo ich auch hingehe, ich bin immer vollkommen. Ich bin ein positiver Mensch.

28. Mai

Wenn ich eine Atmosphäre von Liebe und Verständnis erzeuge, heilen mein Körper, mein Geist und meine Emotionen rasch. Ich vergebe der Vergangenheit und wende mich dem gegenwärtigen Augenblick zu. Göttliche Harmonie lenkt meinen Tag.

29. Mai

Heute bietet sich mir eine funkelnde Fülle von Möglichkeiten. Still und friedvoll weiß ich, daß die Zeit gekommen ist, wo mein Herz sich für neue Ebenen des Wohlstandes öffnet.

30. Mai

Wandern und andere einfache körperliche Betätigungen tragen zu meinem Wohlbefinden bei. Während des Tages denke ich immer daran, tief zu atmen, um mich von Angst und Anspannung zu befreien. Mein Körper freut sich über alles, was ich für ihn und mit ihm unternehme.

31. Mai

Es ist leicht für mich, mir vorzustellen, wie mir und den Menschen in meiner Umgebung Gutes geschieht. Wir alle entdecken jetzt allmählich, wie mächtig und leistungsfähig unser Geist ist. Heute begebe ich mich auf eine neue Stufe und stelle mir vor, wie der Planet Erde geheilt wird.

Juni

Die Natur entfaltet sich in einer unendlichen
Vielfalt von Farben und Formen.
Ich bin Teil der Natur, daher entfalte auch
ich mich farbenfroh und schön.
Die Möglichkeiten dazu sind unendlich und
ermutigend. In der Unendlichkeit des
Lebens, in der ich existiere, ist alles
vollkommen, heil und erfüllt.

Juni

1. Juni

Mein Bewußtsein ist der Ausgangspunkt meiner Weltsicht. Ich entscheide mich jetzt dafür, die begrenzte Weltsicht meiner Eltern zu überschreiten und meine eigene geistige Perspektive zu entwickeln. Das Universum hilft mir bei der Erschaffung einer sicheren und liebevollen Welt.

2. Juni

Ich bin ein sicherer Fahrer und ein freundlicher Mitfahrer. Ich fahre gern Auto, und wenn ich mich in einen Wagen setze, bin ich immer ruhig und entspannt.

3. Juni

Im Kleinen wie im Großen sorge ich bereitwillig für mich selbst. In der Außenwelt muß sich nichts verändern, damit ich mich erfüllt von Liebe, Kraft und Freude fühlen kann.

4. Juni

Ich behandele mich selbst, wie ich einen von Herzen geliebten Menschen behandeln würde. Ganz gleich, wohin ich gehe oder wen ich treffe, stets wartet die Liebe auf mich. Immer wieder einmal belohne ich mich selbst mit kleinen Geschenken. Ich liebe mich.

Juni

5. Juni

Lange Schlangen an der Kasse im Supermarkt sind wunderbare Gelegenheiten, positiv zu denken. Ich schicke dem Verkaufspersonal freundliche, liebevolle Gedanken. Mein Geist ist offen und empfangsbereit für meine Ideen. Die Schlange bewegt sich rasch vorwärts.

6. Juni

Ich bin ganz allein selbst dafür verantwortlich, ob ich mich geliebt und heil fühle. Ich bin eins mit der Unendlichkeit des Lebens. Daher weiß ich, daß mir alles, was ich wissen muß, zur rechten Zeit und am rechten Ort enthüllt wird.

7. Juni

Ich weiß, ich verdiene es, geheilt zu werden. Ich habe Geduld mit mir, denn ich weiß: Ich gebe mein Bestes mit dem Wissen und Können, über das ich gegenwärtig verfüge.

8. Juni

Wenn ich mich aus irgendeinem Grund bedrängt oder ängstlich fühle, unterbreche ich sofort mein inneres Geschwätz, wende mich an das göttliche Zentrum in mir und spüre die heilende Macht der Liebe. Alles ist gut in meiner Welt.

9. Juni

Ich habe ein wunderbares Verhältnis zu meinem Vermieter/meinen Mietern. Wir respektieren und unterstützen einander. Unsere Bedürfnisse werden immer erfüllt.

10. Juni

Ich kann nur die Dinge empfangen, für die mein Bewußtsein offen ist. Immer wenn ich einen Mangel spüre, weiß ich, daß es an der Zeit ist, mich zu öffnen und etwas Neues hereinzulassen. Ich kann mein Bewußtsein jederzeit erweitern.

11. Juni

Ich sehe, wie Krankheit, Selbstbestrafung und Schmerz aus meinem Leben ausgesperrt werden, während sich für Harmonie, Wohlgefühl und Freude neue Türen öffnen.

12. Juni

Wir alle sind hier, um uns selbst und unsere Mitmenschen zu lieben. Voller Freude spüre ich heute die Macht der Liebe. Sie fließt so mühelos aus meinem Herzen, wie ein Fluß ins Meer fließt.

13. Juni

Ich bin tolerant und großzügig mit mir, während ich als Mitschöpfer an der Erschaffung meines neuen Lebens mitwirke. Während dieses Prozesses verhalten sich meine Freunde mir gegenüber liebevoll und hilfsbereit, und ich bin mir selbst ein guter Freund. Mich selbst zu lieben fällt mir von Tag zu Tag leichter.

14. Juni

Mein Zahnarzt und mein Hausarzt sind fürsorgliche Menschen. Sie arbeiten offen und bereitwillig mit mir zusammen. Jede Hand, die mich berührt, ist eine heilende Hand. Alles ist gut.

15. Juni

Tankstellen befinden sich stets am richtigen Ort, und man bedient mich dort fair. Mein Auto hat einen sehr günstigen Benzinverbrauch. Autofahren ist eine Freude.

16. Juni

Meine Kreditwürdigkeit ist ausgezeichnet. Ich bezahle meine Rechnungen pünktlich. In finanziellen Angelegenheiten weiß ich mich immer sicher und beschützt.

17. Juni

Meine überreiche Energie ermöglicht es mir, mich grazil wie eine Gazelle durch Raum und Zeit zu bewegen. Es fällt mir leicht, von hier nach dort zu gelangen. Ich genieße meine Reise durchs Leben.

18. Juni

Ich bin mir der Bereiche in meinem Leben bewußt, die besonderer Aufmerksamkeit bedürfen. Ich bitte das Universum, daß es mir hilft, mich von allem zu lösen, was nicht zu meinem Besten ist. Ich bin bereit, mein Leben durch die Liebe verwandeln zu lassen. Meine Gebete werden beantwortet, und alles ist gut.

19. Juni

Der Wohlstand anderer Leute spiegelt meine eigene Fülle wider. Es ist für uns alle mehr als genug da. Ich erfreue mich am Wohlstand, wo immer ich ihn erblicke.

20. Juni

Ich widme täglich mindestens fünf Minuten meinem Inneren Kind. Wir spielen miteinander und reden über wichtige Dinge und über lustige Dinge. Mein Inneres Kind ist ein fröhliches, intelligentes, hoch kreatives Wesen. Es bereichert mein Leben.

21. Juni

Während ich im Meer des Lebens treibe, sind meine Gedanken fest in Wahrheit und Liebe verankert. So bewältige ich auch schlimmste Stürme. Das Universum führt mich sicher durch alles hindurch. Voller Freude nehme ich mein Leben an.

22. Juni

Das Universum unterstützt mich bei allen meinen Unternehmungen. Ich entscheide mich dafür, Dinge zu tun, die sinnvoll und segensreich für mich und meine Mitmenschen sind. Das Leben bietet mir wahre Erfüllung.

23. Juni

Mit Klugheit und Leichtigkeit bewältige ich die Widersprüche des Lebens. Manchmal bin ich sparsam und manchmal großzügig. Ich weiß mir immer zu helfen. Ich bin völlig offen für die Fülle des Universums.

24. Juni

Die Vorgänge in meinem Körper sind normal und natürlich. Ich akzeptiere meinen Körper. Er ist schön, großartig und voller Wunder.

25. Juni

Der Mensch, dem zu vergeben mir gegenwärtig am schwersten fällt, bedarf dieser Vergebung am meisten. Ich bin bereit, mich von dem Denkmuster zu lösen, das diesen Menschen in mein Leben zog. So kann ich erkennen, daß ich so, wie ich jetzt bin, heil und vollkommen bin. Ich gebe uns beiden die Freiheit, heil und vollkommen zu sein.

26. Juni

Alle meine zwischenmenschlichen Beziehungen sind echt und aufrichtig. Ich umgebe mich mit wunderbaren Menschen, die meine Talente zu schätzen wissen. Es gibt in diesem Universum nur Eine Intelligenz, und sie hat uns alle erschaffen. Ich liebe und schätze alle meine Beziehungen zu anderen Menschen.

27. Juni

Sich selbst anzunehmen und zu achten ist der beste Schlüssel zu positivem Wandel. Ich weiß, daß das funktioniert, und ich mache davon Gebrauch.

28. Juni

Ich bin ein einfaches menschliches Wesen mit einem verblüffend komplizierten System von Glaubenssätzen. Ich lerne jetzt, hinter allen meinen persönlichen Problemen die Liebe zu entdecken. Ich habe Geduld mit mir, während ich lerne und wachse.

29. Juni

Im Universum herrscht perfektes Gleichgewicht. Es gibt jemanden, der genau das benötigt, was ich anzubieten habe. Göttliche Führung bringt uns beide jetzt auf dem Schachbrett des Lebens zusammen.

30. Juni

Vergebung ist ein Geschenk, das ich mir selbst mache. Ich verwende dieses Geschenk täglich, um meine spirituelle Immunität zu stärken. Vergebung macht mein Herz zu einem Ort des Friedens.

JULI

Ich bin frei von meiner Vergangenheit, das weiß ich! In jedem Augenblick strömt eine Fülle von Ideen, Bildern und Gefühlen durch mein Bewußtsein. Das Universum schickt mir alles, dem ich meine Aufmerksamkeit widme. Deshalb konzentriere ich mich auf das Beste und Höchste.

Juli

1. Juli

Ich drücke meine Kreativität aus und habe den Mut, anderen mein inneres Selbst zu zeigen. Ich fühle mich von meiner Umwelt voll und ganz akzeptiert.

2. Juli

Äußere Ereignisse bringen mich immer weniger aus dem Gleichgewicht. Mehr und mehr vertraue ich darauf, daß das Leben mich sicher durch alle Veränderungen trägt. Meine Freunde und meine Familie sind mir gegenüber geduldig und freundlich. Ich erfreue mich am Fluß und Rhythmus meines sich beständig wandelnden Lebens.

3. Juli

Ich zeige dem Leben ein strahlendes Lächeln. Jeden Widerstand, den ich in mir bemerke, sehe ich nur als etwas, das es loszulassen gilt. Solche Empfindungen haben keine Macht über mich. Ich habe in meiner Welt die Macht.

4. Juli

Ich habe jederzeit die Freiheit, meine Gedanken selbst zu wählen. Heute feiere ich die klugen Schritte, die ich unternommen habe, um frei und unabhängig zu werden. Von Tag zu Tag fällt es mir leichter, mein Bestes zu geben.

5. Juli

Das Leben ist im wesentlichen sehr einfach. Was ich gebe, kommt wieder zu mir zurück. Deshalb achte ich sorgfältig darauf, das zu geben, was ich selbst gerne empfangen möchte. Heute entscheide ich mich dafür, Liebe zu geben.

6. Juli

Während der Arbeit ruhe ich stets in meiner Mitte. Ich arbeite mit Menschen zusammen, die mich lieben. Wir arbeiten an schönen, sinnvollen Vorhaben, die zum Wohle aller beitragen. Gutes Geld mit einer Arbeit zu verdienen, die ich liebe, ist meine größte Freude.

7. Juli

An jedem neuen Wendepunkt in meinem Leben gebe ich meinen Gefühlen Raum. Ich erhalte emotionale Unterstützung von liebevollen Menschen. Ich erschaffe mir einen Freiraum, in dem ich meine Emotionen ehrlich zeigen kann.

8. Juli

Mein innerer Geist ist immer schön und liebenswert, wie immer sich auch mein Äußeres verändern mag. Mich selbst zu lieben ist mein ›Zauberstab‹.

9. Juli

Ich bin ein guter Schüler/eine gute Schülerin. Ich entscheide mich dafür, daß Lernen ein Genuß ist und Freude macht. Die Menschen, die mir nahestehen, helfen mir, meine alten Denkmuster zu erkennen, und ich bin bereit, diese Muster zu ändern. Ich entscheide mich für die Freiheit.

10. Juli

Ich bin schön und werde jeden Tag anziehender. Ich bade im Sonnenschein positiver und wahrer Gedanken, durch die in meinem Herzen die Liebe wächst. Ich glaube an eine Macht, die weit größer als ich ist und mich in jedem Augenblick durchströmt.

11. Juli

Jeder Teil meines Körpers ist wichtig. Ich akzeptiere vollkommene Gesundheit als meinen natürlichen Zustand. Ich löse mich jetzt bewußt von allen geistigen Mustern, die sich in körperlichem Unwohlsein äußern könnten. Ich liebe und schätze meinen Körper.

12. Juli

Ich freue mich über die Erfolge anderer, denn ich weiß, daß genug für uns alle da ist. Ständig erhöhe ich mein Bewußtsein der Fülle, und das spiegelt sich auf meinem Bankkonto wider. Mein Einkommen wächst ständig.

13. Juli

Ich segne liebevoll mein Telefon. Es bringt mir nur Wohlstand und liebevollen Austausch mit anderen. Ich erwarte Gutes in meinem Leben, und alles ist gut.

14. Juli

Die anderen Mieter/innen im Haus sind wunderbare Menschen. Wir sind einzigartige Menschen, die harmonisch zusammenleben. Das ganze Haus ist von liebevollen Schwingungen erfüllt, die jedem guttun, der es betritt.

15. Juli

Ich verzeihe mir, daß ich nicht vollkommen bin. Ich gebe mein Bestes und erweitere ständig mein Wissen und Verständnis. Ich akzeptiere mich und die Art, wie ich mich verändere.

16. Juli

Die Intelligenz in mir ist dieselbe Intelligenz, die diesen ganzen Planeten erschaffen hat. Ich vertraue darauf, daß meine innere Führung mir alles enthüllt, was ich wissen muß.

17. Juli

Mein Inneres Kind weiß, daß ich es liebe. Immer wenn es mich braucht, bin ich für es da. Ich nehme es in den Arm, wenn es sich fürchtet. Ich lasse es seine Wut ausdrücken. Ich sage ihm oft, wie sehr ich es liebe.

18. Juli

Ich bin immer gut vorbereitet. Auch wenn das Wetter jeden Tag anders sein mag, in der Unendlichkeit des Lebens ist alles absolut perfekt. Wenn es regnet, trage ich einen Schirm. Wo ich bin, ist alles gut.

19. Juli

Ich bin bereit, alles Gute zu empfangen, das das Leben mir zu bieten hat. Diese innere Bereitschaft entsteht, wenn ich mich liebe und meinen Geist darauf trainiere, sich meiner eigenen guten Eigenschaft bewußt zu werden.

20. Juli

Ich habe die Vision, ein gesundes, achtsames, liebendes Wesen auf einem gesunden, reichen, schönen Planeten zu sein, und ich erfülle diese Vision jetzt mit Leben. Dies ist eine wunderbare Welt. Göttliche Liebe stillt gestern, heute und morgen alle menschlichen Bedürfnisse.

21. Juli

Meine Urlaubsreise ist gut geplant. Ich gebe nicht mehr Geld aus als vorgesehen, und alle haben eine schöne Zeit. Alle Menschen, denen wir begegnen, sind freundlich und hilfsbereit.

22. Juli

Meine Familie akzeptiert mich so, wie ich bin, und ich akzeptiere meine Familie so, wie sie ist. Jedes Familienmitglied ist liebenswürdig und wertvoll. Wir sind gerne zusammen.

23. Juli

Ich liebe es, in meinen persönlichen Dingen Ordnung zu halten. Meine Schränke sind aufgeräumt, und ich finde schnell alles, was ich brauche. Ich bin offen für neue kreative Einsichten.

24. Juli

Wenn ich einkaufen gehe, bewahre ich auch im dichten Gedränge die Ruhe. Die Dinge, nach denen ich suche, sind leicht zu finden. Das Verkaufspersonal behandelt mich zuvorkommend.

25. Juli

Ich lasse in meinem Leben Raum für Spaß und vergnügte Augenblicke, damit Humor mich durch alle Erfahrungen begleitet.

26. Juli

Hausarbeit ist für mich kinderleicht. Ich finde immer genug Zeit, um meine Wohnung in Ordnung zu halten. Es ist schön, nach Hause zu kommen.

27. Juli

An meinem Arbeitsplatz ist die Liebe für mich eine ständige Energiequelle. Ich mache meine Arbeit mit Liebe. Die Menschen, mit denen ich arbeite, sind liebevoll. Kreativität ist bei unserer Arbeit ein angenehmer und fröhlicher Begleiter.

28. Juli

Ich erlaube es mir, mich gut zu fühlen. Ich bin heiter und dankbar für meine großartige, blühende Gesundheit.

29. Juli

Mitgefühl ist eine der höchsten Formen der Liebe. Ich blicke umher, und jeder Mensch, den ich sehe, ist Gott.

30. Juli

Ich finde leicht Antworten und weiß sofort, was zu tun ist.

31. Juli

Ich bin kompetent und fähig, die Aufgaben zu bewältigen, denen ich mich heute gegenübersehe. Ich bewahre in meinem Denken Klarheit und Frieden. Ich werde geliebt.

August

Es gibt in meinem Leben genug Zeit der Ruhe, in denen ich mir die Möglichkeit gebe, meine Batterien aufzuladen. Auch wenn es den Anschein haben mag, daß ich in diesen Zeiten untätig bin, so wirkt doch die göttliche Intelligenz ständig in mir und durch mich. Ich bin in der Unendlichkeit des Lebens, und dort ist alles heil und vollkommen.

1. August

Ich lebe JETZT. Hier und jetzt kann ich mich weigern, den alten Film immer wieder neu abzuspulen, und gemeinsam mit meinem Höheren Selbst einen schönen neuen Film erschaffen. Licht! Bewußtheit! Action!

2. August

Alles, was ich brauche, ist in Reichweite. Sogar genug Geld ist verfügbar. Dankbar erhalte ich Hilfe aus erwarteten und unerwarteten Quellen. Ich gebe mir selbst die Erlaubnis, mich jederzeit allen Dingen gewachsen zu fühlen.

3. August

Mühelos bewege ich mich durch Zeit und Raum. Unbegrenzte Vitalität glüht in jeder Zelle meines Körpers. Ich fühle mich erhoben durch die Schönheit in mir und um mich. Ich weiß, daß ich von Natur aus stark bin.

4. August

Das Universum ist auf meiner Seite! Das Leben ist ein Abenteuer. Ich habe mich mit meinem Höheren Selbst verbündet. Daher kann ich gelassen durchs Leben gehen, im sicheren Wissen, daß alles sich zu meinen Gunsten entwickelt.

5. August

Ich bin auf dem richtigen Weg. In meinem Denken und Fühlen ist Klarheit und Frieden. In meinem Leben ist viel Platz für die Liebe.

6. August

Ich erkenne, daß ich für meine Lebensverhältnisse mitverantwortlich bin, und ich bin bereit, mich zu ändern. Ich spüre jetzt eine Macht in mir, die ich bei der Erschaffung positiver Erfahrungen ganz bewußt um Hilfe bitten kann.

7. August

Mein/e Lebensgefährte/in versteht mich. Unsere Temperamente ergänzen sich wunderbar, so daß wir Probleme mit Leichtigkeit und Liebe lösen können. Wir geben einander klare Signale, und jeder steht zu seinen Gefühlen.

8. August

Ich kann mein Bewußtsein jederzeit erweitern. Ich beginne mit einem geistigen Hausputz, bei dem ich mich von alten, abgenutzten Glaubenssätzen löse und Raum für neue, wichtige, positive Gedanken schaffe.

9. August

Ich ziehe auf ganz natürliche Weise gleichgesinnte Menschen an. Falls es zu Spannungen mit anderen kommt, weiß ich, daß es etwas für mich zu lernen gibt. Wenn die Lektion gelernt ist, kehrt die Harmonie zwischen mir und den anderen zurück.

10. August

Ich bin anfällig für gute Gesundheit. Ich bin körperlich in Topform. Mein Immunsystem schützt mich wirkungsvoll vor Krankheiten, denn auf einer tieferen Ebene ist Wahrheit meine ständige Nahrung.

11. August

Die Menschen in meiner Umgebung sind ein Spiegelsaal, in dem sich die unendliche Vielfalt meines unendlichen Selbst spiegelt. Ich sehe Unterschiede, und ich sehe Gemeinsamkeit. Das Wechselspiel zwischen uns allen ist nichts anderes als bedingungslose Liebe. Ich löse ich von meinen Erwartungen und akzeptiere das Leben, wie es ist.

12. August

Es ist ungefährlich für mich, Grenzen zu setzen und aufzulösen. Ich akzeptiere mein grenzenloses Wesen, und ich akzeptiere jene Bereiche, wo ich mich vorübergehend durch Grenzen definiere. Tag für Tag fällt es mir leichter, mein Bestes zu geben.

13. August

Ich sorge gut für mich, deshalb schaffe ich mir ein schönes Zuhause. Göttliche Weisheit, göttliche Harmonie und göttliche Liebe herrschen in meinem Haus.

14. August

Ich wache morgens gerne auf. Mein Beruf ist eine freudige Herausforderung, die ich heute gerne annehme. Ich spüre, wie das Universum sich liebevoll durch meine kreativen Talente und Fähigkeiten ausdrückt.

15. August

Meine Kommunikation mit anderen Menschen ist ausgezeichnet. Gute Schwingungen begleiten mich, wohin ich auch gehe. Ich fühle mich allen Menschen verwandt.

16. August

Die Natur spricht zu mir. Ich nehme mir immer wieder die Zeit, hinaus in die Natur zu gehen. Mit Grillen, Vögeln, Bäumen, Käfern und Eidechsen zu reden belebt mich irgendwie. Ich sage ihnen allen, daß ich sie liebe und dabei bin, neue Wege des Denkens und Handelns kennenzulernen.

17. August

Schönheit hat eine ganz eigene Heilkraft. Wenn ich still werde und mich auf die schönen Dinge in meinem Leben konzentriere, öffne ich mich für meine Selbstheilungskräfte.

18. August

Ich denke daran, während des Tages immer wieder tief durchzuatmen und mich vollständig zu entspannen. Jeder Augenblick ist gut, und meine Zukunft ist herrlich, fröhlich und sicher.

19. August

Ich habe ein gutes Verhältnis zu meinem Chef und meinen Arbeitskollegen. Wir alle bemühen uns bei unserer Arbeit gemeinsam um einen hohen Qualitätsstandard. Jeder von uns gibt und erhält sein Bestes.

20. August

Mein Partner/meine Partnerin und ich haben ein harmonisches Verhältnis. Wir kommen gut miteinander aus. Auch inspirieren wir einander durch unsere Güte. Wir machen es dem anderen leicht, sich von seiner besten Seite zu zeigen.

21. August

Sowohl in meinen persönlichen als auch in meinen geschäftlichen Beziehungen ist meine Individualität völlig ungefährdet. Ich verfüge über besondere Qualitäten und Eigenschaften, die mich außergewöhnlich machen, ohne die Harmonie mit anderen Menschen zu stören. Ich selbst zu sein ist ein spannendes Abenteuer.

22. August

Ich weiß, daß die Energie des Zorns nützlich ist, um die Mauern aus alten Glaubenssätzen niederzureißen. Daher richte ich sie auf diese Glaubenssätze und befreie sie auf harmlose Weise. Ich schaffe Raum in mir und fülle diesen Raum mit Liebe. Ich befreie andere, und ich befreie mich selbst.

23. August

Als geliebtes Kind des Universums verdiene ich ein glückliches Leben und unternehme die nötigen Schritte, um mir ein solches

Leben zu ermöglichen. Ich erwäge alle Möglichkeiten und mache Gebrauch von der Fähigkeit, meine Gedanken selbst zu wählen. Ich ziehe günstige Gelegenheiten an.

24. August

Meine finanziellen Wünsche gehen in Erfüllung. Es findet sich immer eine Geldquelle. Mein Bewußtsein akzeptiert Reichtum als etwas Natürliches. So lasse ich Wohlstand in mein Leben.

25. August

Bereitwillig leiste ich meinen finanziellen Beitrag zum Unterhalt der Stadt, in der ich lebe. Ich bin dankbar für die Wasser- und Stromversorgung, die Abwasser- und Müllbeseitigung, das Straßennetz, die Bahnen und Busse. Voller Freude mache ich Gebrauch von all diesen Dienstleistungen.

26. August

Ich habe einen endgültigen Schlußstrich unter alle Kritik an mir selbst und anderen gezogen. So, wie ich bin, bin ich okay. Jeden Tag verändere ich mich, wachse und gehe neue Wege. Und das gleiche trifft auf alle anderen Menschen zu.

27. August

Meine Selbstachtung ist unerschütterlich. Selbst in Situationen, wo mir der Boden unter den Füßen weggezogen zu werden scheint, weiß ich, daß ich die Kraft habe, mich anzupassen und meine Lektion zu lernen. Alles ist gut.

28. August

In meinen zwischenmenschlichen Beziehungen bin ich großzügig und großherzig. Ich folge der goldenen Regel: Behandele andere Menschen so, wie du selbst gerne von ihnen behandelt werden möchtest. Mein Leben ist erhaben, edel und reich.

29. August

Wenn es darum geht, sich körperlich zu betätigen, bin ich enthusiastisch und voller Schwung. Ich tanze, turne, springe und renne. Ich genieße es, Streß abzubauen und voller Energie zu sein.

30. August

Lernen macht Spaß. Es ist gut, mein Wissen auf sinnvolle Weise zu erweitern. Wenn ich einen Fehler mache, akzeptiere ich das sofort als Gelegenheit, etwas zu lernen. Ich bin ein Student an der Universität des Lebens und genieße es.

31. August

Die Weisheit des Universums ist unerschöpflich und steht mir jederzeit zur Verfügung. Ich bin mit der Gnade Gottes gesegnet. Mein Leben ist reich, denn ich bin mir bewußt: Alles, was ich wissen muß, wird mir stets zur rechten Zeit und am rechten Ort enthüllt.

SEPTEMBER

Und wieder beginnt ein neuer Zyklus in der Schule des Lebens. Zu erleben, wie jeder neue Tag ein neues Abenteuer bringt, erfüllt mich mit Ehrfurcht. Die Verfärbung der Blätter und die sich ändernden Temperaturen machen mir bewußt, daß es im Leben einen größeren Plan gibt. Ich bin ein geliebtes Kind eines unendlichen Universums, und alles ist gut.

1. September

Ich segne meinen momentanen Arbeitsplatz mit Liebe. Ich weiß, er ist nur eine Stufe auf meinem Weg. Meine Arbeit ist ein erfüllter, freudiger und natürlicher Ausdruck meiner Kreativität. Die Leute wissen meine Kreativität und Originalität zu schätzen.

2. September

Daß es mich überhaupt gibt, ist ein Wunder. Ich achte und schätze mich selbst und das Universum, das mich hervorgebracht hat. Ich betrachte jeden Menschen als ein Wunder, das Liebe, Lob und Wertschätzung verdient.

3. September

In einer Schlange zu warten oder mit dem Auto im Stau zu stehen sind Gelegenheiten, um mein Bewußtsein zu erweitern. Ich trainiere meine fünf Sinne, indem ich schaue, höre, berühre, rieche und schmecke. Stets bemerke ich neue und interessante Aspekte in meiner Umgebung.

4. September

Liebe befreit und entspannt mich, während ich lerne, Verbindung mit meinen Gefühlen aufzunehmen. Unterdrückte Gefühle machen depressiv. Zum Ausdruck gebrachte Gefühle machen lebendig. Ich bin ein starker, liebender, entspannter Ausdruck des Lebens und froh, am Leben zu sein!

5. September

Ich lerne jetzt, Gedanken zu wählen, die mir helfen, statt mich zu behindern. Ich bin frei, in meinem Leben das Kommando zu übernehmen. Jeder neue Tag ist ein neuer Anfang, an dem sich mir neue Wege öffnen.

6. September

Das Viertel, in dem ich wohne, ist eine sichere und erfreuliche Umgebung. Die Menschen in meiner Nachbarschaft sind freundlich und hilfsbereit. Wir stehen miteinander in gutem Kontakt. Ich wohne an einem Ort des Friedens.

7. September

Ich bin ein mächtiges Wesen. Ich erkenne und akzeptiere meine Macht. Ich entscheide mich für Gedanken, die es mir ermöglichen, meine Macht liebevoll und weise zu gebrauchen.

8. September

Ich höre mit liebevoller Aufmerksamkeit zu. Ich höre die Freuden des Lebens. Wenn ich anderen zuhöre, empfinde ich Mitgefühl für sie. Ich besitze einen aufnahmebereiten Geist.

9. September

Es fällt mir leicht, meinen Entschlüssen treu zu bleiben. Ich bleibe am Ball und untermauere meine Entschlüsse mit spirituellen Überzeugungen. Weisheit und Wahrheit sind mein Fundament.

10. September

Ich habe ein offenes Ohr für andere Meinungen und Ideen. Ich bin bereit, mich zu verändern, und flexibel in meinen Vorstellungen und kreativen Ausdrucksformen. Die Muster meines Wachstums erneuern sich ständig.

11. September

Ich schätze mich selbst so sehr, daß mein Herz seine Liebe überallhin verströmt, sie anderen Menschen, Orten und Dingen und dem Prozeß des Lebens selbst schenkt. Meine Liebe ist eine mächtige Wunderkur, und sie ist unerschöpflich. Ich liebe mich.

12. September

Ich beschließe jetzt, mich über meine persönlichen Probleme zu erheben und die Großartigkeit meines Wesens zu erkennen. Ich bin viel mehr als meine Persönlichkeit. Ich bin eins mit einem unendlichen Universum und von ganzem Herzen bereit, mich selbst lieben zu lernen.

13. September

Mein Wesen ist klar und harmonisch. Ich entspanne mich jetzt und bin im Frieden. Nur Liebe umgibt mich.

14. September

Ich tröste mich mit sanften, freundlichen Gedanken. Die Gewohnheit des ängstlichen, sorgenvollen Denkens habe ich aufgegeben. Entspannung hilft mir, Verbindung zu meiner inneren Kraftquelle aufzunehmen.

15. September

Ich habe gelernt, um Hilfe zu bitten, wenn ich sie brauche. Ich unterstütze mich selbst, wenn ich mir von Freunden helfen lasse. Ich unterstütze mich selbst, indem ich an mich glaube.

16. September

Humor spielt in meinem Leben eine wichtige Rolle. Ich lache viel, und ganz besonders über meine Probleme. Das wirkt befreiend und hebt meine Stimmung. An manchen Tagen nehme ich das Leben gerne von der lustigen Seite.

17. September

Ich liebe mich, deshalb achte ich darauf, was ich in den Mund stekke und ob es mir guttut. Gutes, nahrhaftes Essen gibt mir Energie. Es macht mir Freude, mich über die Grundlagen einer gesunden Ernährung zu informieren.

18. September

Ich bin für mein Inneres Kind da. Wenn sich meine Beziehung zu meinem Inneren Kind verbessert, kann ich mich auch anderen Menschen auf eine sichere, liebevolle Weise nähern. Mein Leben ist viel schöner, seit ich mit diesem kleinen Wesen in mir Verbindung aufgenommen habe.

19. September

Ich lebe mit allen Menschen, die ich kenne, in Harmonie und Gleichgewicht. Das, was ich anderen gebe, kommt hundertfach zu mir zurück. Ich ziehe nur liebevolle Menschen an.

20. September

Während des Tages löse ich mich immer wieder von mich begrenzenden Identitätsvorstellungen und erinnere mich daran, wer ich wirklich bin – ein herrliches göttliches Geschöpf, erschaffen von einem unendlichen Universum. Ich vertraue dem Universum, und ich liebe mich.

21. September

Ich schaue mich in meinem Leben um und finde fünf Dinge, für die ich dankbar bin. Ich bejahe meine Fähigkeit, mein Bewußtsein für größeren Wohlstand zu öffnen. Ich akzeptiere alles Gute.

22. September

Das Universum ist eine kosmische Macht, die alle Dinge erschafft. Mich mit dieser Macht zu verbinden und sie in mir zu spüren gibt mir Stehvermögen und Sicherheit. Jede Zelle meines Körpers weiß, daß diese Macht gut ist.

23. September

Von überallher kommt Gutes auf mich zu. Alle meine Wünsche werden erfüllt, noch ehe ich darum bitte. Alles ist gut.

24. September

Ich übernehme jetzt die Verantwortung für mich selbst. Ich weiß, daß ich etwas tun kann, um mein Leben zu ändern. Ich erschaffe mir jetzt eine sichere Zukunft.

25. September

Ich bin bereit, den Weg der Freiheit zu beschreiten. Ich kann keinen anderen Menschen heilen oder ändern oder ihm seine Lernaufgaben abnehmen. Ich entscheide mich für Gedanken, die mir helfen, mich selbst und andere zu lieben.

26. September

Wenn ich mir selbst vergebe, kann ich auch meinen Mitmenschen viel leichter vergeben. Dann kann ich das Beste in ihnen sehen und ihnen helfen, ihre schönsten Eigenschaften zum Ausdruck zu bringen. Freude erfüllt meine Welt.

27. September

Die Welt ist ein Kunstwerk, und das trifft auch auf mich selbst zu. Damit ich einen positiven Beitrag zu dieser ständig fortschreitenden Schöpfung leisten kann, muß ich dem Prozeß des Lebens vertrauen. Überall vollzieht sich göttliches rechtes Handeln.

28. September

Liebevoll segne ich meine Eltern und gebe ihnen die Freiheit, auf ihre eigene Weise glücklich zu werden.

29. September

Die Macht der Liebe lenkt das ganze Universum. Früher lernte ich, der Liebe Widerstand zu leisten. Jetzt dagegen lerne ich, mein Leben von der Macht der Liebe lenken zu lassen. Ich verdiene die Liebe.

30. September

Mit mir selbst zu leben ist eine wunderbare Erfahrung. Wenn ich morgens aufwache, ist es ein erregendes Gefühl, einfach nur dazusein. Herrlich, wieder einen neuen Tag in so guter Gesellschaft zu verbringen!

OKTOBER

Meine positive Geisteshaltung gestattet es
mir, den tiefsten Teil meines Wesens
kennenzulernen. Hier, in der Unendlichkeit
des Lebens, fühle ich mich heil und
vollkommen. Ich genieße die reiche Ernte
positiver, liebevoller Erfahrungen und
wandere friedvoll und dankbar in das
Gelobte Land des Hier und Jetzt.
Ich weiß, alles ist gut.

Oktober

1. Oktober

Der gegenwärtige Augenblick ist der wichtigste Augenblick meines Lebens. Ich mache mein Glück nicht länger davon abhängig, daß bestimmte Dinge oder Personen sich ändern. Ich bin im Jetzt glücklich. Alles, was ich brauche, ist da. Alles ist gut.

2. Oktober

Ich richte meine Aufmerksamkeit auf mein inneres Selbst und finde dort Frieden, Liebe und Freude. Es ist natürlich für mich, daß ich auch beim Einkaufengehen in mir dieses friedliche Gefühl habe. Bei größeren Einkäufen öffne ich mich sogar noch mehr und lasse mich bei der Kaufentscheidung von der Liebe leiten. Alles ist gut.

3. Oktober

Mein Friseur weiß genau, wie ich am besten aussehe. Moden kommen und gehen, doch ich bewahre meine innere Ruhe, denn ich bin mir stets meiner inneren Eleganz bewußt. Ich bin sicher und geborgen.

4. Oktober

Meine Bereitschaft, Geld zu akzeptieren, wächst von Tag zu Tag. Daß ich existiere, berechtigt mich, vollen Gewinn aus meinen

Gedanken zu ziehen. Ich löse mich von allen Gedanken, die mir suggerieren, ich sei nichts wert, und ersetze sie durch Gedanken an Universalen Wohlstand. Es ist gut für mich, reich zu sein.

5. Oktober

Alle meine Beziehungen sind harmonisch. Mein Denken in bezug auf Nahrung, andere Menschen, das Wetter, die Umwelt, die Karriere spiegelt wider, was ich in bezug auf mich selbst denke und empfinde. Ich liebe mich, deshalb ist mein Leben ein wunderschönes Lied der Freude.

6. Oktober

Ich höre auf, verzweifelt ums Überleben zu kämpfen. In jedem Moment entscheide ich mich dafür, mich vom Licht in mir führen zu lassen. Ich vergebe und löse mich völlig von der Vergangenheit. Ich bin frei.

7. Oktober

Es gibt einen Menschen, der genau zu mir paßt. Wir sind geistig im Einklang. Unsere Meinungsverschiedenheiten helfen uns, unser Bewußtsein zu erweitern. Wir behandeln einander auf liebevolle Weise, in dem Wissen, daß wir beide geliebte Kinder desselben unendlichen Universums sind.

8. Oktober

Alle Zellen in meinem Körper hören jeden Gedanken, den ich denke. Wir schwingen auf der gleichen Wellenlänge. Ich sorge für nahrhaftes Essen und Trinken, und mein Körper dankt es mir mit Kraft und blühender Gesundheit.

9. Oktober

Das Kind in mir weiß, wie man spielt, liebt und staunt. Wenn ich diesen kindlichen Teil in mir unterstütze, öffnet sich mein Herz, und mein Leben ändert sich zum Besseren. Ich liebe mein Inneres Kind.

10. Oktober

Meine Brüder und Schwestern sind Spiegel für mich. Ich kann andere Menschen nur ändern, indem ich mich selbst ändere. Ich ermächtige mich jetzt, alle Schuldzuweisungen aufzugeben und meine Bewußtheit zu verändern. Ich bin frei. Ich bin mächtig. Ich bin reine Bewußtheit.

11. Oktober

Ich fühle mich in meinem Körper zu Hause. Es ist gut, sich zu entspannen und hier und jetzt mit sich im Frieden zu sein. Innere Stärke fließt in mir und um mich. Frieden ist die Macht, die in mir lebendig ist.

12. Oktober

Ich bin jetzt bereit, meine eigene Größe und Schönheit zu erkennen. Es ist gut, mich selbst so zu sehen, wie ich wirklich bin.

13. Oktober

Ich höre jetzt damit auf, immer wieder den gleichen alten Film ablaufen zu lassen, und sorge von nun an liebevoll für meinen Körper, meinen Geist und meine Emotionen. Ich erschaffe jetzt einen neuen Film, in dem es ungefährlich für mich ist, für mich selbst zu sorgen.

14. Oktober

Es ist gut, nicht zu wissen, wie alles funktioniert. Nur eines weiß ich wirklich: Es gibt eine Macht, die viel größer als ich ist. Diese Macht fließt jederzeit in mir, und ich kann mich immer für sie öffnen.

15. Oktober

Fröhliche neue Ideen zirkulieren jetzt ungehindert in mir. Mein Geist ist frei, die Macht meines Herzens zu erleben. Meine Verwandten, meine Freunde und meine spirituelle Familie, sie alle schätzen meine Freiheit und meine Freude.

16. Oktober

Meine Gefühle sind normal, und es ist ungefährlich, sie zuzulassen. Es erfüllt mich mit Dankbarkeit, daß ich alle meine Gefühle auf einfache und harmlose Weise ausdrücken kann. Ich fühle Erfüllung.

17. Oktober

Ich habe für jede Aufgabe, die ich heute erledigen muß, genügend Zeit. Ich bin stark, denn ich lebe ganz in der Gegenwart. Hier und jetzt ist alles gut.

18. Oktober

Meinen Freunden und Kollegen gegenüber bin ich freundlich und tolerant. Mit Flexibilität und Leichtigkeit sehe ich alle Seiten eines Problems. Es gibt immer unzählige Lösungsmöglichkeiten. Ich bin sicher und geborgen.

19. Oktober

Ich vertraue darauf, daß die göttliche Weisheit mich führt und beschützt. Wohin ich auch gehe, immer weiß ich, daß das Universum mich trägt und fördert. Ganz gleich, welches Verkehrsmittel ich heute benutze, stets gelange ich sicher und mühelos ans Ziel. Alles ist gut.

20. Oktober

Ich weiß, daß mein Leben wichtig ist. Mehrmals täglich gönne ich mir einen Moment der Stille, in dem ich Verbindung mit meinem Herzen aufnehme. Mein Herz schlägt im Rhythmus der Liebe.

21. Oktober

Mein Arzt liebt mich und ermutigt mich, an meiner Heilung mitzuwirken. Meine Termine bei ihm sind immer aufmunternd und positiv.

22. Oktober

Ich habe gelernt, meine Wünsche offen auszusprechen. Es ist gut und ungefährlich, die eigenen Gedanken und Gefühle klar und deutlich zu artikulieren. Ich bin allen Situationen gewachsen.

23. Oktober

Mein Leben läuft wie geschmiert. Alles ist in der richtigen göttlichen Ordnung, von den Sternen am Himmel bis zu den Kleidern in meinem Schrank. Ich liebe und schätze meinen klaren, geordneten Geist.

24. Oktober

Mein gegenwärtiger Arbeitsplatz ist ein vorübergehender Kanal für das Gute, das aus der Einen Unendlichen Quelle fließt. Es ist gut und ungefährlich für mich, den Kanal zu wechseln. Wenn sich ein Kanal verschließt, öffnet sich dafür ein anderer. Ich habe immer Zugang zu der Einen Unendlichen Quelle. Ich bin in Sicherheit.

25. Oktober

Ich erlebe die Sicherheit einer intimen Beziehung zu einem wunderbaren Menschen, der mich aufrichtig liebt. Wir beide erkennen jetzt die Kraft unseres Geistes und unserer Herzen.

26. Oktober

Ich entscheide mich dafür, die Süße und Freude des Lebens zu erfahren. Ich gebe jedes Bedürfnis nach Kontrolle auf. Ich weiß, daß ich alles, was ich brauche, zur rechten Zeit bekomme.

27. Oktober

Mein Zuhause ist ein Zentrum der Liebe. Es ist ein sicherer Ort, wo ich Ruhe finde und meditieren kann. Doch es ist zugleich auch der richtige Ort, um eine Party zu geben und mit Freunden zu feiern.

28. Oktober

Ich bereite mich auf einen gesunden Schlaf vor, indem ich vorher für Ruhe und Entspannung sorge. Ich liebe es, erfrischt und ausgeruht aufzuwachen. Wenn ich mich an einen Traum erinnere, bitte ich ihn, mir seine Botschaft zu verraten. Mein Bewußtsein und mein Unterbewußtsein sind gute Freunde.

29. Oktober

Ich lebe inmitten unglaublicher Veränderungen, und das alles macht mir großen Spaß. Hinter allem wirkt die Macht der Liebe. Ich werde auf jedem Schritt meines Weges geführt. Alles ist gut.

30. Oktober

Scheinbar zufällig ereignen sich in meinem Leben immer wieder kleine Wunder. Tagtäglich übe ich mich in der Kunst, solche Wunder hervorzubringen. Ich fühle mich großartig!

Oktober

31. Oktober

Ich liebe mich, deshalb lehre ich mich selbst die Wahrheit über meinen Geist – wie mächtig er ist. Meine Erfahrungen im Leben werden durch meine Gedanken erzeugt. Ich habe die Macht, neue Gedanken zu denken. Alles ist gut.

NOVEMBER

Tag für Tag öffne ich mein Bewußtsein ein wenig mehr für die göttliche Weisheit in mir. Ich bin froh, lebendig zu sein, und so dankbar für das Gute, das mir geschenkt wurde. Mein Leben ist eine Lobeshymne, mit der ich Gott und mir selbst für all diese reichen Segnungen danke. Ich bin ein strahlendes, leuchtendes Wesen des Lichtes, und es ist gut und gefahrlos, mein Licht zu zeigen.

November

1. November

Ich verdiene es, Ruhe und Stille zu finden, wenn es mir danach verlangt. Ich schaffe in meinem Leben Raum für diese Bedürfnisse. Ich gebe meinen Ideen die Chance, Wurzeln zu schlagen. Ich nehme gegenüber dem Lauf des Lebens eine geduldige und liebevolle Haltung ein.

2. November

Liebe ist die Kraft, die alles im Universum verbindet. Ich liebe mich und fühle mich dadurch mit allem verbunden. Je mehr Liebe ich in mir habe, desto mehr kann ich geben. Die Art, wie ich von der Liebe Gebrauch mache, gibt mir ein gutes Gefühl.

3. November

Ich glaube an mich. Ich weiß, ich bin fähig, Mitschöpfer einer friedlichen Welt zu sein. Ich suche mir Freunde, die meine Interessen teilen, und gemeinsam helfen wir einander. Ich liebe das Leben und die Freuden des Lebens.

4. November

Mein Arbeitsplatz ist nicht zu weit von meiner Wohnung entfernt. Meine Arbeitszeit entspricht genau meinen Bedürfnissen. Es fällt mir leicht und macht Spaß, bei der Arbeit produktiv und ordentlich zu sein. Ich liebe meinen Beruf.

5. November

Alles, dem ich meine Aufmerksamkeit widme, entwickelt sich zu meiner Zufriedenheit. Selbst schwierige Probleme verwandeln sich schließlich in echte Chancen. Ich habe genügend Energie, um alle Dinge auf erfreuliche und gesunde Weise zu tun.

6. November

Manchmal weiche ich von meiner üblichen Routine ab und tue etwas Ungewöhnliches. Ich nehme eine Veränderung in meiner Wohnung, meiner Lebensweise, meinen Geschäften vor, die für mich und für andere von Vorteil ist. Ich begrüße Veränderungen und erweitere meine Grenzen.

7. November

Wenn ich eine Sache angefangen habe, führe ich sie auch zu Ende. Das ist mir zur zweiten Natur geworden. Ich wahre bei allen meinen Projekten und Aufgaben einen Rhythmus und eine Harmonie, die allen Beteiligten zugute kommt. Mit Liebe und Freude akzeptiere ich meine Verantwortung.

8. November

Es macht mir Freude, meine innere Landschaft zu pflegen. Ich denke mir eine Meditation aus, die ich, wenn ich allein bin, konstruktiv nutzen kann. Ich erfreue mich an meiner inneren Suche und finde viele Antworten.

9. November

Erfolg zu haben fällt mir leicht, denn mein inneres Auge ist die ganze Zeit darauf ausgerichtet. Ich teile meine Zeit klug ein, meine Aktivitäten sind gut durchorganisiert, und ich mache ehrliche, faire Geschäfte. Ich bin der wohlhabende, erfolgreiche Manager meiner Welt.

10. November

Es gibt eine Zeit des Empfangens und eine Zeit des Loslassens. Wenn etwas abgeschlossen ist, bleibe ich nicht daran kleben, sondern entlasse es mit Liebe. Ich bin immer zufrieden, ausgefüllt und perfekt.

11. November

Ich nehme mir die Zeit, zu träumen und mir ein ideales Leben vorzustellen. Ich setze mir innere Normen, die es mir ermöglichen, mit mir selbst in Frieden zu leben, während ich mich darin übe, meine Ideale zu verwirklichen. Ich höre auf die innere Stimme der Weisheit.

12. November

Ich bin gerne ein Mitglied dieser Gesellschaft. Meine Selbstachtung wächst ständig und ermöglicht es mir, meinen Beitrag zum Allgemeinwohl zu leisten. Ich arbeite zum Wohle des Planeten, und ich bin gesegnet.

13. November

Es macht mir Freude, in meiner Umgebung Ordnung zu halten, so daß ich die Dinge, nach denen ich suche, rasch finde. Die Macht des Universums hilft mir dabei, und ich verfüge über unbegrenzte Energie.

14. November

Ich vertraue mir und meiner Intuition. Ich spüre meine Macht. Wenn ich mich daran mache, alte Glaubenssätze aufzugeben, hilft mir das Leben bei jedem Schritt. Ich werde auf Wegen mit Nahrung, Kleidung, Obdach und Liebe versorgt, die ich als zutiefst befriedigend empfinde.

15. November

Heute ist ein harmonischer, glücklicher, liebevoller und friedlicher Tag. Ich habe genug Zeit, um mich meinen Mitmenschen zu widmen. Mit meinen freundlichen, angenehmen Gedanken und Gefühlen erzeuge ich Harmonie.

16. November

Meine Kreativität fließt ungehindert, und ich verwende sie großzügig. Ich segne alles und jeden. Lachen, Singen, Tanzen und Spielen sind wichtige kreative Ausdrucksformen. Ich strahle Freude aus und teile dieses Gefühl mit anderen.

17. November

Hausarbeit gehört zum Leben dazu, und ich erledige sie rasch und mühelos. Ich bin gesund an Körper, Seele und Geist und erfüllt von unbegrenzter Energie. Ich liebe es, mein Leben gut zu organisieren, und weiß, daß meine Arbeit dauerhafte Erfolge bringt.

18. November

Ich erwache jetzt für positive Veränderungen und wirkliche Freiheit. Ich fühle mich gut genug, um mich auf neue Lebenserfahrungen einzulassen. Sogar der Tod ist eine Veränderung zum Besseren. Es ist gut und ungefährlich, loszulassen und auf Gott zu vertrauen.

19. November

Mein Immunsystem ist allem gewachsen, mit dem ich in Berührung komme. Es ist wachsam gegenüber allen unliebsamen Überraschungen und sorgt immer für mein Wohlergehen. Ich liebe meine unerschütterliche gute Gesundheit.

20. November

Ich lebe im Hier und Jetzt. Jeder Moment bietet mir eine Fülle von Möglichkeiten. Klar und positiv denkend verbünde ich mich mit meinem Höheren Selbst, und gemeinsam erschaffen wir alle meine Erfahrungen. Alles ist gut.

21. November

Mein Zuhause ist ein Ort des Friedens. Zu Hause finde ich immer Trost und Ruhe. Falls nötig, fällt es mir leicht, positive Veränderungen in meinem Heim vorzunehmen. Zu Hause zu sein ist eine zutiefst befriedigende Erfahrung für mich.

22. November

Mein inneres Selbst weiß, daß das Universum jetzt dabei ist, mir zu einer enorm reichen Ernte zu verhelfen. Schweigend wende ich mich nach innen und lausche. Voller Liebe betrachte ich die Natur und all ihre Schönheit und fühle mich belebt und erfrischt.

23. November

Ich trainiere meinen Körper regelmäßig und lasse mich, falls notwendig, ärztlich untersuchen. Mein angeborenes Urteilsvermögen sagt mir, daß ich in ständiger Verbindung zu der Einen Universalen Intelligenz bin. So schreite ich, mit dem Universum als Partner, von Erfolg zu Erfolg.

24. November

Meine Freizeit mit meinen Freunden zu verbringen macht mir großen Spaß. Wir genießen es, unserer Kreativität freien Lauf zu lassen. Es gibt immer etwas zu lachen, und nie vergessen wir, dankbar für all unsere Segnungen zu sein.

25. November

Dinge erfolgreich zu Ende zu bringen ist genauso normal und natürlich, wie etwas Neues anzufangen. Das eine folgt dem anderen, wie die Nacht auf den Tag folgt. Ich bin eins mit all diesen

Dingen. Ich weiß: Wenn ich Altes freigebe und loslasse, öffnen sich in meinem Leben neue Türen. Ich vertraue dem Lauf des Lebens.

26. November

Ich bin ein Licht für diese Welt. Mein Hiersein erleichtert anderen das Leben. Und darum folge ich meinem inneren Stern und funkle und leuchte auf meine besondere, stille Weise. Alles ist gut.

27. November

Wie dankbar ich doch bin, daß ich in dieser Zeit großer Veränderungen leben darf! Auch wenn die Lage schwierig wird, kann ich mich immer für die Weisheit in meinem Inneren öffnen. Von dort kommen Antworten, Heilung und neue Ideen. Ich liebe mein Leben.

28. November

Wohin ich auch gehe, immer erwarten mich reiche Segnungen. Ich bin ein Magnet für alles Gute, denn ich entscheide mich für positive Gedanken. So zu leben ist ein erregendes Abenteuer. Ich bin bereit für die Freiheit.

29. November

Ich vergebe der Vergangenheit und allen vergangenen Erfahrungen. Ich lebe ganz und gar im Jetzt. Im Wissen, daß meine Zukunft hell, fröhlich und sicher ist, lasse ich meine ganze Liebe in den gegenwärtigen Augenblick fließen.

30. November

Ich breite meine Arme aus und empfange die Fülle des Reichtums, den das Universum zu bieten hat. Ich kann diesen Reichtum jederzeit, Tag und Nacht, in mein Leben lassen. Mehr und mehr werde ich mir der Fülle bewußt. Es gibt mehr als genug für uns alle.

Dezember

Ich bin mit dem ganzen Universum verbunden, und ich werde göttlich geführt und beschützt. Tag für Tag fühle ich mich auf diesem heiligen Planeten neu geboren. Die Gaben des Lebens auf der Erde sind Frieden, Liebe und Freude. Dankbar empfange ich diese Gaben und teile sie mit meinen Mitmenschen. Gemeinsam erschaffen wir eine Welt, in der wir einander gefahrlos lieben können.

Dezember

1. Dezember

Meine Haustiere helfen mir, bedingungslose Liebe kennenzulernen. Ich schaffe eine sichere, liebevolle Umgebung für sie. Es ist ein Privileg für mich, für sie sorgen zu dürfen. Ich liebe meine Haustiere.

2. Dezember

Ich nehme mir genügend Zeit, um inneren Frieden zu finden. Ich weiß, daß ich auf diese Weise mein wahres Potential entfalten kann. Mein Inneres Kind weiß, daß es mein natürlicher Zustand ist, zu blühen und zu gedeihen. Ich bin mein eigener Erlöser. Ich liebe mich.

3. Dezember

Ich bin verantwortlich für meine Gedanken. Ich versuche nicht länger, sie zu unterdrücken oder zu verdrängen, sondern lasse sie einfach fließen. Ich ruhe im sicheren Wissen, daß ich die Kraft meines Geistes auf jede gewünschte Weise einsetzen kann.

4. Dezember

Mein Körper ist mit Sternenlicht gefüllt. Er ist ein Energiefeld reiner Bewußtheit, in dem die Freude des Lebens schwingt und zirkuliert. Alles ist gut in meiner Welt.

5. Dezember

Ich habe beschlossen, mich mit dem ewigen Urgrund allen Seins zu identifizieren. Hier bin ich sicher. Hier kann ich mich völlig entspannen und mich dem Leben öffnen. Ich bin in der Unendlichkeit des Lebens, wo alles perfekt, unversehrt und vollkommen ist.

6. Dezember

Alle Menschen sind immer hilfsbereit. Ich nehme mir genug Zeit für meine Urlaubseinkäufe. Mühelos erwerbe ich das, was ich brauche, zu erschwinglichen Preisen.

7. Dezember

Ich gehe pfleglich mit meiner Kleidung um. Sie hält lange, weil ich sie mit Freude und Dankbarkeit trage, wasche, bügele und ausbessere.

8. Dezember

Ich setze meine kreative Energie auf eine Weise frei, die ich als erfreulich und anregend empfinde. Neue Aspekte in mir tun sich auf, und ich erlebe mich als ein dynamisches, kreatives menschliches Wesen. Ich genieße das Leben.

9. Dezember

Alle meine zwischenmenschlichen Beziehungen sind harmonisch. Niemand muß sich ändern, damit ich mich von grenzenloser Liebe erfüllt fühlen kann. Andere Menschen spiegeln die Liebe wider, die ich für mich selbst empfinde. Alles ist gut.

10. Dezember

Es ist eine schöne, gesunde Sache, Feste zu feiern. Ich feiere mit Freunden und Kollegen auf eine Weise, bei der ich mich gut fühle. Ich kann gefahrlos Fülle erleben.

11. Dezember

Ich habe alles Geld, das ich brauche. Meine Anschaffungen bewegen sich im Rahmen meiner finanziellen Möglichkeiten. Das, was ich anderen gebe, ist stets willkommen. Was ich bin und was ich habe, teile ich mit anderen, denn im Geiste sind wir alle eins.

12. Dezember

Ich blicke liebevoll auf meine Vergangenheit zurück und entscheide mich dafür, von meinen früheren Erfahrungen zu lernen. Es gibt kein richtig oder falsch, gut oder schlecht. Es gibt nur den gegenwärtigen Augenblick. Ich liebe mich dafür, daß ich mich selbst aus der Vergangenheit sicher in die Gegenwart gebracht habe. Alles ist gut.

13. Dezember

Die verjüngende Energie der Liebe liebkost jede Zelle meines Körpers. Ich entspanne mich und lasse diese liebevolle Energie alle Spannungen und überholten Glaubenssätze auflösen. Täglich meditiere ich darüber, daß die Liebe in mir gegenwärtig ist.

14. Dezember

Liebevoll und freudig akzeptiere ich meine Sexualität und ihre Ausdrucksformen. Meine biologischen Bedürfnisse sind ein natürlicher, normaler Teil meines Lebens. Ich kann völlig gefahrlos ich selbst sein.

15. Dezember

Meine Schwestern und Brüder sind großherzig. Wir empfinden Toleranz, Mitgefühl und Liebe füreinander. Ich öffne meiner Familie mein Herz.

16. Dezember

Täglich verbringe ich ein wenig Zeit damit, darüber nachzudenken, was ich in meinem Leben verwirklicht sehen möchte. Heute ist ein neuer Tag. Ich bin für mich selbst verantwortlich. Ich bin eins mit der Macht, die mich erschuf. Diese Macht hilft mir, frei von meiner Vergangenheit zu werden. Alles ist gut.

17. Dezember

Ich stelle mir eine Welt vor, in der die Menschen wichtiger sind als der Profit. Eine Welt, in der die natürlichen Lebensgrundlagen für zukünftige Generationen bewahrt werden. Die Liebe in meinem Herzen verleiht mir die Kraft, jetzt mit der Erschaffung einer solchen Welt zu beginnen.

18. Dezember

Ich suche die Nähe von Menschen, deren Gesellschaft gut für mich ist. Sie unterstützen mich bei der Bewältigung meiner Probleme und tragen zu meiner Lebensqualität bei. Meine Zukunft leuchtet in einem hellen Licht.

19. Dezember

Ich achte und respektiere mich. Ich denke Gutes von den Menschen in meiner Umgebung. Wenn jemand seine Sache gut macht, lobe ich ihn dafür. Meine Selbstachtung erhebt mich.

20. Dezember

Es fällt mir leicht, um Hilfe zu bitten, wenn ich Hilfe brauche. Auch inmitten großer Veränderungen fühle ich mich sicher und geborgen, denn ich weiß, daß ständige Veränderung ein natürliches Gesetz des Lebens ist. Ich bin bereit, mich zu verändern.

Ich entschied mich dafür, mich selbst zu lieben und den heutigen Tag zu einer schönen Erfahrung zu machen.

21. Dezember

Mich selbst zu lieben ist eine Aufgabe, der ich mich aufrichtig widme. Tief im Zentrum meines Seins gibt es einen unerschöpflichen Brunnen der Liebe. Ich lasse jetzt zu, daß diese Liebe in mir emporsteigt, in alle Richtungen ausstrahlt und hundertfach vermehrt zu mir zurückkehrt. Mit Liebe sind alle Dinge möglich.

22. Dezember

Ich bin freundlich und zuvorkommend gegenüber anderen Passanten und den Menschen in den Geschäften. Ich mache auf dem Bürgersteig und an der Kasse bereitwillig Platz. Jetzt ist eine Zeit des Friedens. Ich erzeuge Harmonie, wohin ich auch gehe.

23. Dezember

Meine innere und äußere Welt sind im Gleichgewicht. Ich atme tief und ruhig, und es fällt mir leicht, mich zu entspannen. Es ist ein befreiendes Erlebnis, den Fluß meiner Gedanken und Gefühle zu beobachten. Ich weiß immer, wie es weitergeht.

24. Dezember

Dankbar erkenne ich an, daß ich viel mehr kann, als ich mir selbst zugetraut habe. Je mehr ich mich öffne und dem Leben vertraue, desto mehr Hilfe erhalte ich vom Universum. Ich fühle mich aufrichtig geliebt.

25. Dezember

Ich feiere das Wunder meines Daseins. Ich öffne mein Herz und schenke den Menschen meine Liebe. Alle fühlen sich dadurch gesegnet. Ich fühle mich durch und durch wohl.

26. Dezember

Für die Liebe gibt es keine Hindernisse. Ich liebe mich selbst, daher erwartet mich Liebe, wohin ich auch gehe. Sie kommt aus meinem Herzen, und ihr Vorrat ist unerschöpflich. Ich bin stark.

27. Dezember

Meine Quelle ist die Unendlichkeit. Sie versorgt mich durch eine Vielzahl von Kanälen mit dem Geld, das ich brauche. Ich stelle mir vor, daß die Weltwirtschaft unbegrenzten Wohlstand aus der Einen Quelle schöpft. Alle Menschen haben genug Geld, um sich alles zu kaufen, was sie brauchen.

28. Dezember

Ich bin glücklich in meinem Haus/meiner Wohnung. Ich segne jeden Menschen, der mein Zuhause betritt. Es ist angenehm, sich in meinen Räumen aufzuhalten. Ich komme gern nach Hause.

29. Dezember

In allen Menschen wirkt die natürliche Macht der Liebe. Es ist schön, Liebe zu geben und zu empfangen. Im Universum gibt es genug Freude für alle. Ich liebe es, mir selbst eine Freude zu machen.

30. Dezember

Ich habe das für mich ideale Körpergewicht. Ich sorge gut für mich und schütze meine Gesundheit auf liebevolle Weise. Meine Diät aus positiven Gedanken zahlt sich in jeder Hinsicht aus.

31. Dezember

Der letzte Tag dieses Jahres ist ein herrlicher Tag. Ich verbringe ihn damit, etwas für mich wirklich Bedeutungsvolles zu tun. Mein Leben wird immer besser und besser. Ich liebe mich.

Meditationen für persönliche und planetare Heilung

Finden Sie Ihre innere Mitte, auch wenn um Sie herum unglaubliches Chaos herrscht.
Erkennen Sie Ihren Mut und Ihre Fähigkeit, weit mehr zu tun, als Sie selbst je für möglich gehalten hätten.

Die Heilungsarbeit, die wir zum Abschluß unserer Seminare und Selbsthilfegruppen tun, ist sehr wirkungsvoll. Für gewöhnlich teilen wir uns in Dreiergruppen auf und praktizieren gegenseitiges Handauflegen. Das ist eine wunderbare Form, Energie zu empfangen und sie mit vielen Menschen zu teilen, die auf die eine oder andere Art davor zurückscheuen, selbst um Hilfe zu bitten. Oft kommt es dabei zu tief bewegenden Erfahrungen.
Ich möchte Ihnen einige der Meditationen vorstellen, die wir in unseren Heilungszirkeln anwenden. Es wäre sehr schön, wenn Sie sie regelmäßig anwenden, entweder allein oder gemeinsam mit anderen Menschen.

Das innere Kind berühren

Sehen Sie Ihr inneres Kind deutlich vor sich und achten Sie darauf, wie es aussieht und sich fühlt. Trösten Sie Ihr Kind. Bitten Sie es um Verzeihung. Sagen Sie ihm, wie leid es Ihnen tut, daß Sie es im Stich ließen. Sie waren so lange weg, doch jetzt möchten Sie das alles wiedergutmachen. Versprechen Sie diesem kleinen Kind, daß Sie es niemals wieder alleinlassen werden. Immer wenn es möchte, kann es die Hand nach Ihnen ausstrecken, und Sie werden dasein. Wenn es sich fürchtet, werden Sie es in den Arm neh-

men. Wenn es wütend ist, ist es völlig in Ordnung, diese Wut auszudrücken. Sagen Sie ihm, daß Sie es sehr lieben.
Sie haben die Macht, eine Welt zu erschaffen, in der Sie und Ihr Kind gerne leben möchten. Sie verfügen über die Macht Ihres Geistes und Ihrer Gedanken. Erschaffen Sie eine wunderschöne Welt. Sehen Sie Ihr Kind entspannt und geborgen, friedvoll, lachend, beim Spielen mit Freunden. Sehen Sie, wie es im Freien herumtobt. Eine Blume berührt. Einen Baum umarmt. Einen Apfel pflückt und ihn mit Genuß ißt. Mit einem kleinen Hund oder einem Kätzchen spielt. Luftsprünge macht. Vergnügt lacht, zu Ihnen rennt und Sie an sich drückt.
Sehen Sie, wie Sie beide gesund an einem schönen, sicheren Ort leben. Wundervolle Beziehungen zu Ihren Eltern, Freunden und Kollegen haben. Überall freudig willkommen geheißen werden. Eine besondere Art der Liebe erleben. Sehen Sie, wo Sie leben und welcher Beschäftigung Sie nachgehen möchten. Und sehen Sie deutlich, daß Sie gesund sind. Sehr gesund. Fröhlich. Und frei. Und so sei es.

Eine gesunde Welt

Stellen Sie sich bildhaft vor, daß diese Welt ein großartiger Ort ist. Sehen Sie, wie alle Kranken geheilt werden und die Obdachlosen versorgt werden. Sehen Sie, wie Krankheit zu einem Wort aus der Vergangenheit wird und man aus allen Krankenhäusern Wohnhäuser macht. Sehen Sie, wie allen Gefängnisinsassen beigebracht wird, sich selbst zu lieben, und wie man sie als verantwortungsbewußte Bürger in die Freiheit entläßt. Sehen Sie, wie die Kirchen Sünde und Schuld aus ihren Lehren entfernen. Sehen Sie, wie die Regierungen sich wirklich um die Menschen kümmern.
Gehen Sie nach draußen und spüren Sie den klaren Regen. Wenn der Regen aufhört, erscheint ein wunderschöner Regenbogen. Sehen Sie, wie die Sonne scheint, und spüren Sie die saubere und klare Luft. Riechen Sie ihre Frische. Sehen Sie das Wasser in un-

seren Bächen, Flüssen und Seen glitzern und funkeln. Bemerken Sie, wie üppig die Vegetation ist. Es gibt viel Wald. Blüten, Früchte und Gemüse wachsen überall in Hülle und Fülle. Sehen Sie, wie die Menschen von Krankheit völlig geheilt werden, so daß Krankheit gänzlich der Vergangenheit angehört.
Reisen Sie in andere Länder und sehen Sie, daß dort überall Frieden herrscht und genug für alle da ist. Sehen Sie Harmonie zwischen den Völkern und daß wir alle unsere Waffen niederlegen. Schuldzuweisungen, Kritik und Vorurteile geraten immer mehr aus der Mode und verschwinden schließlich ganz. Sehen Sie, wie Grenzen einstürzen und alle Getrenntheit verschwindet. Sehen Sie, wie wir alle eins werden. Sehen Sie unsere Mutter Erde, den Planeten, heil und ganz.
Sie erschaffen jetzt diese neue Welt, indem Sie Ihren Geist dazu benutzen, sich eine neue Welt bildhaft vorzustellen. Sie sind mächtig. Sie sind wichtig, und was Sie tun, zählt. Leben Sie Ihre Vision. Tun Sie, was in Ihrer Macht steht, um diese Vision zu verwirklichen. Gott schütze uns alle. Und so sei es.

Ihr heilendes Licht

Schauen Sie tief in Ihr Herz und finden Sie diesen winzigen, hell strahlenden Lichtpunkt. Wie schön er leuchtet! Er ist das Zentrum Ihrer Liebe und Ihrer Heilungsenergie. Sehen Sie, wie dieser kleine Lichtpunkt zu pulsieren beginnt und wächst, bis er Ihr Herz ausfüllt. Sehen Sie, wie dieses Licht vom Scheitel bis zu den Finger- und Zehenspitzen Ihren ganzen Körper durchflutet. Er erstrahlt in diesem wunderschönen Licht. Das ist Ihre Liebe und Ihre Heilungsenergie. Lassen Sie Ihren ganzen Körper in diesem Licht pulsieren. Sie können zu sich sagen: »Mit jedem Atemzug werde ich gesünder und gesünder.«
Spüren Sie, wie dieses Licht Ihren Körper von Krankheit reinigt, so daß Ihre Gesundheit wiederhergestellt wird. Lassen Sie dieses Licht nach allen Richtungen ausstrahlen und die Menschen in Ih-

rer Umgebung berühren. Berühren Sie jeden, von dem Sie wissen, daß er Bedarf dafür hat, mit Ihrer Heilungsenergie. Senden Sie Ihr Licht in Pflegeheime und Krankenhäuser, in Kinderheime und Gefängnisse, Nervenheilanstalten und andere Orte der Verzweiflung. Senden Sie Hoffnung, Erleuchtung und Frieden dorthin.
Senden Sie Ihr Licht in jedes Haus in Ihrer Stadt, von dem Sie wissen, daß dort Schmerz und Leid herrschen. Bringen Sie mit Ihrer Liebe, Ihrem Licht, Ihrer Heilungsenergie allen Bedürftigen Trost. Senden Sie Ihr Licht in die Kirchen, um die Herzen aller dort Verantwortlichen zu öffnen, so daß sie wahre, bedingungslose Liebe leben. Senden Sie Ihr schönes Licht in die Hauptstadt in alle Regierungsgebäude, so daß dort Erleuchtung und Wahrheit einziehen. Senden Sie es in die Hauptstädte aller anderen Länder. Suchen Sie sich einen Ort auf dem Planeten aus, bei dessen Heilung Sie gerne mithelfen möchten. Konzentrieren Sie Ihr Licht auf diesen Ort. Dieser Ort kann weit weg sein oder gleich um die Ecke. Konzentrieren Sie Ihre Liebe, Ihr Licht und Ihre Heilungsenergie auf diesen Ort und sehen Sie, wie dort Gleichgewicht und Harmonie einkehren. Sehen Sie diesen Ort heil und ganz. Nehmen Sie sich täglich einen Moment Zeit, um Ihre Liebe, Ihr Licht und Ihre Heilungsenergie zu diesem bestimmten Ort zu senden. Wir sind das Volk. Wir sind die Kinder. Wir sind die Welt. Wir sind die Zukunft. Was wir geben, kommt vielfach vermehrt zu uns zurück.
Und so sei es.

Wohlstand erlangen

Verwirklichen wir jetzt für uns einige positive Qualitäten. Wir sind offen und empfänglich für wunderbare neue Ideen. Wir lassen jetzt zu, daß Wohlstand in unser Leben strömt wie noch nie zuvor. Wir verdienen das Beste. Wir sind bereit, das Beste zu akzeptieren. Unser Einkommen wächst unaufhörlich. Wir wechseln von Armuts-Denken hinüber zu Wohlstands-Denken. Wir lieben uns selbst. Wir erfreuen uns an dem, was wir sind, und wir wissen, daß das Leben immer für uns da ist und stets all unseren Bedarf deckt. Wir schreiten von Erfolg zu Erfolg, von Freude zu Freude und von Fülle zu Fülle. Wir sind eins mit der Macht, die uns erschuf. Wir geben unserer Größe vollen Ausdruck. Wir sind der göttliche, großartige Ausdruck des Lebens. Wir sind offen und empfangsbereit für alles Gute. Und so sei es.

Das Kind willkommen heißen

Legen Sie Ihre Hand auf Ihr Herz. Schließen Sie die Augen. Sehen Sie Ihr inneres Kind nicht nur, sondern werden Sie zu diesem Kind. Meine Stimme ist jetzt Ihre Familie, die zu Ihnen sagt:

Wir sind so froh, daß du gekommen bist. Wir haben auf dich gewartet. Wir sind so froh, daß du Teil unserer Familie bist. Du bist so wichtig für uns. Wir sind so froh, daß du ein kleiner Junge (ein kleines Mädchen) bist. Wir lieben deine Einzigartigkeit. Ohne dich wäre unsere Familie nicht dasselbe. Wir lieben dich. Wir möchten dich stützen. Wir möchten dir helfen, zu wachsen und alle deine Talente zu entfalten. Du brauchst nicht wie wir zu sein. Du kannst du selbst sein. Du bist so schön. Du bist so klug. Du bist so kreativ. Es ist eine große Freude für uns, daß du da bist. Wir lieben dich mehr als alles andere in der Welt. Wir danken dir, daß du uns als deine Familie ausgewählt hast. Wir wissen, daß du gesegnet bist. Du hast uns durch dein Kommen gesegnet. Wir lieben dich. Wir lieben dich wirklich.

Lassen Sie diese Wort für Ihr inneres Kind wahr werden. Jeden Tag können Sie sich selbst umarmen und diese Worte sprechen. Sie können dabei in den Spiegel schauen. Sie können auch einen Freund umarmen, während Sie diese Worte sprechen.
Sagen Sie sich all die Dinge, die Sie von Ihren Eltern gerne gehört

hätten. Ihr kleines Kind möchte erwünscht und geliebt sein. Schenken Sie Ihrem Kind diese Liebe. Wie alt, krank oder ängstlich Sie auch sein mögen, Ihr kleines Kind möchte von Ihnen geliebt und angenommen werden. Sagen Sie Ihrem Kind immer wieder: »Ich brauche dich, und ich liebe dich.« Das ist die Wahrheit. Das Universum braucht Sie, und deshalb sind Sie hier. Sie wurden immer geliebt und werden immer geliebt werden, bis in alle Ewigkeit. Sie können für alle Zeiten glücklich und zufrieden leben. Und so sei es.

Liebe ist Heilung

Liebe ist die größte heilende Kraft. Ich öffne mich für die Liebe. Ich bin bereit, zu lieben und geliebt zu werden. Ich sehe mich blühend und gedeihend. Ich sehe mich gesund. Ich sehe mich kreativ erfüllt. Ich lebe in Frieden und Sicherheit. Senden Sie allen Menschen, die Sie kennen, Gedanken des Trostes, des Verständnisses und der Liebe. Seien Sie sich bewußt, daß Sie, wenn Sie solche Gedanken aussenden, ebensolche empfangen.

Umhüllen Sie Ihre Familie mit einem Mantel der Liebe, die lebenden und die verstorbenen Familienmitglieder. Dehnen Sie diesen Mantel aus auf Ihre Freunde, Ihre Kollegen und alle Menschen, denen Sie gerne vergeben möchten, ohne zu wissen wie.

Senden Sie Liebe zu allen an Aids und Krebs Erkrankten und zu deren Freunden und Partnern, dem Pflegepersonal, den Ärzten, Therapeuten und Bestattern. Visualisieren wir das Ende von Aids und Krebs. Sehen Sie vor Ihrem geistigen Auge folgende Schlagzeilen: »Heilmittel gegen Aids gefunden. Heilmittel gegen Krebs gefunden.«

Treten auch Sie selbst in diesen Kreis der Liebe ein. Vergeben Sie sich. Bejahen Sie, daß Sie wundervolle, harmonische Beziehungen zu Ihren Eltern haben, getragen von gegenseitiger Achtung und Fürsorge.

Hüllen Sie mit Ihrem Mantel der Liebe den ganzen Planeten ein. Öffnen Sie Ihr Herz, so daß Sie in sich jenen Raum finden, in dem bedingungslose Liebe wohnt. Sehen Sie, wie alle Menschen in Würde, Frieden und Freude leben.
Sie sind liebenswert. Sie sind schön. Sie sind mächtig. Sie öffnen sich für alles Gute. Und so sei es.

Wir sind frei, wir selbst zu sein

Um heil zu werden, müssen wir uns selbst vollständig annehmen. Öffnen Sie also Ihr Herz, und schaffen Sie dort Raum für alle Teile Ihrer Persönlichkeit. Für die Teile, auf die Sie stolz sind, und für die Teile, derer Sie sich schämen. Sie gehören alle zu Ihnen. Sie sind schön. Wir alle sind es. Wenn Ihr Herz von Selbst-Liebe erfüllt ist, dann können Sie anderen Menschen viel geben.
Füllen Sie jetzt Ihr ganzes Zimmer mit dieser Liebe und lassen Sie sie hinausstrahlen zu allen Menschen, die Sie kennen. Sehen Sie diese Menschen in der Mitte Ihres Zimmers, so daß sie all die Liebe Ihres überfließenden Herzens empfangen können. Vom Kind in Ihnen zu den Kindern in ihnen. Sehen Sie jetzt, wie all diese Kinder in den Menschen tanzen, wie es Kinder tun, hüpfen, lachen, Purzelbäume schlagen, erfüllt von überschäumender Freude.
Lassen Sie Ihr Kind hinausgehen und mit den anderen Kindern spielen. Lassen Sie Ihr Kind tanzen, sich geborgen und frei fühlen. Lassen Sie Ihr Kind alles sein, was es immer schon sein wollte. Sie sind vollkommen, heil und ganz. Alles ist gut in Ihrer wunderschönen Welt. Und so sei es.

Heilungsenergie mit anderen teilen

Schütteln Sie Ihre Hände und reiben Sie sie aneinander. Teilen Sie Ihre Energie dann mit dem wunderschönen Geschöpf vor Ihnen. Es ist eine große Ehre, ein großes Privileg, seine Heilungsenergie mit einem anderen menschlichen Wesen teilen zu dürfen. Und es ist so einfach.

Immer wenn Sie mit Freunden zusammen sind, können Sie etwas Zeit darauf verwenden, Heilungsenergie miteinander zu teilen. Wir müssen lernen, auf einfache, bedeutungsvolle Weise einander zu geben und voneinander zu empfangen. Eine einfache Berührung, die sagt: *Ich bin für dich da.* Vielleicht können wir die Krankheit des anderen nicht heilen, aber wir sorgen für ihn. *Ich bin für dich da, und ich liebe dich.* Gemeinsam können wir die Antworten finden.

Alle Krankheit endet. Alle Krisen enden. Spüren Sie die heilenden Energien. Lassen Sie zu, daß diese Energie, diese Intelligenz, dieses Wissen in uns erwacht. Wir verdienen es, geheilt zu werden. Wir verdienen es, heil zu sein. Wir verdienen es, zu wissen und zu lieben, was wir sind. Göttliche Liebe wird stets alle menschlichen Bedürfnisse stillen. Und so sei es.

Ein Kreis aus Liebe

Sehen Sie sich in einem sehr sicheren Raum stehen. Lassen Sie all Ihre Sorgen, Schmerzen und Ängste los. Alle negativen Muster und Süchte. Sehen Sie, wie Sie von Ihnen abfallen. Sehen Sie sich dann mit ausgebreiteten Armen in Ihrem sicheren Raum stehen, und sagen Sie: »Ich bin offen und empfangsbereit für ____________ ____.«

Sprechen Sie an dieser Stelle Ihre Wünsche offen aus. Nicht das, was Sie nicht wollen, sondern das, was Sie wollen. Und seien Sie sich bewußt, daß es möglich ist. Sehen Sie sich heil und gesund. Und in Frieden. Sehen Sie, daß Sie ganz von Liebe erfüllt sind.

Eine einzige Idee genügt, um unser Leben zu verändern. Auf diesem Planeten können wir in einem Kreis aus Haß leben oder in einem heilenden Kreis aus Liebe. Ich entscheide mich für den Kreis aus Liebe. Ich bin mir bewußt, daß alle Menschen sich wünschen, was ich mir wünsche. Wir wünschen uns kreative Selbsterfüllung. Wir wünschen uns Frieden und Geborgenheit.

Spüren Sie jetzt in dieser Geborgenheit die Verbundenheit mit anderen Menschen überall auf der Welt. Lassen Sie Ihre Liebe von Herz zu Herz fließen. Seien Sie sich, während Ihre Liebe hinausströmt, bewußt, daß Sie vielfach vermehrt zu Ihnen zurückkehrt. *»Ich sende tröstliche Gedanken zu allen Menschen und weiß, daß diese Gedanken zu mir zurückkehren.«* Sehen Sie, wie die Welt sich in einen unglaublichen Kreis aus Licht verwandelt. Und so sei es.

Sie verdienen es, geliebt zu werden

Wir brauchen nicht alles zu glauben. Das, was Sie gerade benötigen, wird zum genau richtigen Zeitpunkt zu Ihnen kommen. Wir alle haben die Fähigkeit, uns selbst mehr zu lieben. Jeder von uns verdient es, geliebt zu werden. Wir verdienen ein gutes Leben, Gesundheit, Liebe, Wohlstand. Das kleine Kind verdient es, einem wunderschönen Leben entgegenzugehen.

Sehen Sie sich von Liebe umgeben. Sehen Sie sich glücklich, gesund und heil. Sehen Sie das Leben klar vor sich, das Sie sich für sich wünschen. Sehen Sie es in allen Einzelheiten. Seien Sie sich bewußt, daß Sie dieses Leben verdienen. Lassen Sie dann die Liebe aus Ihrem Herzen hervorströmen und Ihren Körper mit heilenden Energien erfüllen.

Lassen Sie Ihre Liebe durch das Zimmer und das ganze Haus strömen, bis Ihr Heim von einem riesigen Kreis aus Liebe umgeben ist. Spüren Sie, wie Ihre Liebe zirkuliert, wie sie aus Ihnen hervorströmt und wieder zu Ihnen zurückkehrt. Liebe ist die wirksamste Heilkraft. Lassen Sie sie frei zirkulieren und Ihren Körper reinigen. Sie sind Liebe. Und so sei es.

Ein neues Jahrzehnt

Sehen Sie, wie sich die Tore öffnen zu einem Jahrzehnt großer Heilung. Eine Art der Heilung, die wir in der Vergangenheit nicht begriffen haben. Wir sind dabei zu lernen, welche unglaublichen Fähigkeiten in uns stecken. Wir lernen, mit jenem Teil von uns in Kontakt zu treten, der alle Antworten kennt und dazu da ist, uns zu unserem höchsten Guten zu führen.
Sehen wir also klar vor uns, wie diese neue Tür sich weit öffnet. Wir durchschreiten sie und finden Heilung auf vielfältige Weise. Denn Heilung bedeutet für jeden Menschen etwas anderes. Bei vielen von uns braucht der Körper Heilung. Manche brauchen Heilung für ihre Herzen, manche für ihren Geist. Seien wir also offen und empfangsbereit für die Art von Heilung, die der einzelne jeweils benötigt. Öffnen wir die Tore weit für persönliches Wachstum, durchschreiten wir diese Tore im Wissen, daß wir inmitten aller Veränderung auf immer geborgen sind. Und so sei es.

Ich bin Geist

Nur wir allein können die Welt retten. Wenn wir uns für dieses gemeinsame Ziel verbünden, werden wir die Antworten finden. Wir müssen stets daran denken, daß es in uns etwas gibt, daß größer als unser Körper, größer als unsere Persönlichkeit, größer als unsere Krankheiten und größer als unsere Vergangenheit ist. In uns gibt es etwas, das größer ist als unsere Beziehungen zu anderen Menschen. Unsere wahre Mitte ist reiner Geist. Ewiger Geist. Der immer war und immer sein wird.
Wir sind hier, um uns selbst zu lieben. Und um einander zu lieben. Indem wir das tun, finden wir die Antworten, die uns ermöglichen, uns und den Planeten zu heilen. Wir leben in außergewöhnlichen Zeiten. So vieles verändert sich. Und es mag sein, daß wir die Probleme noch gar nicht völlig überblicken. Und doch geben wir un-

ser Bestes. Auch diese schweren Zeiten werden vorübergehen, und wir werden Lösungen finden.
Wir sind Geist. Und wir sind frei. Wir verbinden uns miteinander auf einer spirituellen Ebene, weil wir wissen, daß uns diese Ebene niemals genommen werden kann. Auf dieser Ebene des Geistes sind wir alle eins. Wir sind frei. Und so sei es.

Eine sichere Welt

Sie sollten bei dieser Meditation im Kreis sitzen und sich an den Händen fassen. Wir haben viele Dinge angesprochen, und für jeden von uns war davon etwas von Bedeutung. Wir haben über negative Dinge und über positive Dinge geredet. Wir haben über Ängste und Frustrationen gesprochen und darüber, wie schwer es sein kann, einfach zu jemandem zu gehen und ›hallo‹ zu sagen. Viele von uns vertrauen noch immer nicht darauf, daß sie die Kraft haben, ihre Probleme selbst zu lösen. Und wir fühlen uns einsam und verloren.
Und doch arbeiten wir jetzt schon einige Zeit an uns selbst. Wir haben bemerkt, daß unser Leben sich verändert. Vieles, was früher problematisch war, ist es heute nicht mehr. Veränderungen kommen nicht über Nacht, doch wenn wir konsequent und beharrlich sind, geschehen viele positive Dinge.
Teilen wir also jetzt unsere Energie und unsere Liebe mit den Menschen, die hier bei uns sitzen. So wie wir Liebe aus unserem Herzen schenken, empfangen wir auch Liebe aus anderen Herzen. Schließen wir jetzt alle Menschen in diesem Raum liebevoll und fürsorgend in unser Herz. Senden wir unsere Liebe all jenen Menschen draußen in den Straßen, die kein Zuhause haben und nicht wissen, wohin sie sich wenden sollen. Senden wir unsere Liebe allen, die wütend oder ängstlich sind oder Schmerzen leiden. Senden wir sie allen Menschen. Auch denen, die die Liebe leugnen. Denen, die gerade dabei sind, den Planeten zu verlassen, und denen, die ihn bereits verlassen haben.

Teilen wir unsere Liebe mit allen Menschen, ob sie dieses Geschenk annehmen oder nicht. Wenn unsere Liebe zurückgewiesen wird, kann uns das nicht verletzen. Schließen wir den ganzen Planeten in unser Herz, die Tiere, die Pflanzen und alle Menschen. Alle Menschen, auf die wir wütend sind. Jene, die nicht tun, was wir wollen, und jene, die dem sogenannten Bösen Ausdruck geben. Schließen wir auch sie in unser Herz, damit sie in diesem Gefühl der Geborgenheit erkennen können, wer sie wirklich sind.
Sehen Sie, wie überall auf dem Planeten Frieden einkehrt. Seien Sie sich bewußt, daß Sie jetzt in diesem Augenblick zu diesem Frieden beitragen. Erfreuen Sie sich an Ihrer Fähigkeit, zu handeln. Sie sind ein wunderbarer Mensch. Erkennen Sie Ihre eigene Schönheit. Akzeptieren Sie sie als Ihre Wahrheit.
Und so sei es.

Alles lieben, was in uns ist

Ich möchte, daß Sie jetzt in jene Zeit zurückkehren, als Sie fünf Jahre alt waren. Sehen Sie sich in diesem Alter so deutlich wie möglich. Schauen Sie das kleine Kind an, und sagen Sie mit ausgebreiteten Armen zu diesem Kind: »Ich bin deine Zukunft, und ich bin zu dir gekommen, um dich zu lieben.« Umarmen Sie das Kind und tragen Sie es hinüber in die Gegenwart. Jetzt stehen Sie beide vor einem Spiegel, damit Sie einander liebevoll anschauen können.
Es fällt Ihnen auf, daß einige Teile von Ihnen fehlen. Gehen Sie wieder durch die Zeit zurück zu jenem Augenblick, als Sie geboren wurden. Sie waren naß und spürten die kalte Luft auf Ihrem Körper. Sie hatten gerade eine schwere Reise überstanden. Das Licht war blendend hell, die Nabelschnur war noch nicht durchtrennt, und Sie fürchteten sich. Und doch waren Sie bereit, Ihr Leben auf diesem Planeten zu beginnen. Lieben Sie das kleine Baby.
Wandern Sie dann in jene Zeit, als Sie gerade laufen lernten. Sie standen auf und fielen hin, standen auf und fielen wieder hin.

Dann machten Sie plötzlich Ihren ersten Schritt, und dann noch einen und noch einen. Sie waren sehr stolz auf sich. Lieben Sie dieses kleine Kind.
Gehen Sie dann weiter zu Ihrem ersten Schultag. Sie wollten nicht weg von Ihrer Mutter. Doch mutig traten Sie über die Schwelle eines neuen Lebensabschnittes. Sie machten das Beste aus der ganzen Situation. Lieben Sie dieses kleine Kind.
Jetzt sind Sie zehn Jahre alt. Erinnern Sie sich, was Sie damals erlebten. Manches war schön und manches erschreckend. Sie taten, was Sie konnten, um zu überleben. Lieben Sie dieses zehnjährige Kind.
Gehen Sie dann weiter in Ihre Teenagerzeit, die Pubertät. Vielleicht war diese Zeit aufregend, weil Sie anfingen, erwachsen zu werden. Vielleicht hatten Sie Angst, weil die Gleichaltrigen starken Druck auf Sie ausübten, Ihr Aussehen und Ihr Verhalten der Norm anzupassen. Sie gaben Ihr Bestes, um mit dieser Situation zurechtzukommen. Lieben Sie diesen Teenager.
Jetzt kommt die Zeit Ihres Schulabschlusses. Sie wußten mehr als Ihre Eltern. Sie waren bereit, ein Leben zu beginnen, das Ihren Wünschen entsprach. Sie waren mutig und ängstlich zugleich. Lieben Sie diesen jungen Erwachsenen.
Erinnern Sie sich nun an Ihren ersten Arbeitstag. Wie stolz Sie waren, als Sie zum erstenmal eigenes Geld verdienten. Sie wollten Ihre Sache gut machen. Es gab so viel zu lernen. Sie gaben Ihr Bestes. Lieben Sie diesen Menschen.
Denken Sie an andere Meilensteine Ihres Lebens. Ihre Heirat. Das erste Kind. Ein neues Haus. Es mag in Ihrem Leben schlimme und wunderschöne Erfahrungen gegeben haben. Irgendwie kamen Sie mit allem zurecht. Sie überlebten auf die beste Ihnen mögliche Weise. Lieben Sie den Menschen, der Sie sind.
Lassen Sie jetzt alle diese Teile Ihrer Person hervortreten, und betrachten Sie sie vor dem Spiegel stehend voller Liebe. Und jetzt gesellt sich noch ein weiterer Teil hinzu. Ihre Zukunft streckt Ihnen die Arme entgegen und sagt: *»Ich bin hier, um dich zu lieben.«*
Und so sei es.

Spüren Sie Ihre Kraft

Spüren Sie Ihre Kraft. Spüren Sie die Kraft Ihres Atems. Spüren Sie die Kraft Ihrer Stimme. Spüren Sie die Kraft Ihrer Liebe. Spüren Sie die Kraft Ihrer Vergebung. Spüren Sie die Kraft Ihrer Bereitschaft, sich zu verändern. Spüren Sie Ihre Kraft. Sie sind wunderbar. Sie sind ein göttliches, großartiges Geschöpf. Sie verdienen alles Gute, nicht nur ein wenig, sondern *alles* Gute. Spüren Sie Ihre Kraft. Ihre Kraft schenkt Ihnen Frieden, denn Sie sind geborgen in ihr. Heißen Sie diesen neuen Tag mit offenen Armen und Liebe willkommen. Und so sei es.

Das Licht ist gekommen

Sitzen Sie Ihrem Partner gegenüber, und halten Sie seine Hände. Schauen Sie sich in die Augen. Atmen Sie tief durch und lösen Sie sich von aller Furcht. Nehmen Sie einen weiteren tiefen Atemzug, und lösen Sie sich von aller Kritik. Gestatten Sie es sich, ganz bei diesem anderen Menschen zu sein. Was Sie im anderen sehen, ist ein Spiegelbild von dem, was in Ihrem Innern ist.

Alles ist gut. Wir sind eins. Wir atmen dieselbe Luft. Wir trinken dasselbe Wasser. Wir essen die Nahrung, die uns die Erde schenkt. Wir haben dieselben Wünsche und Bedürfnisse. Wir alle wollen gesund sein. Wir alle wollen lieben und geliebt werden. Wir alle wollen gut und in Frieden leben, und wir alle wünschen uns Wohlstand. Wir alle möchten ein Leben der Selbsterfüllung leben.

Gestatten Sie es sich, diesen Menschen liebevoll anzuschauen, und seien Sie bereit, seine Liebe zu empfangen. Seien Sie sich Ihrer Geborgenheit bewußt. Bejahen Sie für Ihren Partner, während Sie ihn anschauen, vollkommene Gesundheit. Bejahen Sie für ihn liebevolle zwischenmenschliche Beziehungen, so daß er stets von liebenden Menschen umgeben ist, wohin er auch gehen mag. Bejahen Sie für ihn Wohlstand, so daß er ein gutes Leben führen kann. Bejahen Sie für ihn Behaglichkeit und Sicherheit in dem festen Wissen, daß das, was Sie geben, auf vielfältige Weise zu Ihnen zurückkehrt. Wünschen Sie ihm von allem das Beste, in dem Wissen, daß er es verdient und bereit ist, es anzunehmen. Und so sei es.

Nachwort

Ich erinnere mich noch gut an die Zeit, als ich absolut nicht singen konnte. Ich singe noch immer nicht besonders gut, aber ich bin mutiger geworden. Ich singe zum Abschluß meiner Seminare und Selbsthilfegruppen mit den Leuten. Eines Tages werde ich vielleicht einmal ein paar Gesangsstunden nehmen; doch dazu konnte ich mich bisher nicht durchringen.

Bei einer solchen Veranstaltung, als ich beim Singen den Ton angab, schaltete der Tontechniker plötzlich mein Mikrofon ab. »Was tun Sie denn da?« fragte ihn John Vattimo, mein Assistent.

Der Mann antwortete: »Sie singt völlig falsch!« Das war mir furchtbar peinlich. Inzwischen habe ich damit keine Probleme mehr. Ich singe einfach aus vollem Herzen, und es öffnet sich dabei von Mal zu Mal mehr.

Ich habe in meinem Leben einige außergewöhnliche Erfahrungen gemacht. Was mein Herz auf eine besondere Weise geöffnet hat, war die Arbeit mit Aids-Kranken. Ich kann heute Menschen umarmen, die ich vor drei Jahren noch nicht einmal hätte anschauen können. Ich habe viele von meinen persönlichen Grenzen überwunden. Als Lohn dafür wurde mir sehr viel Liebe geschenkt – wohin ich auch komme, überall schenken mir die Leute enorm viel Liebe.

Im Oktober 1987 beteiligten Joseph und ich uns an einem Protestmarsch in Washington, bei dem die Regierung aufgefordert wurde, mehr für Aids-Kranke zu tun. Ich weiß nicht, ob Sie schon von der *Aids-Decke* gehört haben. Das ist eine wirklich unglaubliche Sache. Viele Leute aus dem ganzen Land versammelten sich und nähten einzelne Tücher für diese Decke, im Gedenken an jemanden, der an Aids gestorben war. Diese Tücher wurden mit viel Liebe hergestellt und dann mit Tüchern aus der ganzen Welt zusammengelegt. So entstand ein enormer Flickenteppich, eine riesige Decke.

Als wir in Washington waren, wurden die Flicken zwischen den

Denkmälern von Washington und Lincoln ausgelegt. Morgens um sechs begannen wir damit, die Namen der Toten auf den Stofftüchern laut vorzulesen. Dabei wurde das jeweilige Tuch dann entfaltet und zu den anderen gelegt. Wie Sie sich sicher denken können, war das ein sehr bewegender Augenblick. Viele Menschen weinten.

Als ich mit meiner Liste dastand und darauf wartete, die Namen zu verlesen, berührte mich plötzlich jemand an der Schulter. Jemand sagte: »Darf ich Sie bitte etwas fragen?« Ich drehte mich um. Der junge Mann, der hinter mir stand, sah mein Namensschild und rief: »Louise Hay! Oh, mein Gott!« Er wurde völlig hysterisch und umarmte mich heftig. Wir hielten einander fest, und er schluchzte und schluchzte. Als er schließlich die Fassung wiedergewonnen hatte, erzählte er mir, daß sein Geliebter mein Buch viele Male gelesen hatte. Als es für ihn an der Zeit war, den Planeten zu verlassen, bat er den jungen Mann, ihm eine Behandlung aus dem Buch vorzulesen. Der junge Mann las es ihm langsam vor, und sein Geliebter sprach die Zeilen nach. Die letzten Worte seines Geliebten waren: »Alles ist gut.« Dann starb er.

Und jetzt stand dieser junge Mann hier vor mir. Er war tief bewegt. Als er sich wieder etwas beruhigt hatte, fragte ich: »Aber was wollten Sie mich denn fragen?« Er war nicht rechtzeitig mit dem Tuch für seinen Geliebten fertig geworden und bat mich, den Namen seines Geliebten mit auf die Liste zu setzen. Nur durch Zufall war er dabei gerade an mich geraten. Ich erinnere mich sehr gut an diesen Moment, weil er mir zeigte, wie einfach doch das Leben und die wirklich wichtigen Dinge sind.

Ich möchte an dieser Stelle Emmett Fox zitieren. Falls Sie Emmett Fox nicht kennen: er war in den vierziger, fünfziger und frühen sechziger Jahren ein sehr bekannter Lehrer, einer der besten, die ich kenne. Er hat einige sehr schöne Bücher geschrieben, und das ist eines meiner Lieblingszitate:

»Es gibt keine Schwierigkeit, die sich nicht mit genügend Liebe bewältigen ließe. Es gibt keine Krankheit, die sich nicht mit genügend

Liebe heilen ließe. Keine Tür, die sich nicht durch genügend Liebe öffnen ließe. Keinen Abgrund, den genügend Liebe nicht überbrücken könnte. Keine Mauer, die genügend Liebe nicht niederreißen könnte. Und keine Sünde, die nicht durch genügend Liebe wiedergutgemacht werden könnte. Es spielt keine Rolle, wie tief das Problem sitzen mag. Wie hoffnungslos der äußere Anschein sein mag. Wie groß die Verwirrung. Wie schwerwiegend der Fehler. Durch eine genügende Verwirklichung der Liebe läßt sich das alles auflösen. Wenn Sie genügend lieben, werden Sie der glücklichste und mächtigste Mensch der Welt sein.«

Das ist wahr, wissen Sie. Es klingt wunderbar, und es ist wahr. Was müssen Sie tun, um diesen inneren Raum zu erreichen, wo Sie der glücklichste und mächtigste Mensch der Welt sein können? Ich glaube, daß die innere Raumfahrt erst am Anfang steht. Wir beginnen gerade erst damit, unsere innere Kraft zu erforschen. Wir werden diese Kraft in uns nicht entdecken, wenn wir uns selbst blockieren. Je mehr wir uns selbst öffnen, desto mehr werden wir jene Universalen Energien entdecken, die dazu da sind, uns zu helfen. Wir sind zu unglaublichen Leistungen befähigt.
Atmen Sie ein paarmal tief durch. Öffnen Sie Ihre Brust, und geben Sie Ihrem Herzen Raum, sich auszudehnen. Üben Sie konsequent, und früher oder später werden Ihre Barrieren sich auflösen. Beginnen Sie noch heute damit.

Ich liebe Sie

Bei Fragen an Louise L. Hay wenden Sie sich bitte an:

Hay House Inc.
P.O. Box 5100
Carlsbad
CA 92018-5100
USA

Telefon: 0 01/7 60/4 31-76 95
Telefax: 0 01/7 90/4 31-69 48

www.hayhouse.com

James Redfield

Tief in den Regenwäldern Perus ist eine Handschrift gefunden worden. Auf ihren Seiten sind neun Einsichten in das Wesen des Lebens niedergelegt, Einsichten, zu denen nach und nach jeder Mensch auf dem Weg zu einer spirituellen Kultur gelangen wird.

Das Geheimnis von Shambhala
Das dritte Buch von Celestine
352 Seiten
€ [D] 8,95/€ [A] 9,20/sFr 16,50
ISBN 3-548-74118-5

Die Vision von Celestine
Geheimnis und Hintergrund der Prophezeiungen
320 Seiten
€ [D] 8,95/€ [A] 9,20/sFr 16,50
ISBN 3-548-74120-7

Die Erkenntnisse von Celestine
Das Handbuch zur Arbeit mit den »Neun Erkenntnissen«
320 Seiten
€ [D] 9,95/€ [A] 10,30/sFr 18,00
ISBN 3-548-74116-9

Das Handbuch der zehnten Prophezeiung von Celestine
Vom alltäglichen Umgang mit der zehnten Erkenntnis
384 Seiten
E [D] 10,95/E [A] 11,30/sFr 19,80
ISBN 3-548-74117-7

Die Prophezeiungen von Celestine
Ein Abenteuer
368 Seiten
€ [D] 8,95/€ [A] 9,20
sFr 16,50
ISBN 3-548-74119-3

Ullstein Taschenbuch